موسوعة
الخدمة الاجتماعية المعاصرة
(معجم المصطلحات)

بسم الله الرحمن الرحيم

موسوعة

الخدمة الاجتماعية المعاصرة

(معجم المصطلحات)

Encyclopedia of

Modern Social Work

(Dictionary Of Terms)

الدكتـــور

صالــح الصقـــور

Dr. Saleh Alsqour

الطبعة الأولى
1431هـ-2010م

المملكة الأردنية الهاشمية
رقم الإيداع لدى دائرة المكتبة الوطنية
(2009/5/1683)

360
الصقور، صالح
موسوعة الخدمة الاجتماعية/صالح الصقور.- عمان: دار زهران، 2009.
(   ) ص.
ر.أ : (2009/5/1683)
الواصفات: / الخدمات الاجتماعية//معاجم المصطلحات/

* أعدت دائرة المكتبة الوطنية بيانات الفهرسة و التصنيف الأولية.
* يتحمل المؤلف كامل المسؤولية القانونية عن محتوى مصنفة و لا يعبر هذا المصنف عن رأي دائرة المكتبة الوطنية أو أي جهة حكومية أخرى.

المتخصصون في الكتاب الجامعي الأكاديمي العربي والأجنبي
دار زهران للنشر والتوزيع

تلفاكس : 5331289 - 6 - 962+، ص.ب 1170 عمان 11941 الأردن
E-mail : Zahran.publishers@gmail.com
www.darzahran.net

إهداء

Dedication

إلى أصحاب العقول النيرة والقلوب الرحيمة، الذين يحملون مشاعل الانعتـاق الأبـدي من ظلمة الجهل والفقر والعبودية؛ مستعينين في ذلك بالله العلي القـدير أولاً ثـم بمبـادئ وقيم وطرق المهنة التي ما فتئوا يعملون بكل شجاعة وإصرار على ترسيخها وتوطينها في بلادي وفي البلاد العربية والعالم النامي بأسره، بـالرغم مـن جهـل الجـاهلين بمـا تقـوم بـه المهنة لتحسين نوعية حياة الناس وزيادة إنتاجيتهم وذلك من خلال معالجة كل ما يقلل من رضاهم الداخلي وتأقلمهم من المحيط الذين يقطنون بـه وبمـا يـنعكس إيجابيـاً عـلى أدائهم لأدوارهم الاجتماعية.

وَقُلِ اعْمَلُوا فَسَيَرَى اللَّهُ عَمَلَكُمْ وَرَسُولُهُ وَالْمُؤْمِنُونَ

إرشادات تتعلق بكيفية استخدام المعجم

Guidelines About The Usage Of Dictionary

بالنظر الى الطبيعة الفنية الخاصة بالمعجم فقد اقتضى الأمر وضع بعض الإرشادات والتعليمات التي من شانها إن تعين القاري العزيز على استخدامه وهى على النحو التالي :

1. فلقد تم استبعاد إل التعريف من المصطلحات سواء عند تدوينها باللغة العربية أو الانجليزية .
2. تم تدوين المصطلح في حالة المفرد حتى وان اخذ حالة الجمع سواء فيما يتعلق بالعربية أو الإنجليزية إلا في الحالات القليلة جدا التي لم تقبل صياغتها بشكل واضح وسليم حالة المفرد .
3. تم إتباع التصنيف الابجدى فى الكشاف العربى وفى الكشاف الانجليزى Alphabetical.
4. تم وضع مختصر لكل مصطلح من المصطلحات اسفل منة حيث تشكل من الحرف او الحروف الاولى لكل كلمة من كلمات المصطلح .
5. عند وضع الحواشى والهوامش فقد تم اعتماد ان تكون داخل النص وليس كما هو دارج فى اسفل الصفحة او حتى بقائمة مستقلة فى نهاية المعجم حيث تمت الاشارة الى رقم الصفحة او الصفحات ورقم المرجع كما هو فى قائمة المراجع فقط سواء اكان باللغة العربية او الانجليزية ولمزيد من التوضيح فان خير مثال يوضح ذلك عند الحديث عن المراجع العربية هو(ص 90، م 75) حيث ص ترمز الى الصفحة وتسعون الى رقمها اما (م) فهو يرمز الى المرجع ورقم خمسة وسبعين يرمز الى رقم المرجع كما هو فى قائمة المراجع اما فى حالة الانجليزية (p,128,R,85) فان (P) مختصر يرمز الى الصفحة ورقم 128 هو رقم

الصفحة اما (R) فهو يرمز الى المرجع والخمسة وثمانون تشـير الى رقـم المرجـع فى قائمة المراجع .

6. تـم وضـع كشـافين احـدهما مـن العربيـة الى الانجليزيـة Arabic To English وثانيهما من الانجليزية الى العربية English To Arabic .

المقدمة : Preface

نبعت فكرة هذا المؤلف من جبال السرو والصنوبر والرز وتلاع الرمان والسفرجل والنوار في الأردن حيث كنت أدرس مواد في الخدمة الاجتماعية وعلم الاجتماع إلى طلبة جامعة فيلادلفيا والبلقاء ثم ما لبثت أن سألت عبر ربوع الجيل الغربي في الجماهيرية العربية الليبية عام (2004) عندما كنت أدرس في كلا من كلية إعداد المعلمين وجامعة غريان \ قسم الخدمة الاجتماعية مصطلحات ونصوص اجتماعية باللغة الإنجليزية ألا أن السيل ما لبث أن أصبح شلالاً دافقاً صب على مروج الجبل الأخضر علماً وممارسة وحماس، فعانق السيل التربة عناقاً حميماً فتحولت معه البذرة من مجرد حبة إلى شجرة يانعة خضراء، هي هذا المؤلف الذي يؤمن بأن تحريك الحياة وتخضير وتحسين نوعية حياة الأفراد والجماعات والمجتمعات لا يمكن له أن يكون بتخدير العواطف ولا بتسكين الآلام بالصدقات والهبات والكفارات التي تقدم لهم، خصوصاً في الأعياد والمناسبات وإنما بتطوير أساليب الممارسة المهنية من أجل استغلال الموارد المتاحة وتنميتها وإدارتها ومن ثم توزيع ريعها على الجميع بالعدل وبالرغم من شدة بريق هذا المبدأ والإصرار عليه كحل نافع للكثير من الآلام والشرور إلا أننا نؤمن بأنه لن يتحقق بسهولة، ولا بين عشية وضحاها، ولا يمكن له أن يكون إلا إذا أسسنا أرضية مشتركة ينطلقون من عليها جميعاً ولغة واحدة يتحدث بها كافة أطراف العملية التنموية، وربطا حاضر المهنة بماضيها وذلك بمتابعة جهود الرواد الأوائل ومن تلاهم على الدرب في ترسيخ أركان المهنة التي استطاعت وبالرغم من كثرة التحديات وشدتها أن تشق طريقها في مختلف الميادين وأن تقف شامخة جنباً إلى جنب مع غيرها من المهن حتى في بلدان العالم الثالث التي ما تزال تعج بالكثير من المعوقات، التي تحد من طموح وانطلاقة المهنة فيها ممثلة بإخصائيوها وخبرائها ومستشاريها خصوصاً إذا ما تعلق الأمر بالجانب التنظيمي.

وعليه، فإن هذا العمل يعتبر عملاً أساسياً وليس من قبيل الترف العلمي سواء بالنسبة لطلبة الخدمة أو لممارسيها على اختلاف مستوياتهم أو حتى لكافة المهتمين بها، أما لماذا هو أساسياً؟ فلأنه يحقق جملة من الأهداف منها:-

1- أن العمل على تحديد مصطلحات المهنة من شأنه أن يساعدها في التعبير عن فلسفتها ومبادئها وكيانها وهويتها وأغراضها ...الخ بحيث تصبح مفهومه من قبل الآخرين والأهم من ذلك هو أن يتشكل لإخصائيوها وممارسيها لغة واحدة مفهومة من قبلهم جميعاً يتخاطبون ويتراسلون بها جميعاً كما يخاطبون ويراسلون بها غيرهم أينما وجدوا في عالم اليوم الذي أصبح يتسم بسرعة وشدة التغير والتغيير.

2- أن تقدم أي مهنة من المهن إنما يقاس بحجم ونوعية مصطلحاتها من جهة ومقدرة أبناء المهنة الواحدة على إبرازها بشتى الوسائل وبالذات من خلال المعاجم ففي الوقت الذي استطاعت فيه مهن كمهن الطب والتمريض والهندسة ... الخ أن تصدر العديد من المعاجم الخاصة بمصطلحاتها، فإن مهنة الخدمة الاجتماعية ما زالت لم تلج هذا المجال بعد، بالرغم من أن بذورها الأولى قد نمت في أرحام الأديان وبالذات الأديان السماوية الثلاثة اليهودية والمسحية ثم الإسلام فيما لم تنمو البذور الأولى لمهنة كمهنة الطب على سبيل المثال في أنابيب ومعامل ومختبرات متقدمة كما هو الحال اليوم وإنما انبثقت عن السحر والشعوذة وممارسة الكهانة والتطبيب بالأحجية والتعاويذ وتسخير الجن والعفاريت في معالجة الناس ولكنها وبالرغم من كل ذلك أصبحت بالعلمية والمهنية رفيعة المستوى.

3- بالرغم من قلة المعاجم الخاصة بالعلوم الاجتماعية بشكل عام وندرتها بالنسبة للخدمة الاجتماعية فإنها غالباً ما لا تخرج عن وضع اسم المصطلح في الإنجليزية أو أي لغة أجنبية أخرى ومقابلة في العربي فقط دونما توضيح لأصل المصطلح وتعريفه أو تبيان المقصود به وهو القصور الذي عملت على تلافيه في هذا العمل ما استطعت إلى ذلك سبيلاً.

4- لقد هدف العمل أيضاً إلى تقديم المهنة بكل مبادئها وقيمها وطرقها ومجالاتها...الخ بشكل شامل ومتكامل يتوافق مع منهج التكامل في الممارسة الذي تدعو له المهنة لطلبة الجامعات وللممارسين في مختلف مجالات المهنة سواء في مؤسساتها الأولية أو الثانوية أو إلى القضاة والمحامين ورجال الأمن والتشريع وراسمي السياسة الاجتماعية ومتخذي القرارات الخاصة بالرعاية الاجتماعية وللعاملين بالاتحادات العامة والنوعية وفي الهيئات والجمعيات الخيرية ... الخ ولا أبالغ إذا ما قلت لكل أب وأم حريصين على أن ينهضا بحياتهما وحياة أبناهما على أسس علمية وعملية ثابتتين في مؤلف واحد مجنباً إياهم عناء التفتيش والبحث في العديد من المصادر والمراجع مع ما في العديد منها من تناقض واختلاف حتى حول معنى المصطلح الواحد، وللأمانة فإن هذا الاختلاف والتناقض في العديد من الحالات لا يقتصر على ممارسة المهنة في العالم النامي فقط وإنما هي لعنة ما زالت تلاحق المهنة حتى في العديد من الدول المتقدمة مع الفارق في الدرجة.

ولتحقيق الأهداف الواردة بعالية فقد تم اتباع الآلية التالية في العمل.

1- التنقيب في عدد من المصادر ذات الصلة بالعلوم الاجتماعية بشكل عام ومهنة الخدمة بشكل خاص بحثاً عن المفاهيم والمصطلحات خصوصاً المعاجم والموسوعات العلمية الواردة في قائمة المصادر والمراجع في نهاية المؤلف.

2- الاطلاع على العديد من المصادر الثانوية مثل المراجع والكتب الخاصة بمهنة الخدمة الاجتماعية وعدداً من العلوم والمهن الأخرى ذات العلاقة بحثاً عما يثري العمل.

3- توظيف الخبرات والممارسات العملية التي اكتسبها المؤلف كمخطط وموجه ومنفذ لبرامج الرعاية الاجتماعية في الأردن، فقد شغل مديراً للتنمية الاجتماعية وصندوق المعونة الوطنية في عدداً من المحافظات لمدة سبعة سنوات كما وعمل مفتشاً ومراقباً لبرامج وأعمال وزارة التنمية وصندوق المعونة الوطنية في أقاليم المملكة الثلاثة (شمال- وسط- جنوب) لمدة خمسة سنوات.

4- تسخير الخبرات الأكاديمية المتحصل عليها من التدريس لطلبة أقسام الخدمة الاجتماعية وعلم الاجتماع في عدد من الجامعات الأردنية والليبية لصالح خروج هذا المؤلف بالشكل النافع والمفيد الذي خرج عليه.

هذا ولقد بلغت الحصيلة النهائية لعدد المصطلحات الواردة في المعجم (462) توزعت على مختلف الحروف الهجائية للغتين العربية والإنجليزية كما اشتمل المعجم على مسردين إحداهما خاص باللغة الإنجليزية وثانيهما خاص باللغة العربية بالإضافة إلى قائمة المصادر والمراجع باللغتين العربية والإنجليزية.

أما مسك الختام فهو التوجه بالحمد والشكر لله سبحانه وتعالى الذي أعانني على إنجاز هذا العمل، فلولا عون الله لما استطعت التغلب على صعوبات كثرة الترحال والتنقل ما بين الأردن ومصر وليبيا لسنوات كان معظمها براً ولا على ندرة المصادر والمراجع، ولا على جهل الجاهلين وفضولهم المستميت لمعرفة أسباب ترددي على المكتبات العلمية ومكوثي لساعات طويلة في حجرة مكتبي لا أبرحها إلا للضرورة للقصوى وخلافها من الصعوبات التي وإن استطاعت أن تطيل من زمن التأليف ولمدة (خمسة سنوات) ألا أنها وبفضل الله لم تثني العزم ولم تخمد جذوه الحماس أبداً وإنني إذ أكرر حمدي وشكري لله سبحانه وتعالى على ما آتاني من فضل، فإن صدري رحب وعقلي مفتوح لأي ملاحظة أو نقد بناء قد يصدر من أي شخص أو أية جهة من شأنه أن يحسن من هذا العمل في طبعاته المقبلة.

المؤلف
د. صالح الصقور
عمان – الأردن
2009

كشـاف

انجليزي - عـربي

الرقم	المصطلح بالانجليزية	مقابله بالعربية	رقم الصفحة
1.	Aberrant Behavior	سلوك شاذ	71
2.	Abject Poverty Line	خط الفقر المدقع	71
3.	Absolute Poverty Line	خط الفقر المطلق	71
4.	Acceleration	تسريع	72
5.	Acceptance	تقبل	72
6.	Accident	حادثة	73
7.	Accommodation	مهادنة	73
8.	Accountability in Social Work	مبدأ المسؤولية في الخدمة الاجتماعية	74
9.	Achieving Client Confidence	كسب ثقة العميل	75
10.	Activist Role	دور المنشط	75
11.	Activity Group	جماعة النشاط	75
12.	Actual Role	دور واقعي	76
13.	Addiction	إدمان	76
14.	Adequate Family	أسرة ملائمة	77
15.	Administration By Objectives	إدارة بالأهداف	77

الرقم	المصطلح بالانجليزية	مقابله بالعربية	رقم الصفحة
16.	Administration Council	مجلس الإدارة	78
17.	Administration In Social Work	الإدارة في الخدمة الاجتماعية	79
18.	Adolescence	مراهقة	79
19.	Adoption	تبني	79
20.	Advisory Committee	لجنة استشارية	80
21.	Advocate Role	دور المدافع	80
22.	After-Care	رعاية لاحقة	81
23.	Aggression	عدوان	81
24.	Aging	شيخوخة	82
25.	Alms House	تكية	83
26.	Alternative Nursery	حضانة بديلة	83
27.	Anxiety	قلق	84
28.	Applied Research	بحث تطبيقي	84
29.	Assimilation	تشرب / امتصاص	85
30.	Asylum Foundation	مؤسسة إيوائية	85
31.	Balance Columns Theory	نظرية الأعمدة المتوازية	86
32.	Bazaar	سوق خيري	86

الرقم	المصطلح بالانجليزية	مقابله بالعربية	رقم الصفحة
33.	Behavior Modification Strategy	استراتيجية تعديل السلوك	87
34.	Behavior Observer	مراقب سلوك	87
35.	Behavioral Approach	اتجاه سلوكي	88
36.	Benevolent Association	جمعية خيرية	88
37.	Bibery	رشوة	89
38.	Blind	كفيف	89
39.	Brain Damage	شلل دماغي	89
40.	Brain Storming	عصف فكري	90
41.	Bride Dowry	مهر العروس	90
42.	Buzzing Group	جماعة الطنين	91
43.	By Chance Interview	مقابلة الصدفة	91
44.	Camp	معسكر	92
45.	Cannabs	حشيش	92
46.	Capitalism	رأسمالية	93
47.	Case Study	دراسة الحالة	93
48.	Catharsis	تنفيس	94
49.	Causal Diagnosis	تشخيص سببي	94

الرقم	المصطلح بالانجليزية	مقابله بالعربية	رقم الصفحة
50.	Census	إحصاء سكاني	95
51.	Chaotic Family	أسرة مشوشة	95
52.	Charismatic	كارزماتية	95
53.	Charity Company	شركات الإحسان	96
54.	Charity Organization Movement	حركة تنظيم الإحسان	97
55.	Charity party	حفلة خيرية	97
56.	Childhood Care In Social Work	رعاية الطفولة في الخدمة الاجتماعية	98
57.	Childish Ego	ذات طفولية	98
58.	Circumstance Leader	قائد موقف	99
59.	Citizenship	مواطنة	99
60.	Class Group	جماعة الفصل	100
61.	Client	عميل	100
62.	Client Resistance	مقاومة عند العميل	101
63.	Client Social History	التاريخ الاجتماعي للعميل	101
64.	Clinical Diagnosis	تشخيص إكلينيكي	102
65.	Clique	شلة / عشيرة	102
66.	Closed Group	جماعة مغلقة	103

150.	Exploratory Study	دراسة استطلاعية /كشفية	147
151.	Extended Family	عائلة ممتدة	148
152.	Family	أسرة	149
153.	Family Treatment	علاج أسري	150
154.	Fate Theory	نظرية قدرية	150
155.	Feminism Social Work	خدمة اجتماعية نسوية	151
156.	Field Training	تدريب ميداني	151
157.	Final Interview	مقابلة ختامية	152
158.	First Interview	مقابلة أولى	152
159.	Flow- Up Interview	مقابلة تتبعيه	153
160.	Folk Society	مجتمع شعبي	153
161.	Formal Group	جماعة رسمية	154
162.	Fourth System Model	نموذج الأنساق الأربعة	154
163.	Full- Employment	عمالة كاملة	155
164.	Gathering	تجمع	156
165.	General Assembly	جمعية عمومية	156
166.	Governmental Organization	منظمة حكومية	157

235.	Mental Retardation	تخلف عقلي	192
236.	Middle Adolescence	مراهقة متوسطة	193
237.	Milieu Therapy	علاج بالمحيط الاجتماعي	193
238.	Military Social Work	خدمة اجتماعية عسكرية	194
239.	Mind Stretching Technique	تكتيك توسيع الأفق	194
240.	Modification Ego	ذات متكيفة	195
241.	Monogamy	زواج أحادي	195
242.	Moral Panic	ذعر أخلاقي	195
243.	Multi – Handicapped	متعددي الإعاقة	196
244.	Narcotic	مخدر	196
245.	Narrative	أسلوب قصصي	196
246.	Natural Group	جماعة طبيعية	197
247.	Need Society	مجتمع الحاجة	197
248.	Negative Punishment	عقاب سلبي	198
249.	Negativism	سلبية	198
250.	Neurotic Family	أسرة عصابية	198
251.	Non- Governmental Organization	منظمة غير الحكومة	199

433.	Unsocial Family	أسرة لا اجتماعية	292
434.	Urbanism	تحضر	292
435.	Urbanistion	حضرية	293
436.	Usury	مراباة	294
437.	Value	قيمة	294
438.	Variable	متغير	295
439.	Violance	عنف	295
440.	Visitor Member	عضو زائر	296
441.	Visual Impairment	إعاقة بصرية	296
442.	Vocational Orientation	توجيه مهني	297
443.	Vocational Rehabilitation	تأهيل مهني	297
444.	Vocational Training	تدريب مهني	298
445.	Voluntary Center	مركز تطوع	299
446.	Volunteer	متطوع	299
447.	Wage	آجر	599
448.	Welfare Society	مجتمع الرعاية	300
449.	Wider Family	عائلة	300

450.	Women Police	شرطة نسائية	301
451.	Work Absence	غياب عمل	302
452.	Work Accident	إصابة عمل	302
453.	Work Law	قانون العمل	302
454.	Work Owner	صاحب عمل	303
455.	Workability	إيجابية	303
456.	Worker	عامل	304
457.	Working Membership	عضوية عاملة	305
458.	Working With Client Nor Working For Client	العمل مع العميل لا من أجل العميل	305
459.	Workshop	ورشة عمل	306
460.	Young Worker	عامل حدث	306
461.	Youth's Care	رعاية الشباب	306

كشــاف

عــربي - انجليزي

الصفحة	مقابله بالانجليزية	المصطلح بالعربية	الرقم
88	Behavioral Approach	اتجاه سلوكي	1.
268	Social Worker International Association	الاتحـاد الـدولي للأخصـائيين الاجتماعيين	2.
277	Students Union	اتحاد الطلبة	3.
273	Specific union	اتحاد نوعي	4.
124	Decision Taking	اتخاذ القرار	5.
143	Enrichment	إثراء	6.
299	Wage	آجر	7.
95	Census	إحصاء سكاني	8.
247	Slums	أحياء الفقراء المتخلفة	9.
289	Judicial Trial	إختبار قضائي	10.
192	Medical Social Worker	أخصائي اجتماعي طبي	11.
238	School Social Worker	أخصائي اجتماعي مدرسة	12.
77	Administration By Objectives	إدارة بالأهداف	13.
79	Administration In Social Work	الإدارة في الخدمة الاجتماعية	14.

الصفحة	مقابله بالانجليزية	المصطلح بالعربية	الرقم
76	Addiction	إدمان	15.
204	Client Addiction Other On Refused	إدمان العميل على عدم قبول الآخر	16.
110	Compliance	إذعان	17.
237	School Guidance	إرشاد مدرسي	18.
284	Terrorism	إرهاب	19.
119	Crisis	أزمة	20.
221	Psychology Crisis	أزمة نفسية	21.
175	Introspection	استبطان	22.
226	Questionnaire	استبيان	23.
186	Mailed Questionnaire	استبيان بريدي	24.
275	Stimulation	استثارة	25.
288	Re-call	استدعاء	26.
276	Strategy	استراتيجية	27.
274	Staff Supplement Strategy	استراتيجية استكمال هيئة العاملين	28.
115	CO-operation Strategy	استراتيجية التعاون	29.
232	Reinforcement Strategy	استراتيجية التعزيز	30.
173	Interaction Strategy	استراتيجية التفاعل	31.

الصفحة	مقابله بالانجليزية	المصطلح بالعربية	الرقم
112	Conflict Strategy	استراتيجية الصراع	32.
187	Mentance Status Que Strategy	استراتيجية المحافظة على الوضع القائم	33.
87	Behavior Modification Strategy	استراتيجية تعديل السلوك	34.
149	Family	أسرة	35.
292	Unsocial Family	أسرة لا اجتماعية	36.
198	Neurotic Family	أسرة عصابية	37.
141	Egocentric Family	أسرة متمركزة حول الذات	38.
95	Chaotic Family	أسرة مشوشة	39.
77	Adequate Family	أسرة ملائمة	40.
216	Productive Family	أسرة منتجة	41.
200	Nuclear Family	أسرة نواة	42.
218	Projection	إسقاط	43.
236	Schedule Style	أسلوب تلخيصي	44.
196	Narrative	أسلوب قصصي	45.
268	Socialism	اشتراكية	46.
279	Supervision	إشراف	47.

140	EGO	الأنا	.65
279	Super Ego	الأنا الأعلى	.66
112	Conscious Listening	إنصات واعي	.67
303	Workability	إيجابية	.68
278	Suggestion	إيحاء	.69
167	Ideology	أيديولوجية	.70
84	Applied Research	بحث تطبيقي	.71
159	Group Program	برنامج الجماعة	.72
290	Unemployment	بطالة	.73
238	Seasonal Unemployment	بطالة موسمية	.74
231	Reform House	بيت الإصلاح	.75
136	Dole House	بيت الصدقة	.76
164	House Work	بيت العمل	.77
101	Client Social History	التاريخ الاجتماعي للعميل	.78
215	Problem History	تاريخ المشكلة	.79
297	Vocational Rehabilitation	تأهيل مهني	.80
177	Justification	تبرير	.81

127	Dependence	تبعية	.82
79	Adoption	تبني	.83
156	Gathering	تجمع	.84
292	Urbanism	تحضر	.85
113	Content Analysis	تحليل المضمون	.86
118	Counter – Transference	تحويل عكسي	.87
192	Mental Retardation	تخلف عقلي	.88
286	Therapeutic Provision	تدبير علاجي	.89
212	Pre – Cautionary Measure	تدبير وقائي	.90
288	Treatment Interaction	تدخل علاجي	.91
298	Vocational Training	تدريب مهني	.92
151	Field Training	تدريب ميداني	.93
231	Reinforcement	تدعيم	.94
251	Social Education	تربية اجتماعية	.95
210	Population Education	تربية سكانية	.96
230	Recreation	ترويح	.97
288	Tolerance	تسامح	.98

94	Catharsis	تنفيس	131.
184	Local Community Development	تنمية المجتمع المحلي	132.
235	Rural Development	تنمية ريفية	133.
281	Sustainable Development	تنمية مستدامة	134.
297	Vocational Orientation	توجيه مهني	135.
267	Social Work Settlement	توطين الخدمة الاجتماعية	136.
285	Test Reliability	ثبات الاختبار	137.
121	Culture	ثقافة	138.
211	Poverty Culture	ثقافة الفقر	139.
157	Group Attraction	جاذبية الجماعة	140.
118	Crime	جريمة	141.
225	Punishment	جزاء	142.
91	Buzzing Group	جماعة الطنين	143.
100	Class Group	جماعة الفصل	144.
103	Club Group	جماعة النادي	145.
75	Activity Group	جماعة النشاط	146.
207	Permanent Group	جماعة دائمة	147.

154	Formal Group	جماعة رسمية	148.
197	Natural Group	جماعة طبيعية	149.
171	Informal Group	جماعة غير رسمية	150.
284	Temporary Group	جماعة مؤقتة	151.
230	Reference Group	جماعة مرجعية	152.
103	Closed Group	جماعة مغلقة	153.
203	Open Group	جماعة مفتوحة	154.
88	Benevolent Association	جمعية خيرية	155.
156	General Assembly	جمعية عمومية	156.
108	Community Organization Council	جهاز تنظيم المجتمع	157.
73	Accident	حادثة	158.
134	Discretionary Motivation	حافز استثنائي	159.
177	Juvenile Delinquent	حدث منحرف	160.
258	Social Settlements Movement	حركة المحلات الاجتماعية	161.
97	Charity Organization Movement	حركة تنظيم الإحسان	162.
119	Crowd	حشد	163.
92	Cannabs	حشيش	164.

262	Social Work In Field Of Childhood Care	خدمة اجتماعية في مجال رعايـة الطفولة	182.
264	Social Work In Field Of Old Age	خدمة اجتماعية في مجال رعايـة المسنين	183.
151	Feminism Social Work	خدمة اجتماعية نسوية	184.
191	Medical psychological social Casework	خدمة الفرد الطبية النفسية	185.
257	Social Service Right Nor Gifts	خدمة حق وليست منحة	186.
185	Long Term Service	خدمة ذات مدى طويل	187.
244	Short Term Service	خدمة ذات مدى قصير	188.
291	Unlimited Term Service	خدمة غير محددة المدى	189.
71	Abject Poverty Line	خط الفقر المدقع	190.
71	Absolute Poverty Line	خط الفقر المطلق	191.
277	Random Error	خطأ عشوائي	192.
183	Least Contest	خفض معدل المعاناة	193.
179	Juvenile Hospital House	دار ضيافة الأحداث	194.
180	Juvenile Observation House	دار ملاحظة الأحداث	195.
147	Exploratory Study	دراسة استطلاعية / كشفية	196.
93	Case Study	دراسة الحالة	197.

146	Experimental Study	دراسة تجريبية	198.
222	Psychosocial Study	دراسة نفسية اجتماعية	199.
224	Psychosocial Study Comes From The Top To The Bottom	دراسة نفسية اجتماعية عملية تتجه من الأعلى إلى الأسفل	200.
223	Psychosocial Study As a Dynamic Process	دراسة نفسية اجتماعية كعملية ديناميكية	201.
224	Psychosocial Study As a Participation Process	دراسة نفسية اجتماعية كعملية مشتركة	202.
128	Descriptive Study	دراسة وصفية	203.
289	Tuberculosis	درن رئوي	204.
165	Human Development Index	دليل التنمية البشرية	205.
256	Social Role	دور اجتماعي	206.
251	Social Expert Role	دور الخبير الاجتماعي	207.
80	Advocate Role	دور المدافع	208.
160	Guide Role	دور المرشد	209.
259	Social Therapy Role	دور المعالج الاجتماعي	210.
142	Enabler Role	دور الممكن	211.
75	Activist Role	دور المنشط	212.

288	Trait	سمة	.247
86	Bazaar	سوق خيري	.248
210	Population Policy	سياسة سكانية	.249
301	Women Police	شرطة نسائية	.250
96	Charity Company	شركات الإحسان	.251
242	Sensitivity	شفافية حسية	.252
102	Clique	شلة / عشيرة	.253
89	Brain Damage	شلل دماغي	.254
82	Aging	شيخوخة	.255
107	Communism	شيوعية	.256
303	Work Owner	صاحب عمل	.257
162	Health	صحة	.258
182	Learning Disability	صعوبات التعلم	.259
291	United Nations Fund For Population Activities	صندوق الأمم المتحدة للأنشطة السكانية	.260
124	Decision- Making	صنع القرار	.261
248	Socail Control	ضبط اجتماعي	.262

256	Social Security	ضمان اجتماعي	263.
121	Cult	طائفة دينية	264.
274	Stamp	طابع	265.
108	Community Organization Method	طريقة تنظيم المجتمع	266.
251	Social Group Work Method	طريقة خدمة الجماعة	267.
249	Social Casework Method	طريقة خدمة الفرد	268.
249	Social Casework As Art	طريقة خدمة الفرد كفن	269.
247	Slow – To – Worm	طفل محجم	270.
139	Easy Childhood	طفولة سهلة	271.
133	Difficult Childhood	طفولة متعبة	272.
136	Divorce	طلاق	273.
253	Social Phenomena	ظاهرة اجتماعية	274.
300	Wider Family	عائلة	275.
148	Extended Family	عائلة ممتدة	276.
304	Worker	عامل	277.
306	Young Worker	عامل حدث	278.
133	Disabled Worker	عامل معوق	279.

133	Disability	عجز	280.
81	Aggression	عدوان	281.
90	Brin Storming	عصف فكري	282.
296	Visitor Member	عضو زائر	283.
205	Ownership	عضوية شرف	284.
305	Working Membership	عضوية عاملة	285.
198	Negative Punishment	عقاب سلبي	286.
138	Druge	عقار	287.
220	Psychological Drug	عقار نفسي	288.
150	Family Treatment	علاج أسري	289.
287	Therapy By Insight	علاج بالاستبصار	290.
286	Therapy By Experience	علاج بالخبرة	291.
286	Therapy By Assistant	علاج بالساعد	292.
193	Milieu Therapy	علاج بالمحيط الاجتماعي	293.
144	Environmental Therapy	علاج بيئي	294.
280	Supportive Therapy	علاج تدعيمي	295.
106	Collective Therapy	علاج جماعي	296.

233	Religious Therapy	علاج ديني	.297
241	Self Therapy	علاج ذاتي	.298
219	Psycho Therapy	علاج نفسي	.299
255	Public Relatiens	علاقات عامة	.300
116	Correctional Relationship	علاقة تأثيرية (ضاغطة)	.301
281	Sustainable Relationship	علاقة تدعيمية	.302
218	Professional Relationship	علاقة مهنية	.303
206	Penology	علم إدارة السجون	.304
271	Sociology	علم الاجتماع	.305
220	Psychology	علم النفس	.306
255	Social Psychology	علم النفس الاجتماعي	.307
155	Full- Employment	عمالة كاملة	.308
305	Working With Client Nor Working For Client	العمل مع العميل لا من أجل العميل	.309
252	Social Group Work processes	عمليات خدمة الجماعة	.310
109	Community Organization Process	عملية تنظيم المجتمع	.311
100	Client	عميل	.312
295	Violance	عنف	.313

237	School Psychological Clinic	عيادة نفسية مدرسية	314.
277	Stratified Sample	عينة طبقية	315.
246	Simple Random Sample	عينة عشوائية بسيطة	316.
226	Purposive Sample	عينة عمدية	317.
282	Systematic Sample	عينة منتظمة	318.
302	Work Absence	غياب عمل	319.
250	Social category	فئة اجتماعية	320.
211	Poverty Gap	فجوة الفقر	321.
122	Culture Lag	فجوة ثقافية	322.
170	Individualization	فردية	323.
131	Diagnosis Hypothesis	فرض تشخيصي	324.
165	Hypolhesis	فرضية	325.
132	Diagnosis Thinking	فكرة تشخيصية	326.
266	Social Work Philosophy	فلسفة الخدمة الاجتماعية	327.
204	Opinion Leader	قائد رأي	328.
181	Leader as a Escapegoat	القائد ككبش فداء	329.
217	Professional Leader	قائد مهني	330.

99	Circumstance Leader	قائد موقف	331.
302	Work Law	قانون العمل	332.
209	Poor's Law	قانون الفقراء	333.
244	Significant Other System	القبول المبنى على الحب	334.
180	Kinship	قرابة	335.
206	Penility	قصاص	336.
84	Anxiety	قلق	337.
132	Dictatorship	قيادة دكتاتورية	338.
294	Value	قيمة	339.
134	Disaster	كارثة	340.
95	Charismatic	كارزماتية	341.
126	Density of living	كثافة المسكن	342.
75	Achieving Client Confidence	كسب ثقة العميل	343.
89	Blind	كفيف	344.
234	Response Cost	كلفة الاستجابة	345.
107	Committee	لجنة	346.
80	Advisory Committee	لجنة استشارية	347.

283	Temporary Committee	لجنة مؤقتة	.348
111	Conference	مؤتمر	.349
207	Perodic Conference	مؤتمر دورى	.350
217	Professional Conference	مؤتمر مهنى	.351
213	Primary Agency	مؤسسة أولية	.352
214	Primiry Agency In Social Group Work Method	مؤسسة أولية في طريقة خدمة الجماعة	.353
116	Correctional Agency	مؤسسة إيداعيه	.354
85	Asylum Foundation	مؤسسة إيوائية	.355
239	Secondary Agency In Social Group Work Method	مؤسسة ثانوية في طريقة خدمة الجماعة	.356
174	International Agency	مؤسسة دولية	.357
241	Semi – Governmental Agency	مؤسسة شبه حكومية	.358
190	Medical Organization	مؤسسة طبية	.359
266	Social Work Principles	مبادئ الخدمة الاجتماعية	.360
159	Group Work Principles	مبادئ خدمة الجماعة	.361
280	Supportive Gift	مبادرة	.362
214	Principle	مبدأ	.363

74	Accountability in Social Work	مبدأ المسؤولية في الخدمة الاجتماعية .364
161	Handicapped Follow- Up	متابعة المعوقين .365
299	Volunteer	متطوع .366
196	Multi – Handicapped	متعددي الإعاقة .367
295	Variable	متغير .368
270	Society	مجتمع .369
197	Need Society	مجتمع الحاجة .370
300	Welfare Society	مجتمع الرعاية .371
153	Folk Society	مجتمع شعبي .372
184	Local Community	مجتمع محلي .373
270	Society, In Community Organization	مجتمع، في تنظيم المجتمع .374
283	Teachers And Parents Council	مجلس الآباء والمعلمين .375
78	Administration Council	مجلس الإدارة .376
146	Experimental Group	مجموعة تجريبية .377
115	Controller Group	مجموعة ضابطة .378
178	Juvenile Delinquent Court	محكمة الأحداث المنحرفين .379
196	Narcotic	مخدر .380

130	Developmental Approach in Group Work	مدخل تنموي في خدمة الجماعة	381.
215	Problem Solving Approach	مدخل حل المشكلة	382.
213	Preventive And Rehabilitation Approach In Social Group Work Method	مدخل وقائي وتأهيلي في طريقة خدمة الجماعة	383.
294	Usury	مراباة	384.
87	Behavior Observer	مراقب سلوك	385.
79	Adolescence	مراهقة	386.
138	Early Adolescence	مراهقة مبكرة	387.
193	Middle Adolescence	مراهقة متوسطة	388.
299	Voluntary Center	مركز تطوع	389.
255	Social Responsibility	مسؤولية اجتماعية	390.
258	Social Support	مساندة اجتماعية	391.
183	Level of living	مستوى المعيشة	392.
214	Problem	مشكلة	393.
169	Individual Problem	مشكلة فردية	394.
237	School Individual Problem	مشكلة فردية مدرسية	395.
117	Counseling	مشورة	396.

278	Study Resources	مصادر الدراسة	.397
236	Sampling	معاينة	.398
227	Quota Sampling	معاينة حصصية	.399
228	Rate Of Prevalence	معدل الانتشار	.400
121	Crude Divorce Rate	معدل الطلاق الخام	.401
120	Crude Birth Rate	معدل المواليد الخام	.402
120	Crude Death Rate	معدل الوفيات الخام	.403
170	Infant Mortality Rate	معدل وفيات الأطفال الرضع	.404
175	Isolate	معزول	.405
92	Camp	معسكر	.406
161	Handicapped	معوق	.407
270	Socially Handcapped	معوق اجتماعياً	.408
220	Psychological Help	معونة نفسية	.409
199	Norm	معيار	.410
175	Interview	مقابلة	.411
123	Deciding Interview	مقابلة البت	.412
91	By Chance Interview	مقابلة الصدفة	.413

157	Governmental Organization	منظمة حكومية	.431
199	Non- Governmental Organization	منظمة غير الحكومة	.432
146	Experimental Method	منهج تجريبي	.433
73	Accommodation	مهادنة	.434
90	Bride Dowry	مهر العروس	.435
99	Citizenship	مواطنة	.436
200	Objectivity In Social Group Work	موضوعية في خدمة الجماعة	.437
190	Medical Cuasal Metafore	ميتافور سببي	.438
104	Code Of Ethics For Social Workers	ميثاق أخلاقي للأخصائيين الاجتماعيين	.439
253	Social Organization Budgetary	ميزانية المؤسسة الاجتماعية	.440
202	Old Ages Club	نادي المسنين	.441
234	Rural Club	نادي ريفي	.442
127	Dependency Ratio	نسبة الإعالة	.443
158	Group Maturity	نضج الجماعة	.444
141	Emotional Maturity	نضج انفعالي	.445
86	Balance Columns Theory	نظرية الأعمدة المتوازية	.446
285	Theory Of Stretch Ladder	نظرية السلم الامتدادي	.447

254	Social Provision Theory	نظرية العلاج المجتمعي	448.
150	Fate Theory	نظرية قدرية	449.
154	Fourth System Model	نموذج الأنساق الأربعة	450.
179	Juvenile Delinquent Custody	نيابة الأحداث	451.
168	Immigration	هجرة	452.
173	Internal Migration	هجرة داخلية	453.
137	Domination	هيمنة	454.
228	Reality	واقعية	455.
189	Meals On Wheels	وجبات غذائية فوق العجلات	456.
306	Workshop	ورشة عمل	457.
243	Sheltered Workshop	ورشة محمية	458.
212	Prevention In Social Work	وقاية في الخدمة الاجتماعية	459.
272	Spare Time	وقت فراغ	460.
239	Secondary Agency	وكالة ثانوية	461.

Aberrant Behavior

سلوك شاذ

السلوك الشاذ (A B) :

شكل من إشكال السلوكات التي تتعامل معها مهنة الخدمة الاجتماعية وبالـذات طريقـة خدمة الفرد يقصد به (أي انحراف عن السلوك الذي يعد سوياً، فهو سـلوك يسـعى إلى تحقيـق مطالب ذاتية ومصالح شخصية دونما مراعاة لقيم وعادات وتقاليد المجتمع).

Abject Poverty Line

خط الفقر المدقع

خط الفقر المدقع (A P L) :

مستوى من مستويات الفقر التي اصطلح على تسميتها العلماء والممارسين سواء في الخدمة الاجتماعية أو في علم الاجتماع ...الخ وبالذات في الآونة الأخيرة، فهـو يعنـي (الحـد الأدنى مـن السعرات الحرارية التي تستطيع أن تبقى عـلى الفـرد حيـاً وقـادراً عـلى أداء وظائفه، يقـدرها علماء التغذية بحـوالي (3000 – 2500) سـعراً حرارياً للفـرد بالمتوسط يوميـاً، هذا ويختلـف مقدار المبلغ النقدي الذي يستطيع أن يؤمن سلة الغذاء القادرة على إنتاج مثل هذه السعرات من المواد الغذائية للفرد من دولة لأخرى وحتى داخل الدولـة الواحـدة مـن وحـدة إداريـة إلى وحدة إدارية أخرى.

Absolute Poverty Line

خط الفقر المطلق

خط الفقر المطلق (A P L) :

الحد الأدنى من الدخل الواجب توفيره من أجـل تغطيـة الحاجـات الأساسية غـير الغذائيـة للفرد والأسرة كالملابس، الأحذية، الصحة، الإسكان، التعليم، المواصـلات ثم الوقود ويختلـف المبلغ الذي يساوي هذا الخط من مجتمع لآخر ومن زمن لآخر وفي داخل المجتمع الواحد من محافظة لأخرى ومن وقت لآخر متأثراً بمتوسط الدخل والتضخم - الخ .

تسريع Acceleration

التسريع (A):

برنامج تربوي يستخدم أكثر ما يستخدم في التربية والتعليم والتربية الخاصة مألوف ومستخدم من قبل الخدمة الاجتماعية المدرسية، يقصد به تزويد الطفل الموهوب والمتفوق بخبرات تعليمية تعطى عادة للأطفال الأكبر منه سناً ، بمعنى تسريع التعليم العادي بدون تعديل في المحتوى أو بأساليب التدريس، (ص 432- 433 ، م 48). هذا وعادة ما تتم عملية التسريع بالعديد من الأشكال منها :

1. **دخول الطفل المدرسة مبكراً أي في سن أبكر من السن الذي يدخل فيه الأطفال العاديين المدرسة.**
2. **الترفيع الاستثنائي**
3. **اختزال المدة الزمنية المطلوبة بزمن أقصر من العادي فالمقررات التي تحتاج إلى سنتين يمكن اختزالها في سنة واحدة .... الخ .**

تقبل **Acceptance**

التقبل (A) :

مبدأ من مبادئ مهنة الخدمة بشكل عام وطريقة خدمة الفرد بشكل خاص، يقوم على أساس قبول الأخصائي الاجتماعي للعميل كما هو لا كما ينبغي أن يكون عليه، فهو موقف وجداني يقفه الأخصائي من العميل طالب المساعدة، يتسم بالرغبة الصادقة بالمساعدة بغض النظر عن الظروف والملابسات الخاصة بالعميل أو حتى المحيطة به، بمعنى آخر، فإن على الأخصائي أن يبدي مشاعر الطيبة تجاه العميل بغض النظر عن هيئته وهندامه وطريقته في الكلام أو حتى سلوكه أو انتمائه الطبقي بشكل عام، فهو أولاً وأخيراً فرد يعاني من ظروف وأوضاع عصيبة دفعة به إلى طلب العون من الوكالة الاجتماعية، إلا أن علينا أن

ندرك أن عملية قبول الأخصائي للعميل كما هو لا تعنى بأي حال من الأحوال موافقة الأخصائي أو إقراره لمظهر العميل الرث أو سلوكه غير السوي وإنما تعني قبول الحالة أولاً ثم العمل بعد ذلك على تغيير الجوانب غير المرغوب فيها.

حادثة **Accident**

حادثة (A) :

بالرغم من عمومية دلالاتها، إلا أن العلوم والمهن والهيئات ذات العلاقة عادة ما تكيف لها معنى يتفق مع اهتماماتها وأهدافها، فالحادثة في الخدمة الاجتماعية واحدة من المسائل الهامة التي تعنى بها وبالذات في مجالات العمال والمعوقين والتأهيل الجماعي والمهني... الخ تعددت تعاريفها إلا أن المؤلف يعرفها على أنها كل ما يواجهه الفرد من أخطار وصدمات وبالذات الأخطار ذات الصفة الطارئة، أثناء ممارسته لدورة أو أدوارة والتي عادة ما ينجم عنها تعطيل قدره أو أكثر من قدراته سواء بشكل جزئي أو كلي مؤقت أو دائم.

مهادنة **Accommodation**

المهادنة (A) :

تم استخدامها ومنذ زمن طويل خصوصاً في علم السياسة والاجتماع وفي مهنة الخدمة الاجتماعية يقصد بها القدرة على التوافق وعدم إظهار أي لون من ألوان المنافسة والصراع سواء على مستوى الأفراد أو الجماعات أو المجتمعات ولو بصورة مؤقتة لإحساس المتصارعين أو المتنافسين بعدم جدوى الاستمرار في الصراع أو المنافسة أو أن ما قد يحققه كل طرف من الأطراف من خلال الصراع أو المنافسة يساوي أو أقل ما يمكن تحقيقه من خلال التعاون والتآلف وغالباً ما يسود هذا المصطلح وبشكل واضح في حالة القوى المتكافئة لأن إمكانية إحراز إحداهما نصراً على الآخر يصبح أمرًا صعب المنال.

مبدأ المسؤولية في الخدمة الاجتماعية Accountability in Soccial Work

مبدأ المسؤولية في الخدمة الاجتماعية (A S W) :

إحدى المبادئ الهامة والعامة التي تقوم عليها المهنة، يقصد بها (قيام الأخصائي الاجتماعي نيابة عن العميل (فرد جماعة مجتمع) يتصدى لتعديل الظروف البيئية المحيطة وعادة ما يتم تحقيق هذا المبدأ من خلال ما يسمى بالتعاقد Contract شريطة أن يصبح كلاً من الأخصائي الاجتماعي والعميل على بينة من الفهم والموافقة على الواجبات والمسؤوليات التي يجب إنجازها في ضوء مستوى دور الأخصائي الاجتماعي، وهو اتفاق ليس مكتوباً ولكنه يعبر عن الموافقة الشفهية على ما يجب أن يتم وكيفية تحقيق ذلك) (ص208، م11).

هذا وعلى الأخصائي الاجتماعي أن يحدد للعميل المسؤوليات التي يجب أن يؤديها من أجل حل المشكلة وعلى العميل أن يلتزم بأداء هذه الواجبات، فالمسؤولية تتحقق من خلال التعاقد الذي تم ذكره ما بين الممارس والعميل، بمعنى أنها قبول مشترك من قبل كلاً من الممارس والعميل لمسؤوليات كلا منهما وبالتالي فان من حق كلا منهما أن يتابع ما قام بإنجازه الأخر.

وعليه فإن هذه الإستراتيجية تعتبر من الاستراتيجيات الهامة وبالذات في طريقة تنظيم المجتمع لأنها تعمل على كسب مشاركة المواطنين في جهود المنظمات والمؤسسات وبالذات التطوعية منها وإن أصبحت المشاركة حالياً أوسع من ذي قبل بكثير بحيث أصبحت تشمل مختلف المؤسسات الاقتصادية والروابط والنقابات المهنية وحتى السياسية مثل الأحزاب.

Achieving Client Confidence

كسب ثقة العميل

كسب ثقة العملاء (A C C) :

أحد مبادئ المهنة الجوهرية في تعاملها مع عملائها يؤمن بأن تطوير علاقة مهنية فاعلـة مـع العملاء والظفـر بتعاونهم وحبهم لا يمكـن لـه أن يـتم إلا إذا شـعر العملاء بالأمـان والطمأنينة على كل ما يدلون به للممارس مـن معلومات وأخبار .... الخ فهي تمثل بالنسبة لهم أمور في غاية الحساسية تمس بشكل أو بآخر علاقاتهم مع غيرهم أيضاً،

لذا فهم حريصون على عدم إذاعتها أو نشرها بأية وسيلة من الوسائل لأن تـداولهـا مـن قبل الآخرين عادة ما يضعهم في مواقف حرجة وبالذات مع الـذين تـربطهم بهـم علاقـات أسرية وعائلية من الصعب تجاوزها أو تجاهلها.

Activist Role

دور المنشط

دور المنشط (A R) :

أحد أدوار المنظم الاجتماعى الممارس لطريقة تنظيم المجتمع، تعـددت تعاريفة بتعـدد العلماء والممارسين فمنهم من قصد به حث العملاء المحتاجين للخدمات للتحرك مـن أجل تحقيق الأهداف، أما هيفرنان فقد أطلق على هذا الدور دور المحرك لماذا ؟لأنه هـو الـذى يقدر الطاقات وينظمها تجاه انشطة وجماعات جديدة كما ويهتم المحرك بتحقيق العدالـة والمساواة .

Activity Group

جماعة النشاط

جماعة النشاط (A G) :

موضع اهتمام المهنة وبالـذات طريقة خدمـة الجماعـة والخدمـة الاجتماعيـة المدرسـية، تعددت تعاريفها إلا أن من أبرز تعاريفها أنها «مجموعة من الطلاب الذين يشتركون في إحدى الميول

أو الأهداف معاً في إحدى النشاطات التي توفر لهم إشباع هذه الميول أو الأهداف، فهي جماعة تتميز بالتجانس ووضوح الهدف وقدراً من الحرية والتلقائية في أداء أنشطتها بالإضافة إلى عنايتها بالترويح ولها رائد جماعة وبرنامج خاص بها» (ص - ، م4). هذا وتعتبر الجماعات الثقافية التي تعني بالمكتبة والإذاعة المدرسية والشعر والجماعات الرياضية والفنية كالرسم والتصوير والموسيقى والتمثيل أمثلة لجماعات النشاط المشكلة في المدارس.

دور واقعي **Actual Role**

الدور الواقعي (A R) :

تتعامل معه المهنة بكل طرقها، يقصد به كل ما يقوم به أي فرد من أفراد المجتمع الذين يمثلون مراكز اجتماعية محددة فعلياً، هذا وتعتمد درجة بناء المجتمع اعتماداً كبيراً على الملائمة ما بين الدورين المثالي والواقعي فكلما انسجم دور الفرد الواقعي مع دوره المثالي كلما زاد تماسك البناء الاجتماعي والعكس صحيح.

إدمان **Addiction**

الإدمان (A) :

يقع في صلب اهتمام العديد من العلوم والمهن وأجهزة آمن المجتمع، مثل علم الإجرام والخدمة الاجتماعية وعلم النفس والأجهزة الأمنية وبالذات أجهزة مكافحة المخدرات ... الخ فقد ارتبط الإدمان بالمخدرات التي تؤذي الفرد جسدياً واجتماعياً، أنه مظهر من مظاهر إشباع الإحساس الشديد بالحاجة إلى المخدرات أو الكحول والمدمنون غالباً ما يكونون أشخاص يتميزون بالشك ويندر أن يحملوا تقديراً كبيراً للآخرين، فعلم الاجتماع الانحرافي على سبيل المثال يتعامل مع موضوع الإدمان كمشكلة اجتماعية وقانونية لأنها تمس الرأي العام وتصطدم مع وسائل الضبط الاجتماعي.

وبناءً عليه، فإنهم يعتبرون المدمن معادي اجتماعياً ومتعارض مع وسائل الضبط الاجتماعي لذا فإن ردود أفعال الناس نحو المدمنين تعتبر سلبية، بمعنى أن المجتمع ينبذهم ويعتبرهم خارجين على قيم وعادات وتقاليد وسلامة المجتمع، وتنظر مهنة الخدمة الاجتماعية للمدمنين على أنهم قوى معطلة مسلوبة الإرادة وبالتالي فهمم غير قادرين بمفردهم على تقرير مصيرهم لذلك فهم بحاجة ماسة إلى جهود الأخصائيون الاجتماعيون لمساعدتهم في التخلص من حالات الاكتئاب والضيق التي يمرون بها.

أسرة ملائمة **Adequate Family**

الأسرة الملائمة (A F) :

إحدى أنواع الأسر التي تشملها خدمات المهنة وبالذات من قبل طريقة خدمة الفرد وميدان الأسرة خصوصاً في الأزمات والظروف الطارئة، يقصد بها الأسرة الناضجة المتوافقة مع مشكلات الحياة المعيشية العادية بما أوتيت من موارد وإمكانيات وبالتالي فإن لجوءها إلى أي مؤسسة أو منظمة اجتماعية لا يكون إلا عندما تعصف بها إحدى الأزمات أو المشكلات التي تتجاوز في شدتها إمكانات الأسرة كالوفاة أو انعدام الدخل أو المرض ... الخ، إلا أنها سرعان ما تستعيد ثقتها ومقوماتها وأدوارها فتعود لها من جديد حالة الاستقرار والفاعلية.

إدارة بالأهداف **Administration By Objectives**

الإدارة بالأهداف (A B O) :

إحدى مصطلحات علم الإدارة الأساسية وبالذات إدارة الأعمال عملت على توظيفه والاستفادة منه مهنة الخدمة الاجتماعية خصوصاً إحدى طرقها المساعدة وهي إدارة المؤسسات الاجتماعية، أول من جاء بهذا المصطلح العالم دروكر أحد علماء الإدارة عام 1955 في كتابة ممارسة إدارة الأعمال حيث قصد به (الأسلوب الفعال الذي يمزج جهود

الأفراد في جهد متكامل وموجه نحو الأهداف الكلية التي اشتركوا في وضعها ووافقوا عليها والتزموا بها شريطة أن يسير عملهم بأعلى كفاية وبدون تضارب أو احتكاك أو ازدواج وأن يتم ذلك على أساس عمل الفريق وإحلال الرقابة الذاتية محل الرقابة الخارجية) (ص 129، م 20) بعبارات أخرى أكثر وضوحاً فإن الإدارة بالأهداف علاج فعال للتسيب والترهل الإداري لأنها تعمل على إشراك العاملين في وضع الأهداف الخاصة بالمؤسسة أو على الأقل تغرس لديهم المسؤولية الذاتية نحو العمل على تحقيق الأهداف وذلك من خلال الاعتماد على التحفيز كأسلوب للتشجيع حيث يتم اعتماد نظام فعال للحوافز وآخر للمساءلة والمحاسبة على أي تقصير قد يحدث ويعطل الوصول إلى الأهداف الموضوعة جماعياً.

مجلس الإدارة   **Administration Council**

مجلس الإدارة (A C) :

(جهاز منتدب يتولى إدارة الهيئة الأهلية حيث يختلف عدد أعضائه ومدة عضويته باختلاف الأنظمة الأساسية للهيئات والجهات الخيرية ولا يجوز الجمع بين عضوية المجلس والعمل بأجر في الهيئة الأهلية) (ص 20 وما بعدها، م 20)، اما فيما يخص العضوية فإن قوانين بعض الدول تشترط عدد الأعضاء بخمسة أو سبعة أو تسعة أو أحد عشر ... الخ عضواً فيما تزيد دولاً أخرى في هذا العدد بحيث يصل إلى الواحد والعشرين. أما بالنسبة إلى مدة ولاية المجلس فإنها تختلف باختلاف القوانين أو التعليمات التي تضعها الدول فهناك من يحددها بعامين وهناك من يحددها بثلاثة أعوام فيما يوصلها آخرين إلى الخمسة أعوام.

الإدارة في الخدمة الاجتماعية **Administration In Social Work**

الإدارة في الخدمة الاجتماعية (A S W) :

بالرغم من عدم وجود اتفاق بين علماء المهنة وباحثيها وممارسيها على وضع الإدارة في المهنة، بمعنى هل تعتبر طريقة رئيسة من طرق المهنة أم طريقة مساعدة، إلا أنها في غاية الأهمية بالنسبة للمهنة كونها الأسلوب المنظم الذي تتحقق بموجبه الأهداف المتعددة للمهنة، هذا ولقد تعددت تعاريف الإدارة في المهنة، إلا أن من أبرزها التعريف الذي ورد في الكتاب السنوي للخدمة الاجتماعية والذي نص على أن الإدارة في الخدمة ما هي إلا تلك «الجهود التي يجب أن تبذل لكي تحقق المنظمة الاجتماعية الأهداف التي أنشئت من أجلها، ويتم بذل الجهود بطرق علمية منظمة تسير جنباً إلى جنب مع وظيفة المنظمة في تقديم خدماتها لعملائها» (ص 24، م 20).

مراهقة **Adolescence**

المراهقة (A) :

إحدى المراحل العمرية التي يمر بها الإنسان أثناء نموه إلا أن ما يميزها عن غيرها من المراحل العمرية هو سرعة التحول التي تحدث على شخصية الفرد سواء كانت جسمانية أو عقلية أو نفسانية والتي عادة ما ما تجعل منه إنساناً شديد الحساسية سريع الانفعال متوتر الأعصاب، درج العلماء والباحثين على تقسيم هذه المرحلة إلى عدة أقسام وهي المراهقة المبكرة والمتوسطة والمتأخرة.

تبني **Adoption**

التبني (A) :

احد أشكال الحضانة البديلة لرعاية الأطفال الذين عجزت أسرهم الأصل عن رعايتهم أو لا توجد لهم أسر أصلاً (مجهولي النسب)، عادة ما يسود هذا النظام في

المجتمعات الغربية وخلافها من المجتمعات التي تسمح أديانها وثقافاتها به. يقوم هذا النظام على أساس تقدم إحدى الأسر بطلب للجهات المعنية برعاية الأطفال معلنة عن رغبتها في احتضان طفل، حيث يسمح لها باختيار الطفل شريطة أن تثبت الأسرة المتبناة عقم أحد طرفيها أو كلاهما وقدرتهما المادية على توفير الحياة الملائمة للطفل مع توفر حسن النية التي بموجبها أقدمت الأسرة على عملية التبني .

لجنة استشارية   Advisory Committee

لجنة استشارية (A C) :

إحدى تصنيفات اللجان حسب معيار الوظيفة أو المهنة ، عادة ما تكون إما تحضيرية، أو تنفيذية أو تتبعية، أو تقويمية أو استشارية)، تستعين بها طرق ومجالات المهنة مـن أجـل تحقيق أهدافها.

يقصد بها الشخص أو مجموعة الأشخاص الذين عادة ما يكونوا على درجـة عاليـة مـن التخصص والفنية في المجالات أو الأمور التي يصعب البت فيها بشكل ملائم إلا بعد عرضها عليهم للحصول على الرأي والنصيحة الملائمة بشأنها.

دور المدافع   Advocate Role

دور المدافع (A R) :

أحد الأدوار الهامة التي يقوم بها الأخصائي وبالذات في طريقة تنظيم المجتمع، يقصد بـه الجهود الإيجابية التي يقوم بها المـنظم الاجتماعـي للـدفاع عـن مطالـب واحتياجـات أفـراد وجماعات المجتمع الـذي يعمـل معـه في شتى المجـالات، مـن أجـل تحقيق الإشباع لهـم مستخدماً كافة المهارات والأساليب المقبولة التي تقع ضمن سـلطتهم وقدرتهم بمـا في ذلك ممارسة الضغط وإقناع الآخرين بأهمية عملية تحقيق مطالب وحقوق الفئات المحرومة،

بمعنى آخر، فهو قريب الشبه من الممارسات والجهود التي يبذلها المحامي في الدفاع عن حقوق ومصالح موكليه.

رعاية لاحقة **After-Care**

الرعاية اللاحقة (A C) :

ظهر هذا المصطلح أول ما ظهر في الميدان الطبي ثم انتقل بعد ذلك إلى مهنة الخدمة الاجتماعية وبالذات طريقة خدمة الفرد. يقصد به عند الأطباء (مجموعة الجهود المبذولة لمعاونة المرضى الناقهين من الأمراض ذات القابلية للانتكاس من خلال توفير الضمانات الكافية للناقة لمتابعة خطة العلاج مع حمايته من العوامل التي قد تؤدي إلى عودة المرض له ثانية، فيما يرى العلماء الاجتماعيين بأنها الاهتمام والمساعدة التي تمنح لمن يخلي سبيله من مؤسسة عقابية بغرض معاونته على التكيف مع المجتمع الذي يعيش فيه بمعنى آخر، مساعدته على تقبل المجتمع وحث المجتمع المحلي على تقبله من جديد ولعل خير مثال على هؤلاء خريجي مراكز الأحداث الجانحين ومراكز معالجة المدمنين، أما مهنة الخدمة الاجتماعية فإنها ترى في الرعاية اللاحقة عملية علاجية لشخص المنحرف وتقويمه بهدف إعادة تكيفه مع بيئته الاجتماعية كإنسان ظل الطريق ويتعين علينا جميعاً مساعدته للعودة إلى سلوك السبيل الصحيح.

عدوان **Aggression**

العدوان (A) :

مصطلح رئيسي من مصطلحات علم النفس بشكل عام وعلم النفس الاجتماعي بشكل خاص شاع استخدامه في المهنة وبالذات في طريقة خدمة الفرد، يعتبر أحد أنواع التكيف الهامة التي يواجه بها الفرد الإحباط الذي يصاب به نتيجة للعراقيل والصعوبات التي تواجهه وتحول بينه وبين السير في اتجاه تحقيق الهدف أو الأهداف التي يرغب في تحقيقها،

كما يستخدم عندما يواجه الفرد بالرفض مـن قبـل الآخـرين كوسيلة للدفاع عـن النفس ومواجهة الرفض، وقد يكون العدوان عدواناً نفسياً أو معنوياً من خلال استخدام الإشارات المختلفة المتعارف عليها اجتماعياً بأنها ذات مغزى ينال من شخصية الآخرين أو قـد يكون بالكلمات النابية ذات المردود السيئ على الآخرين مثل السباب أو قـد يكون عدوان عضـلي ومادي تستخدم فيه الأيادي وأعضاء الجسم الأخرى وبعض الأدوات الحادة مثل السكاكين والعصي وحتى الأسلحة النارية... الخ.

شيخوخة   Aging

الشيخوخة (A) :

قديم حديث في آن واحد فهو قديم لأن المجتمع الإنساني عرفه منذ القدم وهو حـديث لأن الاهـتمام بـه وإجراء الدراسـات والتحـدث حولـه قـد جـاء وليـد الثورة الصـناعية، فالشيخوخة في الماضي ولدى العديد من شعوب العام الثالث وحتى وقتنا الحاضر لا تمثل مشكلة اجتماعية بل مصدراً للحكمة والبركة والتوجيه إلى الحد الذي تتواصل فيه العلاقة مـا بين الأحياء والأموات بحيث يهتم الأسلاف في أبنائهم وأحفادهم حتى بعد موتهم فكثيرا مـا ترى الأبناء والأحفاد يلجئون إليهم وبالذات في وقت الأزمات بالزيارة والدعاء طلباً للرحمـة أو الغيث أو الخصب أو مباركة زواج مـا أو إشفاء مـن مـرض معـين ...الخ أمـا فمـا بعد الصناعة فقد أصبح ينظر لهم على أنهم عبء أو عالة عـلى ذويهـم وعـلى المجتمـع الـذي لم يجد من بد سوى إيداعهم في مراكز رعاية المسنين التي باتـت تكلـف الكثيـر مـن الأمـوال بسبب التزايد المستمر في إعدادهم نتيجة للتحسن الكبير الذي طـرأ على الأوضاع الصحية والاجتماعية في المجتمعات المتقدمة وإن ما زالت العديد من المجتمعات خصوصًا في العالم الثالث تنظر إليهم بعين الرضا.

Alms House

تكية

التكية (A H) :

مؤسسة خيرية داخلية توفر فيها الرعاية الكاملة للمسنين من مسكن وغذاء وملبس ورعاية صحية وبرامج ترفيهية وشغل أوقات فراغهم .... الخ ظهرت أول ما ظهرت في أوروبا في القرن السابع عشر حيث كانت تعرف ببيوت الإحسان ثم انتشرت بعد ذلك إلى مختلف دول العالم بما فيها بعض الدول النامية، عادة ما تكون الإقامة فيها مجانية وبالذات للمسنين الفقراء أو مقابل رسوم شهرية بسيطة، تعتمد في مواردها على التبرعات والهبات والصدقات والعطايا التي يتقدم بها المحسنين إسهاماً منهم في دعمها ومساندتها في أداء رسالتها الخيرية النبيلة تقام في بعض الدول كدور لتقديم الإحسان عن أرواح الأشخاص الذين عرف عنهم في حياتهم حب الخير وفعلة أو الموسرين الذين توفاهم الله ولا يجد ورثتهم أفضل من أن يوقفوا ريع بعض ممتلكاتهم وعقاراتهم لمثل هذه المؤسسات طمعاً في أن يتغمد الله سبحانه وتعالى أرواح موتاهم بواسع رحمته.

Alternative Nursery

حضانة بديلة

الحضانة البديلة (A N) :

إحدى البرامج الرعائية التي توفرها مؤسسات المجتمع الاجتماعية سواء كانت حكومية أو أهلية للأطفال الذين حرموا من نعمة العيش في أسر طبيعية ولمجهولي النسب والقطاء وخلافهم من الفئات من أجل تعويضهم عما يفتقدونه، وقد يأخذ البرنامج شكل تسليم الطفل (إذا كان ما يزال في عمر الرضاعة) إلى إحدى الأمهات البديلات المؤهلات من أجل القيام بعملية إرضاعه والعناية به مقابل مبلغ من المال ولمدة محددة وهو ما يعرف بالحضانة المؤقتة .

قلق

Anxiety

القلق (A) :

أحد أنواع الأمراض النفسانية (العصابية) التي تصيب العديدين ممن يحتاجون إلى مختلف المساعدات والخدمات التي تقدمها مهنة الخدمة الاجتماعية، هذا ويعرف القلق على أنه (شعور عام وغامض غير سار/ يصاحبه الخوف والتحفز والتوتر/ المصحوب ببعض الإحساسات الجسمية فهو يحدث على شكل نوبات). هذا ويرجع العديد من الاختصاصيين القلق إلى أسباب وراثية وإلى الصراع بين الرغبات المتعارضة لدى المرضى وإلى قصور الجهاز العصبي بالإضافة إلى الأسباب الناجمة عن اضطراب وتوتر البيئة التي يعيش بها الناس كالعنف الأسري وضغوطات العمل... الخ (ص ص 282 – 284، م 38).

علماً أن للقلق العديد من الأعراض بعضها جسمية والبعض الآخر منها نفسانية مثل الشعور بالتوتر وعدم القدرة على التركيز وضعف القدرة على العمل والإنتاج وفقدان الشهية وخفقان القلب وكثرة التبول والقذف السريع أو ما يعرف بالعنة عند الرجال... الخ.

بحث تطبيقي

Applied Research

البحث التطبيقي (A R) :

احد أنواع البحوث من حيث الهدف تهتم به مهنة الخدمة الاجتماعية بكافة طرقها ومجالاتها فهو ذو صلة مباشرة في الممارسة المهنية على ارض الواقع، أي أنه تطبيقاً للمعارف النظرية لعل من أهدافه تحسين الممارسة المهنية وزيادة مهارات الأخصائيين الاجتماعيين في التعرف على الموارد وتحديد الاحتياجات سواء كانت للأفراد أو الجماعات أو المجتمعات، بمعنى آخر فإنه يركز على حل المشكلات وإشباع الاحتياجات حيث تتجلى فيه ممارسة العمليات الأساسية الثلاثة للمهنة والمتمثلة بالدراسة والتشخيص والعلاج.

Assimilation تشرب / امتصاص

تشرب (A) :

متداول في العديد من العلوم الاجتماعية والإنسانية وعلى رأسها علم الاجتماع ومهنة الخدمة الاجتماعية وبالذات في المجتمع الأمريكي الذي يعتبر السياق في هذا المجال، فقد ظهر هذا المصطلح فيه حوالي النصف الثاني من القرن الماضي، يشير إلى عملية الهضم والامتصاص التي تحدث للجماعات العرقية الصغيرة أو المهاجرة من مجتمع إلى مجتمع آخر، حيث تذوب عادات وقيم وتقاليد وحتى لغة الجماعات الجديدة بثقافة المجتمع الأصلي أو المضيف إلى الحد الذي تكاد أن تفقد فيه هويتها الأصلية تماماً، خصوصاً بالنسبة للأجيال الجديدة التي تلي جيل المهاجرين الأوائل من الأجداد والآباء، فبعد ثلاثة أو أربعة أجيال من الهجرة قد تفقد الجماعات المهاجرة حتى أسمائها فإذا كانت الأسماء على سبيل المثال عربية فإنها قد تصبح إنجليزية أو فرنسية أو ألمانية تماماً.

Asylum Foundation مؤسسة إيوائية

المؤسسات الإيوائية (A F) :

شكل آخر من أشكال الرعاية التي يوفرها المجتمع لأطفاله الذين حرموا من نعمة العيش في أسر طبيعية لأسباب متعددة تطبق أساليب ووسائل الخدمة الاجتماعية في العمل وبالذات أحد مجالات الخدمة المعروفة برعاية الطفولة عادة ما تلجأ المجتمعات لهذا الأسلوب من الرعاية البديلة إذا لم تتوفر الظروف الملائمة لرعاية الأطفال في الأسر الحاضنة أو أن عدد الأطفال يفوق عدد الأسر الراغبة في احتضان الأطفال وفي المجتمعات التي لا تشجع نظام الأسر البديلة وفي حالات فشل الأطفال في التكيف مع الأسر البديلة في مرات سابقة.... الخ، عادة ما يتم إنشاء هذه المؤسسات بشكل تطوعي أهلي أو حكومي، أما نظام القبول فيها فإما أن يكون مباشرة أو من خلال وزارات الشؤون الاجتماعية والمحاكم.

Balance Columns Theory

نظرية الأعمدة المتوازية

نظرية الأعمدة المتوازية (B C T) :

مستخدمة في مهنة الخدمة الاجتماعية وبالذات في طريقة تنظيم المجتمع، تقوم هـذه النظرية على مبدأ التعاون بين الحكومات والمنظمات والهيئات الأهلية التطوعية العاملـة في شتى مناحي ومجالات الرعاية الاجتماعية، ترى هذه النظرية أن نجاح رسالة العمل في هـذا الميدان تتطلب توفر عنصر الشراكة ما بين المنظمات الحكومية بمختلف أشكالها ومستوياتها وبين المنظمات الأهلية، الأمر الذي من شأنه أن يساعد في توحيد الجهود ويمنع تشرذمها فلا الحكومة وحدها بقادرة على إقامة برامج الرعاية الاجتماعية الفاعلة ولا القطاع الأهلي الذي لا يملك الإمكانات المادية ولا البشرية الكافية والمؤهلة بقادر عـلى القيـام بمثل هـذا الـدور وحده خصوصاً في مجتمعات العالم الثالث التي مـا يـزال العديـد منهـا يـرزح تحت وطـأة الحاجة والفقر.

Baza'ar

سوق خيري

السوق الخيري (B) :

وسيلة من الوسائل التي تتبعها أجهزة ومنظمات تنمية المجتمع أو تشارك فيها من أجـل الحصول على الأموال اللازمة للإنفاق على مشاريعها وبرامجها الخيرية القائمة أو التـي تنـوي إنشائها من أجل النهوض بالأهالي والمجتمع، ولعل خير مثال عـلى هـذه الجهـات المنظمات غير الحكومية (N G O S) التي تدير وتشرف على مراكز ومشاريع إنتاجيـة سـواء، كانت على شـكل أشـغال يدويـة أو تراثيـة أو منتجـات زراعيـة بشقيها النباتي والحيـواني ... الخ خصوصاً منتجات النساء الريفيات، علماً أن هذه الأسواق قد تكون دائمة أو موسمية،

مفتوحة أو مغلقة، وعادة ما تكون محكومة بأنظمة خاصة تعفى بموجبها الأموال المتحصـلة من الرسوم والضرائب.

استراتيجية تعديل السلوك   Behavior Modification Strategy

إستراتيجية تعديل السلوك (B M S) :

إحدى أنواع استراتيجيات المشاركة في التنمية المستخدمة في طريقة تنظيم المجتمع والتي تقوم على أهمية (المشاركة في تعديل السلوك وتغيره عن طريق تأثير الأفراد بالجماعات التي ينتمون إليها، علماً أن تعديل وتغيير السلوك الذي تؤمن به هذه الاستراتيجية يصبح ضرورة كلما تولد لدى المشاركون شعوراً قوياً بالتوحد مع الجماعة، وكلما شـعر المشاركون بالفائـدة من وراء المشاركة نفسها، بمعنى إحساسهم القوي بأنها ذات قيمة ونفع لأنفسـهم مـن جهـة وللجماعة من جهة أخرى وبشكل متزامن) (ص 461، م 40).

مراقب سلوك   Behavior Observer

مراقب السلوك (B O) :

شخص مهني عادة ما يكون من الحاصلين على درجة البكالوريوس في الخدمة الاجتماعية ويتمتع بالعديد من الصفات والخصائص الشخصية التي تؤهله للقيام بمثل هذا الـدور لعـل من أبرزها دقة الملاحظة، الذكاء، الصبر، قوة التأثير في الآخرين، وسعة الاطلاع... ومواكبة كل ما هو جديد ... الخ

بالإضافة إلى ما سبق كله إيمانه بقيم مهنـة الخدمـة الاجتماعيـة وبالـذات احـترام كرامـة الفرد وإنسانيته وجدواة لنفسه ولمجتمعه، وعدم التحيـز أو التمييـز علـى أسـاس العـرق أو اللون أو الجنس أو الدين...الخ، فهو الأداة التنفيذية لنظام المراقبـة الاجتماعيـة وتقـع علـى عاتقه مسؤوليات علاجية ووقائية لا تخص الحدث نفسه وإنما تشمل أسرتـه والبيئـة التـي

يعيش فيها الحدث بأسرها، هذا وينقسم دوره في تعامله مع الأحداث إلى قسمين رئيسين أولهما قبل الحاكمة وثانيها بعد المحاكمة.

اتجاه سلوكي **Behavioral Approach**

الإتجاه السلوكي (B A) :

إحدى الاتجاهات التى ساهمت فى تطوير المهنة بشكل عام وطريقة خدمة الفرد بشكل خاص، يرى أصحاب هذا الاتجاة ان مشكلة العميل مشكله تتعلق بقيمة وعاداتة الخاطئة وبالتالى فإن علينا إذا ما أردنا أن نخلص العميل من مشكلته أن نتوجة إلى تعديل عاداته الخاطئة باستخدام مختلف الأساليب التعليمية مع ضرورة العمل على تثبيت هذه الأساليب باستخدام عمليات كعمليات التدعيم والتعزيز .

جمعية خيرية **Benevolent Association**

جمعية خيرية (B A) :

جماعة من الشخوص الذين غالباً ما يتميزون بنزعة فطرية لحب الخير وخدمة الصالح العام. يرون أن لا سبيل أفضل (لزرع الخير والمحبة وتعهدهما بالرعاية والعمل) من توحيد الجهود والعمل بروح الفريق الواحد، فهم يؤمنون بأن إشباع حاجات المعوزين وخدمة المجتمع لا يمكن أن تؤتى ثمارها بشكل حسن إلا إذا كانت ضمن إطار منظم، بعبارات أخرى أكثر وضوحاً، فهم جماعة لا تبغي تحقيق أي مردود مادي أو معنوي من وراء مجهوداتها، كما لا نسعى لتحقيق أهداف سياسية أو طائفية أو التحيز لعرق أو دين ... الخ وإنما يحكم عملها النظام الأساسي أو الدستور الذي آمنت به، لا يقل عدد أعضائها عن عدد أعضاء الهيئة الإدارية الواردة في نظامها الأساسي.

رشوة **Bribery**

الرشوة (B) :

موضع اهتمام العديد من العلوم والمهن وعلى رأسها علوم القانون والقضاء والاجتماع ومهنة الخدمة مجال اهتمامنا وبالذات إحدى مجالاتها إلا وهو مجال الدفاع الاجتماعي، من أبرز تعاريفها القانونية باللغة الإنجليزية وترجمته أنها (دفعة عادة ما تكون مالية (نقدية) لإغراء أو استمالة موظف حكومي أو رسمي من أجل القيام بفعل أو عمل يشكل انتهاك أو اعتداء على واجبة وإطاعته للقانون) .

... "Bribery ... As Payment Made To Induce (Government Official) To Do an Act In Violation Of His Lawful Duty" (P.247 R, 83).

كفيف **Blind**

الكفيف (B):

أحد أشكال الإعاقة التي تعنى بها المهنة بشكل عام والخدمة في مجال المعوقين بشكل خاص، يقصد به كل من تختل قوة الإبصار لديه إلى 60/6 فما دون ولا يزيد مدي الرؤية لدية أو مجاله البصري عن (20) درجة .

شلل دماغي **Brain Damage**

الشلل الدماغي (BD):

موضع اهتمام المهنة وبالذات الخدمة الاجتماعية في مجال المعوقين وطريقة خدمة الفرد، عرفه العلماء على انه شكل من أشكال الشلل الحركي المرتبط يتلف في خلايا الدماغ أو خلل فيها.

Brain Storming

عصف فكري

عصف فكري (B S) :

بدأ استخدامه في الآونة الأخيرة على نطاق واسع من قبل العديد من المنظمات والأجهزة الحكومية والأهلية. وحتى من قبل مختلف المهن والأعمال، ولعل من بين أهم المهن التي تستخدم هذا المصطلح التربية ومهنة الخدمة الاجتماعية موضع اهتمامنا، تعددت تعاريفه إلا أن من أبرزها التعريف الذي يراه على أنه «ذلك الأسلوب الذي يستخدم في دراسة مشكلة أو موضوع ما من خلال التقاء مجموعة من الخبراء والمختصين. في مكان أو مقر ملائم للتوصل إلى حلول لما هم مجتمعون من أجله وعادة ما يستخدمون في سبيل ذلك المناقشة وطرح الأفكار والحلول والبدائل التي غالباً ما تأخذ طابع التفاعل ويكون الهدف الرئيسي- لها هو التوصل إلى أكبر عدد ممكن من الأفكار وليس مناقشة الآراء ونقدها» (ص 140، م 4).

Bride Dowry

مهر العروس

مهر العروس (B D) :

شائع في العديد من العلوم والمهن وبالذات في علم الاجتماع ومهنة الخدمة الاجتماعية فهو موضع اهتمام كل فرد من أفراد المجتمع، خصوصاً في المجتمعات التي تؤمن بالمهر كشرط أساسي من شروط الزواج.

يقصد به الصداق الذي يقدمه العريس أو وكيله سواء كان هذا الوكيل الأب أو حتى كبير العائلة للعروس ليظفر بها وتصبح حليلته سواء كان على شكل أموال منقولة أو غير منقولة أو كلاهما، (نقد أو عقار) هذا مع ضرورة التأكيد على أن الصداق لا يعتبر ثمن للعروس كما هو الحال في البيوع المختلفة وإنما عربون محبة واحترام وبداية تكوين علاقات اجتماعية بين أسرتين أو حتى عائلتين الآمر الذي يعزز من قوة وتماسك البناء الاجتماعي لأي مجتمع من المجتمعات.

جماعة الطنين **Buzzing Group**

جماعة الطنين (B G) :

وسيلة من الوسائل التي تستخدم في ديناميات الجماعة لتفتيت جماعة كبرى إلى وحدات صغرى من أجل تيسير أمر مناقشة مسألة ما وغالباً ما لا يتجاوز عدد أعضاء الجماعات المفتتة عن اثنين، أي أن النقاش يتجزأ من نقاش على مستوى الجماعة ككل إلى نقاش يدور بين شخصين وغالباً ما يلجأ إليها في حالة عدم التقيد التام بالرسميات، كما أنها تتيح للجميع فرصة المشاركة في مناقشة مسألة ما خصوصاً في الجماعات الكبيرة الحجم وتعدد أوجه وموضوعات المناقشة حيث يناقش كلاً منها بشكل منفصل، إلا أن من بين أبرز عيوبها ارتفاع مستوى الضوضاء والضجيج بسبب تفاعل عدد كبير من الأعضاء على مستوى ثنائي أو ثلاثي في نفس الزمان والمكان (ص ص 199- 201، م16) .

مقابلة الصدفة **By Chance Interview**

مقابلة الصدفة (B C I) :

نوع من أنواع المقابلات التي تستخدمها مهنة الخدمة الاجتماعية بشكل عام وطريقة خدمة الفرد بشكل خاص، فهي شكل من أشكال المقابلات الأولى علماً بأن المقابلات الأولى تجمع بين ثلاثة أنواع من المقابلات هي مقابلة الاستقبال والمقابلة الأولى ومقابلات الصدفة، هذا ويقصد بمقابلة الصدفة ذلك اللقاء الذي يجمع بين الأخصائي الاجتماعي والعميل صاحب المشكلة، بدون تحديد زمني أو مكاني سابق للقائهما، أي أنها تأخذ طابع المفاجأة وغالباً ما تتم في كل المؤسسات التي توجد فيها مكاتب خدمة اجتماعية سواء كانت مؤسسات أولية مثل مراكز الأحداث أو مؤسسات ثانوية كالمستشفيات والمصانع... الخ.

إن هذا النوع من المقابلات لا يقل أهمية عن المقابلات بموعد مسبق، فهي تلبي حاجة طارئة عند العميل تستدعي مقابلة الأخصائي بشكل فوري فمريض الإيدز أو السرطان أو الدرن الرئوي على سبيل المثال قد تكون حاجته إلى مقابلة الأخصائي الاجتماعي ملحة وطارئة لا يمكن معها التأجيل إلى أن تستوفي الإجراءات الإدارية المختلفة للمقابلة لأن من شأن الانتظار أن يؤزم الموقف ويزيد من خطورة الوضع الذي يمر به العميل.

معسكر **Camp**

معسكر (C) :

عرف الإنسان المعسكرات منذ القدم إلا أنها ما لبثت أن أصبحت وسيلة منظمة من وسائل الترويح عن النفس في العصور الحديثة فقد استعانت بها وما تزال العديد من المهن والعلوم لتحقق أهدافها ومن بينها مهنة الخدمة وبالذات طريقة خدمة الجماعة من أجل توفير فرص التفاعل الطبيعي للجماعات بهدف كشف المواهب وتنميتها وغرس القيم النبيلة كحب العمل والإخلاص للوطن والمحافظة على محتويات البيئة وهي كذلك وسيلة من وسائل التنشئة الاجتماعية.

حشيش **Cannabs**

الحشيش (C) :

ترجع في أصلها إلى اليونانية القديمة وهي (kovabos) ومعناها ضوضاء، علماً أن ضوضاء تنسب هي الأخرى إلى ضوضاء المتعاطين لهذا النوع من النبات المخدر أثناء جلوسهم للتعاطي، استخدمها في بادي الأمر السحرة والكهنة في المعابد وعلى مر العصور والحضارات سواء القديمة منها أو المعاصرة مثل المصرية والصينية واليونانية كما استخدم بكثرة في العصور الوسطي وما زال حتى وقتنا هذا، عرفها المسلمون بأن أطلقوا عليها

العشب أو الحشيش ، وهي في كل الأموال عبارة عن مخدر مستخلص من نبات القنب الهندي .

رأسمالية Capitalism

الرأسمالية (C) :

أيديولوجية نشأة وترعرت في ظلالها مهنة الخدمة الاجتماعية وبالذات في الولايات المتحدة الأمريكية وبريطانيا فقد استمدت منها المهنة العديد من قيمها كالحرية والفردية وكرامة الإنسان من أبرز تعاريفها بالإنجليزية

"Capitalism Economic System In Which Natural Resources And Capital Generally Owned And Controlled By Private Citizens And Not By The State And In Which Men Compete Freely To Earn Their Incomes" (P. U 27، R 64).

وترجمة هذا النص تعني أن الرأسمالية نظام اقتصادي تكون فيه الموارد الطبيعية ورأس المال مملوكه ومسيطر عليها أو موجهة من قبل القطاع الخاص أو المواطنين أنفسهم وليس من قبل الحكومة وأنها تقوم على التنافس الحر بين الناس أو الأفراد في كسب دخولهم.

دراسة الحالة Case Study

دراسة الحالة (C S) :

الحالة قد تكون شخصاً أو مجموعة من الأشخاص مثل الأسرة أو النظام الاجتماعي أو المجتمع المحلي أو حتى شعب أو أمة بكاملها وهي تمثل مجموعة المعلومات التي تصور الحياة الكلية أو مرحلة من مراحل حياة وحدة معينة من الوحدات التي تم ذكرها بمختلف علاقاتها وأوضاعها الثقافية ... فهي عملية جمع أكبر قدر ممكن من المعلومات التي تتصل بتاريخ حياة الحالة وتطورها (ص-6، م43)، هذا ويشيع استخدام دراسة الحالة في مهنة

93

الخدمة الاجتماعية بشكل عام وطريق خدمة الفرد والجماعة بشكل خاص حيث ينصب الاهتمام فيها على المشكلات التي تواجه العملاء والجماعات وحتى المجتمعات المحلية من أجل وضع الخطط العلاجية الملائمة لها.

تنفيس **Catharsis**

التنفيس (C) :

أحد المداخل العلاجية المستخدمة في طريقة خدمة الفرد يقوم العميل من خلاله بالتعبير عن مشاعره وأحاسيسه وبالذات الكراهية أو العدوانية تجاه شخص ما أو شيء ما والتي وإن حاول كبتها وعدم الإفصاح. عنها إلا أنها توجه أفكاره وتصرفاته بشكل خاطئ.

تشخيص سببي **Causal Diagnosis**

التشخيص السببي (C D) :

أحد أنواع التشخيص المعروفة، لا يختلف كثيراً عن التشخيص الاكلينيكى سوى في أنه يضيف إلى طبيعة المشكلة التي تم تحديدها نوعيتها التي تميزها عن غيرها من الطوائف، بكلمات أخرى أكثر وضوحاً فإن التصنيف الإكلينيكي عام أما السببي فهو خاص، يعني بالأسباب، فعندما يقال أن المشكلة اضطراب نفسي فإن هذا تصنيف إكلينيكي أما عندما يقال بأن الاضطراب عبارة عن قلق فإن هذا تشخيص سببي وهو نفس الشيء الذي يمكن أن يقال عند قولنا جناح أحداث. فإن هذا يعني تصنيفها العام أو تشخيصها الإكلينيكي أما عند قولنا تشرد فإن هذا هو التصنيف الخاص أو السببي.

إحصاء سكاني **Census**

الإحصاء السكاني (C) :

عملية عد وتجميع البيانات والمعلومات عن سكان وحدة جغرافية أو إدارية معينة أو عن سكان كامل الدولة بحيث تشمل البيانات على خصائص السكان الديمغرافية والاجتماعية والاقتصادية، علماً بأن عملية التعداد غالباً ما تجري بشكل دوري كل عشر- سنوات كما وله قانون خاص وجهاز متخصص لإجراء المسوحات والتعدادات وعادة لا يقتصر دور أجهزة ومراكز الإحصاء على عد السكان وإنما تجري مسوحات دورية عن الزراعة والصناعة والتجارة والعمالة والبطالة والفقر ومستويات المعيشة وخلافها من الموضوعات التي تخص السكان وتؤثر وتتأثر بهم.

أسرة مشوشة **Chaotic Family**

الأسرة المشوشة (C F) :

إحدى الوحدات القرابية الاجتماعية، إلا أنها تعاني من مجموعة من المشكلات والاضطرابات في توقعات الأدوار المنوطة بها، فمن مساوئ هذا النمط وجود إحساس ضئيل أو فاتر لديها بأهداف الأسرة كأسرة (ص 162، م 23). لذلك تراها بحاجة إلى خدمات المهنة وبالذات مكاتب الإرشاد والتوجيه الأسري وطريقة خدمة الفرد.

كارزماتية **Charismatic**

الكارزماتية (C) :

شاع استخدامها في العديد من العلوم الاجتماعية كعلم السياسة والاجتماع تستخدمها مهنة الخدمة الاجتماعية وبالذات في طريقتي خدمة الجماعة وتنظيم المجتمع.

يقصد بالكارزماتية من الناحية اللفظية (هبة الله) ومعناه بالانجليزية God Gifted أي الشخص الذي ترسله العناية الإلهية أو السماء لإنقاذ أمته وتقوم الكارزما على الطاعة للبطل والتضحية من أجل تأدية رسالته التي أرسل من أجلها، وبالتالي فإن عقلية الكارزمي عقلية ثورية تحل الخلافات وتحسم المنازعات على أساس الإلهام والوحي، كما يتحلى الزعيم الكارزمي بقوة خارقة وصفات نادرة مثل الغيرية والإيثارية وتقمص روح الجماعة والأمة والقدرة على تفجير الطاقات الكامنة لدى الشعوب وتحقيق الإنجازات الخالدة. وبالنظر إلى عظمة السمات التي يتمتع بها القائد الكارزمي فإنه عادة ما يوجد في حالات الضعف والتفكك الاجتماعي والديني والاقتصادي والسياسي أي في حالات الترهل والتردي والأزمات فهو بمثابة الشعلة التي توقد من جديد الشموع من أجل تبديد الظلمة والتخلف.

شركات الإحسان

Charity Company

شركات الإحسان (C C) :

ظهرت في فرنسا في العصور الوسطى من بين جهود متعددة لتنظيم المساعدات الاجتماعية التي تقدم للفقراء آنذاك فقد أنشأ في باريس مكتب رئيسي ـ لمساعدة المحتاجين تكون أعضاؤه من رهبان وقضاة ومحامين ساعدهم في عملهم متطوعين لتقصي ـ أحوال المحتاجين، قبل تقديم المساعدة لهم ثم ما لبثت هذه المكاتب أن انتشرت فقد تم إنشاء مكاتب استشارية في كل منطقة لا بل في كل حي يتواجد فيه فقراء بأعداد كبيرة أطلق عليها اسم شركات الإحسان لأنها كانت تفرض ضريبة على المواطنين القادرين من أجل رفد المبالغ التي تخصصها الحكومة لتمويل جهود مساعدة الفقراء .

حركة تنظيم الإحسان **Charity Organization Movement**

حركة تنظيم الإحسان (C O M) :

ظهرت أول ما ظهرت في إنجلترا، فقد كانت أول حركة تنظيم إحسان في لندن عام 1869 انتشرت بعد ذلك إلى كلاً من أمريكا وعدداً من الدول الأوروبية تأسست أول جمعية إحسان في أمريكا عام 1877، يعود ظهور هذه الحركة وانتشارها إلى شدة الحاجة لها آنذاك حيث لم تستطع الجهود الحكومية والتشريعات المختلفة التي ظهرت سواء في بريطانيا أو أمريكا مواجهة احتياجات ومشاكل الناس التي تزايدت بسبب تردي الأوضاع الاجتماعية والاقتصادية مما دعا الكثيرين من المصلحين والمتطوعين من الأهالي إلى التنادي من أجل المساهمة في تعزيز الجهود الحكومية وذلك بتأسيس الجمعيات الخيرية للمساعدة في مواجهة الفقر، إلا أن كثرة عدد الجمعيات التي تم تأسيسها وعدم وجود ضوابط تحكم عملها بالإضافة إلى تشابه الخدمات التي كانت تقدمها قد عمل على تشرذم العمل وتشتيت الجهود وحصول الفرد على أكثر من مساعدة من أكثر من جهة.

الأمر الذي استدعى ضرورة العمل على تنسيق الجهود الخيرية التي تقوم بها هذه الجهات العديدة وتوجيهها إلى خدمات أخرى مطلوبة ولم تطرق من بعد، بالإضافة إلى الحاجة إلى تنظيم الجهود الحكومية والأهلية وفتح قنوات رسمية للاتصال فيما بينها من أجل القضاء على الازدواجية والتضارب الذي كان يصل إلى حد التصادم في بعض الحالات فكانت حركة تنظيم الإحسان بمثابة المنقذ من ذلك الوضع المزرى.

حفلة خيرية **Charity party**

حفلة خيرية (C P) :

إحدى الوسائل الهامة التي يتم بموجبها جمع المساعدات وبالذات النقدية منها من أجل دعم البرامج والمشاريع والخدمات التي تقدمها الجمعيات الخيرية والهيئات الاجتماعية

لعملائها سواء كانوا أفراداً أو أسراً أو مجتمعـات محليـة، عـادة مـا تتميـز عـن غيرهـا مـن أساليب جمع التبرعات في أنها تستفيد من طاقات المجتمـع الفنيـة والمبدعـة وبالـذات مـن ذوي القلوب الرحيمة كالمطربين والممثلين وجماعات السيرك وخلافهـم مـن الفنـانين لتقـديم عروض مشوقة لجمهور الحفلة والمشاهدين، عادة ما تخصص أثمـان بيـع التـذاكر والأمـوال التي تجمع عن طريق المسابقات واليانصيب الذي يقام على هامش الحفلة لصالح الأعمال الخيرية كأن يرصد لصالح مرضى السرطان أو السكري أو القلب ... الخ.

رعاية الطفولة في الخدمة الاجتماعية   **Childhood Care In Social Work**

رعاية الطفولة في الخدمة الاجتماعية (C C S W) :

الطفولة موضع اهتمام المهنة وبالذات ميدان الطفولة، يقصـد بهـا «مجموعـة الجهـود المهنية التي تقدم للأطفال في أسرهم أو في مؤسسات رعايـة الطفولـة بقصـد تحقيـق النمـو السوي أو تصحيح أخطاء التنشئة الاجتماعية مـن خـلال بـرامج تعـد لـذلك الهـدف يشـرف عليها أخصائيون اجتماعيون .

ذات طفولية   **Childish Ego**

الذات الطفولية (C E) :

وحدة من وحدات الذات الثلاثة استعارتها المهنـة وبالـذات طريقـة العمـل مـع الحـالات الفردية من النظريات النفسية، خصوصاً التحليل النفسي على يد (إيـدو بيـرون) لتمـارس بعـد ذلك في مؤسسات العلاج النفسي ومؤسسات الأحداث المنحرفين «يقصـد بهـا ذلك الجـزء مـن بناء الشخصية الذي يميل إلى أن يملك سلوكاً طفولياً، فالفرد تنتابه لحظات في حياته تسود فيهـا سلوكيات الطفولة كالاندفاع والخيال الزائد ونوبات الغضب والانفعال واللامنطقية في

القول والفعل وهي اللعب والترويح والشكوى المستمرة ومشاهدة بـرامج الأطفـال في التلفـاز والغيرة الشديدة والفساد والصياح والبكاء ... الخ».(ص 135،م 14).

قائد موقف

Circumstance Leader

قادة المواقف (C L) :

أحـد تصـنيفات القيـادة المتعـددة، مسـتخدم في علـم الإدارة وكـذلك في مهنـة الخدمـة الاجتماعية موضع اهتمامنا وبالذات في طريقتي خدمة الجماعة وتنظيم المجتمـع، يشـير إلى القادة الـذين تظهـرهم المواقـف فهـم ليسـوا بقـادة تقليـديون ورثوا مراكـزهم عـن الآبـاء والأجداد وإنما أشخاص عاديون ساهمت الظروف والأوضاع في الكشف عن سماتهم القيادية وخير مثال على ذلك الجندي الذي يجد نفسه بعد قتل قائد الكتيبة وعدم وجـود مـن يحـل مكانه وإشراف أفرادها على الهلاك في موقف يفرض عليـه تـولي زمـام القيـادة، مـدفوعا بمـا يملكه من سمات قيادية .

مواطنة

Citizenship

المواطنة (C) :

مصطلح مستخدم في مهنة الخدمة الاجتماعية يقصد به مجموعة القـدرات والخصـائص والمشاعر والقيم ذات الصبغة النفسية والاجتماعيـة التـي تـؤمن بأهميـة الجماعـة وضرورة الانتماء إليها أو الإيمان بمعتقداتها وأهدافها ومصالحها المشتركة بما في ذلك الاستعداد للدفاع عن هذه المعتقدات والأهداف والمصالح المشتركة وتوظيف كل الإمكانات التي من شـأنها أن تساهم في تغيير واقع الجماعة والمجتمع أو النهوض به على أسس علمية تكفل لـه النـماء والتقدم في كافة النواحي وبما يساعد في تحقيقها على أرض الواقع وذلك بتنشئة الفرد عـلى محبة الآخرين والتعاون معهم والإحساس بالمسؤولية الاجتماعية تجاه الجماعة التي ينتمـي إليها واحترام أعرافها ونظمها.

جماعة الفصل

Class Group

جماعة الفصل (C G) :

إحدى الجماعات المدرسية التي تتعامل معها مهنة الخدمة بشكل عام وطريقة خدمة الجماعة والخدمة الاجتماعية المدرسية بشكل خاص، يقصد بها مجموعة الطلاب الـذين يوزعون إجبارياً على الفصول التعليمية المدرسية المختلفة سواء حسب الأعمار أو الـدرجات المدرسية أو خلافها كأن نقول الفصل الأول أو الرابع أو العاشر... الخ.

وعادة ما يراعي أن يكون الفصل المدرسي وحدة نشاط في برامج متكاملة تراعي التفاعل ما بين المناهج وقضايا المجتمع المختلفة الاقتصادية والاجتماعيـة والسياسـية، أي أن علـى المناهج المختلفة أن تعكس واقع وحاجات ومشكلات وتطلعات المجتمع.

عميل

Client

العميل (C) :

سـائد فى معظم المهـن وبالـذات في المهـن الخدميـة منهـا كمهنـة الطب والمحامـاة والخدمة الاجتماعية موضع اهتمامنا وبالذات فى طريقة خدمة الفرد حيـث يعتبر عنصرـ أو مكون أساسى من مكونات الطريقة، يقصد به كل من عجزت قدرتـة عـن مواجهـة مختلـف المواقف التى يمر بها فى حياته سواء بشكل جزئى أو كلى مما يجعله فى حالة من عدم التوافق مع البيئة التى يعيش فيها، الأمر الذى يضطره إلى طلب مساعدة الاخصائى الاجتماعـى مـن أجل مواجهة مشكلته أو حاجته ومـن ثم العـودة إلى ممارسـة دوره أو أدواره الاجتماعيـة بشكل فاعل، والعميل فى المهنة أما أن يكون فردًا أو جماعـة أو مجتمعًا كـما هـو الحـال فى طريقة تنظيم المجتمع.

Client Resistance

مقاومة عند العميل

المقاومة عن العميل (C R) :

أسلوب يتخذه العميل وبالذات أثناء المقابلة لإحباط جهود الأخصائي الاجتماعي الرامية إلى إشراكه بشكل إيجابي في التوصل إلى حلول لمشكلته ابتداءاً من الدراسة وإنتهاءاً بتنفيذ خطة العلاج من خلال اتباع العديد من الأساليب والسلوكات التي تعبر صراحة أو بطريقة غير مباشرة على عدم التجاوب مع جهود الأخصائي سواء كانت بالامتناع عن إعطاء الحقائق أو إعطاء معلومات مضللة أو غامضة أو عدم الانتظام في حضور المقابلات بدون أسباب مقنعة أو التهرب من الكلام أو إلقاء اللوم على الآخرين كأسباب في تعطيل خطة العلاج أو حتى الانسحاب قبل إتمام خطة العلاج .... الخ.

Client Social History

التاريخ الاجتماعي للعميل

التاريخ الاجتماعي للعميل (C S H) :

يستخدم بشكل واسع في طريقة خدمة الفرد تعددت تعاريفه بتعدد الممارسين والعلماء حيث صاغه البعض ... على أنه نتيجة أو محصول عملية الدراسة الاجتماعية بوسائلها المختلفة وقد يتكون من مجموعة الحقائق المنوعة التي توصلنا إليها أثناء مجهوداتنا الدراسية مرتبة ترتيباً يحكمه التفكير العلمي السليم الذي يجعلها ناطقة بالمعاني التي تيسر عملية التشخيص الاجتماعي من أجل وضع خطة العلاج وتنفيذها) (ص -، م35).

فيما يرى آخرون أنه التتبع المنطقي والدقيق لحياة العميل من الحاضر إلى الماضي فالحاضر بكل ما فيه من سعادة وشقاء وقوة وضعف مهم لبيان مراحل ونقاط التطور الذي مرت به شخصية العميل ومشكلاته ودور كل منهما في الآخر وأيهما الذي أدى إلى مثل هذا الوضع من أجل الوصول إلى التشخيص السليم للحالة ووضع خطة ناجحة للعلاج وقد يتم من خلال عدة مصادر منها المقابلات مع الحالة والأسرة وبالذات الأبوين اللذان شهدا تطور

شخصية العميل منذ الميلاد وحتى الوقت الـراهن والسـجلات الشخصية والوثائق الرسمية والتعليمية والصحية ... الخ .

تشخيص إكلينيكي   **Clinical Diagnosis**

التشخيص الإكلينيكي (C D) :

أحد أنواع التشخيص المتعارف عليها في طريقة خدمة الفرد، يقصـد بـه (الاقتصار عـلى تصنيف المشكلة أو المرض أو العاهة دون أي ذكر للعوامل الحسية لها، بمعنى أنه لمجرد ذكر هذا التجديد تتحدد تلقائياً اتجاهات العـلاج داخـل المؤسسة) (ص18، م33)، هـذا ويطلق الكثيرين على هذا النوع من أنواع التشـخيص بالارسـطى نسـبة إلى قيـاس أرسطو الشـهير القائل بأن المقدمات تتضمن النتائج وتغني عن الجزئيات أما استخدامات هـذا النـوع مـن التشخيص فهي متعددة أي أنه يمارس في المستشفيات والعيادات الطبية وفي مراكز المعوقين والأحداث الجانحين وحتى في مراكز الإصـلاح والتأهيـل، حيـث يكتفي عـادة بـالقول مجرم خطير أو عارض أو صاحب سوابق ويقال كذلك معوق حركياً أو سمعياً أو بصرياً...الخ.

شلة / عُشيرة   **Clique**

شلة / عُشيرة (C):

تظهر أكثر ما تظهر في الجماعـات كبيرة الحجم وحديثة التكوين، تتكون بشكل غير رسمي نتيجة لضعف شبكة التفاعل المبـاشر بـين أعضـاء الجماعـة وعدم كفايـة قنواتهـا، بالإضافة إلى النقص في خبرة رائد الجماعة وعدم قدرتـه عـلى التقريـب بـين أعضائها نتيجـة لعدم مراعاة مبدأ التخطيط السليم في تكوين الجماعة سواء من حيث عدم مراعاة التجانس في العمر أو المستوى التعليمي أو الثقافي أو الاقتصادي ... الخ.

الأمر الذي يؤدي إلى تقسيم الجماعة إلى جماعات فرعية صغيرة عادة ما تقوم على أساس السن أو المستوى التعليمي أو الاقتصادي أو حتى الجغرافي، بحيث تسعى كل عشيرة منها إلى إشباع احتياجات المنضمين لها والضغط تجاه تسخير إمكانات الجماعة لصالحها، مما يعمل على زيادة حدة الصراع داخل الجماعة ويؤثر على عملية التكيف داخلها، وبالتالي على وحدتها وتكاملها، خصوصاً إذا لم يصاحب ذلك جهود لاستثمار طاقات هذه العشيرات في أعمال ولجان من شأنها امتصاص طاقتهم في خدمة الجماعة ككل.

جماعة مغلقة **Closed Group**

الجماعة المغلقة (C G) :

إحدى التصنيفات المعتمدة من قبل طريقة خدمة الجماعة حسب معيار الانغلاق والانفتاح، يقصد بها الأفراد الذين عملوا على تأسيس الجماعة منذ البداية (المؤسسين للجماعة) بحيث لا يمكن لأي عضو جديد أن يلتحق بها فيما بعد، فهي قاصرة على عدد ثابت من الأعضاء لا يتغير بتغير الزمن أو المواقف.

«أي أنها (هي هي) منذ بدء التكوين وإلى أن يحين زمن حلها، تتطلب من أعضائها حضور مقابلاتها واجتماعاتها بصفة مستمرة ودون انقطاع منذ تأسيسها وحتى اتخاذ قرار بحلها من قبل جميع مؤسسيها ومن أمثلتها جماعات الإرشاد والإصلاح النفسي في العيادات الداخلية لمستشفيات الصحة النفسية وجماعات الفصول الدراسية ... الخ(ص230، م 36).

جماعة النادي **Club Group**

جماعة النادي (C G) :

إحدى أنواع جماعات طريقة العمل مع الجماعات تتكون من أعضاء تربط فيما بينهم علاقات اجتماعية متميزة تختلف عن غيرها من الجماعات في أنها رسمية. بمعنى أن لها دستور أو نظام أساسي مكتوب وموافق عليه من قبل الأعضاء عادة ما يحتوي على مجموعة

من البنود مثل شروط العضوية والرسوم والاشتراكات المالية التي تترتب على العضوية...الخ.

هذا بالإضافة إلى تميزها بين أعضائها خصوصاً في الميول والرغبات والهوايات كالسباحة وقيادة السيارات الرياضية أو الدراجات الهوائية والشطرنج والتزلج على الجليد والماء أو حتى بعض الاهتمامات الأدبية والثقافية مثل الشعر وكتابة القصة ومشاهدة الأفلام والمسرحيات والرسم والتصوير .... الخ.

ميثاق أخلاقي للأخصائيين الاجتماعيين Code Of Ethics For Social Workers

الميثاق الأخلاقي للأخصائيين الاجتماعيين (C E S W) :

الدستور الأخلاقي أو مجموعة المبادئ والقواعد الأخلاقية هي أهم ما يميز المهنة الإنسانية عن غيرها من المهن، وعليه، فإن المقصود به مجموعة المعايير التي توجه وتحكم سلوك أبناء المهنة الواحدة وتحدد لهم ما يجب عليهم أن يلتزموا به من أخلاقيات سواء أثناء تفاعلهم مع بعضهم البعض أو تفاعلهم وعلاقاتهم مع العملاء أو اتصالهم بكافة أفراد المجتمع بما في ذلك علاقاتهم وتعاملاتهم مع أبناء المهن والتنظيمات الأخرى، خصوصاً المهن ذات العلاقة، بمعنى آخر أكثر وضوحاً فالدستور ما هو إلا، معايير السلوك التي تحدد السلوك الملائم للممارسين المهنيين كما تحدد التزاماتهم ومسؤولياتهم تجاه المهنة والزملاء والعملاء والمؤسسة والمجتمع بشكل عام.

مقابلة جماعية Collective Interview

المقابلة الجماعية (C I) :

إحدى أنواع المقابلات التي تستخدمها مهنة الخدمة الاجتماعية، يقصد بها (تلك اللقاءات التي تجمع ما بين الأخصائي الاجتماعي ومجموعة من العملاء الذين عادة ما

يكونون من ذوي الظروف المتشابهة أو الحاجات المتجانسة من أجل اطلاعهم على فلسفة المؤسسة أو شروطها أو نوعية البرامج الجديدة التي تتبناها أو سوف تعمل على تبنيها في القريب، كما أنها تعتبر فرصة بالغة الأهمية لكل من العملاء والمؤسسة في آن واحد، فهي فرصة للعملاء لأنها تمكنهم من التعبير عن آرائهم حول موضوعات معينة وفرصة للمؤسسة للتعرف على آراء المنتفعين من برامجها وبما يساعد على تطوير هذه البرامج ويووجهها الوجهة السليمة.

هذا مع ضرورة مراعاة أن استخدام طريقة خدمة الفرد للمقابلات الجماعية يختلف عن استخدامها كنشاط أو وحدة عمل في طريقة عمل الجماعة، ففي طريقة خدمة الفرد يكون الهدف هو استثمار وجود الجماعة في تعديل السلوك الفردي بينما في خدمة الجماعة فهي وسيلة لنمو الجماعة وتحقيق أهدافها.

زواج جمعي **Collective Marriage**

الزواج الجمعي (C M) :

شكل من أشكال الزواج التي كانت سائدة بكثرة لدى العديد من القبائل والأقوام، تناولته العديد من العلوم والمهن منها علم الاجتماع وعلم الإنسان ومهنة الخدمة الاجتماعية، يعرف على أنه «نظام يباح فيه لعدد من الرجال أن يتزوجوا بعدد من النساء على أن يكون حقاً مشاعاً بينهم» (ص – 6م 17) له عدة مظاهر منها الزواج الأخوي وزواج الأقارب عادة ما يقصد به قيام طائفة من الأقارب بمعاشرة طائفة من قريباتهم، ساد هذا الشكل لدى شعوب استراليا وهضبة التبت وجزر هاواى...الخ وما زالت بعض من مظاهره ماثلة إلى يومنا هذا وبالذات لدى قبائل التبت والهملايا.

علاج جماعي **Collective Therapy**

العلاج الجماعي (G T) :

طريقة علاجية تستخدم في العلاج النفسي، فهي أحد وسائل العلاج النفسي، التي تستخدم لعلاج بعض الأمراض الانفعالية والعقلية وتستخدم من قبل طريقتي خدمة الفرد وخدمة الجماعة، إلا أنها تختلف أيضاً عن خدمة الجماعة، فخدمة الجماعة طريقة من طرق الخدمة الاجتماعية الرئيسة الثلاث بينما العلاج الجماعي وسيلة لعلاج الأمراض باستخدام جماعة المرضى وبالذات الذين يتشابهون فيما يعانون منه من أمراض حيث يطرح كلاً منهم في جلسة علاجية جماعية مشكلته على الآخرين.

تفاعل رأسي **Column Interaction**

التفاعل الرأسي (C I) :

الأسلوب الثاني من أساليب تحديد طبيعة التفاعل الذي يجري بين الحقائق أو الوقائع المختلفة في علاقتها بالمشكلة، يقصد به (عملية التفاعل التي تتم بين العوامل السابقة أي التي حدثت في الماضي وما نجم عنها أو أسفر عن تفاعلها من ظهور عوامل جديدة للمشكلة، بمعنى آخر أكثر وضوحاً، فإن التفاعل الرأسي يبحث مثلاً عن تفسير لأسباب الطلاق الذي حدث بين الأبوين وأسباب زواجهم ثانية وأسباب عدم تقبل كلاً من زوجة الأب وزوج الأم للحدث ... الخ ولهذا فإن التفاعل الرأسي يركز على التاريخ التطوري للعميل والتاريخ التطوري للمشكلة بخلاف التفاعل الأفقي الذي تم التعرض له في موضع سابق حيث يركز على العوامل الحالية للطلاق ولا يبحث في أسباب نشؤها الماضية.

Committee

لجنة

اللجنة (C):

وسيلة تستخدمها مهنة الخدمة الاجتماعية لمعالجة مسألة أو القيام بالتحضير لعمل ما كعقد ورشة عمل أو مؤتمر أو لدراسة برنامج أو مشروع بشكل مستفيض وتقديم التوصيات بشأنه، بكلمات أخرى أكثر وضوحاً، أنها مجموعة صغيرة من الأشخاص غالباً ما يكونوا من ذوي الخبرة والتخصص في موضوع محدد تقوم بإنشائها إدارة عامة أو مجلس إدارة مؤسسة ما أو جماعة إدارية مهمة، وقد تكون هذه اللجان مؤقتة أو دائمة، كبيرة الحجم أو صغيرة الحجم.

Communism

شيوعية

شيوعية (C):

إحدى أكبر الأيديولوجيات المعاصرة يرجع الفضل فيها إلى الأفكار النظرية لكلا من ماركس ومن بعده لينين اللذان عملت أفكارهما على إيجاد نمط متميز للتفكير والثقافة في المعسكر الشرقي قبل انهياره علماً أن بعض الدول ما زالت تتمسك بها مثل الصين الشعبية، تكيفت مع مبادئها مهنة الخدمة الاجتماعية حيث تعمل في الدول التي تتبناها ولكن بدرجة أقل مما هو حادث في المجتمعات الرأسمالية على اعتبار أن الخدمة الاجتماعية في الأساس ربيبة النظام الرأسمالي وأداته الرئيسة في الحد من تأثير الأفكار الماركسية على المجتمعات الرأسمالية خصوصاً أثناء الحرب العالمية الثانية والحرب الباردة وما تلاها من أحداث ولعل من أبرز تعاريفها بالإنجليزية .

Communism- "A system Of Economic Organization In Which Capital Goods And Natural Resources Are Owned And

Managed By State And In Which Income Is Distributed According To Need Rathar Than Earning".

وترجمة هذا النص تعني أنها نظام اقتصادي تكون فيه السلع الرأسمالية أو ما يعرف بوسائل الإنتاج والموارد الطبيعية مملوكة للدولة وتدار من قبلها، وأن توزيع الدخل يكون وفقاً أو حسب الحاجة أكثر منه حسب مقدار الكسب.

Community Organization Council   جهاز تنظيم المجتمع

جهاز تنظيم المجتمع (C O C) :

مكون أساسي من مكونات إحدى طرق المهنة ألا وهي طريقة تنظيم المجتمع، تعددت تعاريفه إلا أن من أبرزها تعريف الدكتور (سيد أبو بكر حسا نين) أحد أساتذة الطريقة والذي يراه على أنه «تلك الأجهزة التي تمارس نشاطاتها مع هيئات ومؤسسات وجمعيات تقوم بتقديم خدمات مباشرة لسكان المجتمع في مجالات الرعاية الاجتماعية المختلفة» (ص 232، م 47).

Community Organization Method   طريقة تنظيم المجتمع

طريقة تنظيم المجتمع (C O M) :

عملية من عمليات المهنة الرئيسة التي جاءت بعد حمل طويل ومخاض عسير استغرق وقتاً ليس بالقصير، حيث لم يتم الاعتراف بميلادها رسمياً إلا في المؤتمر القومي للخدمة الاجتماعية، الذي انعقد عام 1946. هذا ويرجع الفضل في ميلادها إلى جهود ونشاطات جمعيات تنظيم الإحسان في حوالي النصف الثاني من القرن التاسع عشر، ظهرت لها العديد من التعريفات على الساحتين الأجنبية والعربية، ولعل من أبرز التعريفات الأجنبية للطريقة ما ورد في مؤلف Murray G. Ross And Lappin B.W والذي نص على أن تنظيم المجتمع:

Community Organization ... Has Been Defined "As The Process Of Bringing About And Maintaining A Progressively More Effective Adjustment Between Social Welfare Resources And Social Welfare Needs Within Geographic Area Or Functional Field, Its Goals Are Consistent With All Social Work Goals In That Its Primary Focus Is Upon Needs Of People And Provision Of Means Of Meeting Ghese Needs In Amanner Consistent With The Precepts Of Democratic Living" (P. 17، R 72).

وترجمة هذا تعني، أن تنظيم المجتمع ما هو إلا عملية من شأنها أن تحدث وتحافظ على التوافق أو المواءمة المتدرجة ما بين مصادر أو موارد الرعاية الاجتماعية من جهة واحتياجاتها من جهة أخرى ضمن منطقة جغرافية معينة أو مجتمع أو حقل وظيفي، وأن أهدافها متساوية أو متناغمة مع أهداف المهنة ككل لذلك فإن تركيزها الرئيسي- ينصب حول تحديد احتياجات الأهالي من جهة وتوفير أو تدبير الوسائل لمقابلة هذه الاحتياجات من جهة أخرى وبأسلوب ينسجم مع مبادئ أو تعاليم المعيشة الديمقراطية.

عملية تنظيم المجتمع **Community Organization Process**

عملية تنظيم المجتمع. (C O P) :

عادة ما ينظر لها على أنها الموجه للمنظمين أو الممارسين الاجتماعيين في سعيهم لإحداث التغير المقصود والنهوض بالمجتمعات، علماً أن لها عدة مراحل ولكل مرحلة من هذه المراحل عدداً من الخطوات التي ترتبط بما قبلها وتؤدي إلى ما بعدها. ففي المرحلة التمهيدية من العملية يتجلى الترابط من خلال سلسلة من الخطوات التي تبدأ بالتعرف على المجتمع المراد النهوض به مروراً بالسعي لاكتساب ثقة الأهالي وخلافهم وتحديد المشكلات التي تواجه المواطنين في المجتمع وتنظيم الإمكانات والجهود الموجودة محلياً منعاً للتشرذم

والازدواجية ... في العمل وحتى في حالة عدم وجود التنظيمات فإن على المنظم أن يسعى إلى تشكيل التنظيمات الاجتماعية التي تشارك في تحمل مسؤولية العمل واستمراريته داخل المجتمع، أما المرحلة التخطيطية فإنها تشتمل على سلسلة من الخطوات التي تبدأ بتحديد الأهداف، وتنتهي بإقرار الخطة تمهيداً لوضعها موضع التنفيذ والمتابعة والتقيم.

تشخيص متكامل   Complete Diagnosis

التشخيص المتكامل (C D) :

أحد أنواع التشخيص المستخدم في مهنة الخدمة الاجتماعية وبالذات في طريقة خدمة الفرد يجمع بين مزايا كافة أنواع التشاخيص المستخدمة سواء الإكلينيكية أو السببية أو الديناميكية أو الوصفية يعرف على أنه (تحديد لطبيعة المشكلة ونوعيتها الخاصة مع محاولة لتفسير أسبابها علمياً بصورة توضح أكثر العوامل طواعية للعلاج) (ص25، م33).

إذعان   Compliance

الإذعان (C) :

سائد في خدمة الجماعة، يقصد به انقياد أو استسلام العضو لقواعد ومعايير ولوائح الجماعة ظناً منه أنه سيحصل على مكافآت مقابل هذا الرضوخ للجماعة، بمعنى آخر، فإن عملية الرغبة في إشباع الاحتياجات هي التي تدفع الفرد إلى الإذعان لمعايير الجماعة إلا أن الملاحظ على مثل هذا الإذعان قابليته للتغير والتبدل بمعنى أنه غير راسخ لدى العضو فإذا لم تستطيع الجماعة أن تحقق أو تشبع حاجاته واهتماماته أو بالغت في عملية تأجيلها أن يتمرد عليها.

هذا وليس بالضرورة أن تكون هذه الإذعانات على حساب المبادئ والمعتقدات التي يؤمن بها الفرد فإذا ما وصل الأمر إلى حد المساس بالمعتقدات والثوابت فإن العديد من الأعضاء قد يلجئوا إلى المراوغة من أجل الحصول على الإشباعات وفي حالة فشلهم في

مسعاهم فلا يستبعد أن يكون رد فعلهم للخروج من حالة الرضوخ هذه المطالبة بتغير هذه المعايير أو بالانسحاب من عضوية الجماعة.

مؤتمر **Conference**

المؤتمر (C) :

وسيلة هامة من الوسائل التي تستخدمها المهنة في كافة طرقها وبالذات في طريقة تنظيم المجتمع تعني فيما تعنيه العمل على تسليط الضوء على قضايا واحتياجات المجتمع بشكل علمي ومدروس وذلك باستضافة المتخصصين والخبراء وممثلي عن المنظمات الرسمية وغير الرسمية التي تهتم بمثل هذه القضايا لمناقشتها والخروج بالتوصيات الملائمة بشأنها

هذا وتأتي أهميتها (أي المؤتمرات وبالذات الشعبية منها) من كونها لقاء مخطط له ومباشر ما بين القيادات الشعبية والأهالي في المجتمع وبين المسئولين المعنيين بتنفيذ البرامج الاجتماعية وتوفير الخدمات المختلفة للمواطنين بالإضافة إلى ما تحضى به من اهتمام ودعم من وسائل الاتصال الجماهيرية التي غالباً ما تغطي جلساتها وما ينبثق عنها من توصيات حيث تقوم بنشرها على الملاء مما يساهم في إلزام الأطراف الداخلة فيها على الوفاء بما تعهدت به في المؤتمر .

سرية **Confidentiality**

السرية (C):

مبدأ هام من مبادئ الخدمة الاجتماعية بشكل عام وطريقة خدمة الفرد بشكل خاص عادة ما يتم بموجبها التأكيد على حق العملاء على الممارسين بعدم الكشف عن الأسرار التي يدلون بها للممارسين لهم وعدم نشرها أو إذاعتها بأي وسيلة من الوسائل، إلا إن هذه الأهمية للمبدأ غير مطلقة، بمعنى أن هناك بعض الظروف الاستثنائية التي قد تجبر

الأخصائي الاجتماعي على الخروج عن هذا المبدأ مكرهاً مثل الأمراض السارية والمعدية والمعلومات التي قد تفضي إلى الكشف عن جرائم أو تهدد أمن وسلامة المجتمع ... الخ.

استراتيجية الصراع **Conflict Strategy**

إستراتيجية الصراع (C S) :

إحدى الاستراتيجيات المستخدمة في طريقة تنظيم المجتمع تقوم على التدخل في مسار القوة في المجتمع وأحداث التعديل المناسب على هذه القوة وعادة ما تتبنى أسلوبين في ذلك:

الأول يعمد إلى توزيع القوة من أجل خلق مشاركة فاعلة في عملية اتخاذ القرارات.

والثاني يعمل على ضمان صدور التشريعات الخاصة بالرعاية الاجتماعية لصالح بعض الفئات، بمعنى آخر فإنها السعي وراء إعادة بناء القوة في توجيه الأهداف.

إنصات واعي **Conscious Listening**

الإنصات الواعي (C L) :

وسيلة هامة يستخدمها الأخصائي الاجتماعي في تعامله مع العملاء بشكل عام (وفي الدراسة بشكل خاص لأنه (أي الإنصات) يساعده على إيصال المعلومات والبيانات الخاصة بالعميل عن طريق حاسة السمع بشكل هادئ ومركز يخلو من التشويش أو الشوشرة كما أنه مفيد بالنسبة للعميل، فالعميل الذي يشعر بأن الأخصائي مهتم ومندمج ومتابع لكل كلمة يقولها يتجاوب مع الأخصائي ويدلي بكل شيء يتعلق بمشكلته بكل روية وقد يبدو هذا الإنصات على شكل ابتسامة أو هزة رأس أو نظرة فيها ارتياح أو تعليق لطيف ... الخ. هذا ويقول (كارل) أن الانصات الجيد هو الانصات الذي يتجنب إصدار الأحكام على العميل ويشعره بالأمان والطمأنينة.

تحليل المضمون Content Analysis

تحليل المضمون (C A) :

أسلوب من أساليب الحصول على البيانات والمعلومات بدأ استخدامه أول ما بدأ من قبل رجال علم الاجتماع ثم انتقل بعد ذلك إلى الصحافة وبحوث الرأي العام ومختلف العلوم والفنون الإنسانية بما فيها مهنة الخدمة الاجتماعية، يركز هذا الأسلوب على تحليل الوثائق والرسائل الإعلامية التي تبث عبر وسائل الاتصال الجماهيرية كما يستخدم في العديد من المجالات السوسيولوجية والسيكولوجية والثقافية وتحليل الإنتاج الأدبي والفكري ... الخ.

هذا ويعتبر (تحليل مضمون الوثائق واحداً من الطرائق المهمة للحصول على المعطيات العلمية والحقائق والوثائق، علماً بأن المقصود بالوثائق أي مادة علمية مكتوبة تحتوي على معلومات تتعلق بالظاهرة موضوع الدراسة حيث تصنف الوثائق كمادة إلى مجموعتين تعرف المجموعة الأولى بالوثائق الأساسية وهي التي تصف تفاصيل التجربة أو أي موقف معين فيما تعرف المجموعة الثانية بمجموعة الوثائق الثانوية وهي التي تحتوي على معلومات منقولة بواسطة أشخاص لم يكونوا متواجدين بأنفسهم في مكان التجربة ولم يطلعوا على الموقف (ص245، م43) .

هذا ويعتبر أسلوب تحليل المضمون مهم بالنسبة للعلوم الاجتماعية وبالذات لمهنة الخدمة الاجتماعية خصوصاً عندما تكون المعلومات أو الحقائق المراد جمعها تتعلق بالزمن الماضي البعيد الأمر الذي يصعب معه الحصول عليها عن طريق المقابلة أو الإستبانة وذلك لانقضاء أجل المعنيين بها وبالتالي تصبح كتاباتهم وسيرهم وآثارهم الثقافية والاجتماعية المدونة هي وسيلتنا الوحيدة في التعرف عليهم، كما هو الحال في التعرف على عادات الطلاق والغذاء والزي وختان الإناث والثأر ... الخ .

التعاقد كعملية من عمليات طريقة خدمة الجماعة

Contract as aprocess In Social Group Work Method

التعاقد (C A S G W M) :

مستخدم في العديد من المجالات والتخصصات وبالذات القانونية منهـا، اسـتعارته مهنـة الخدمة الاجتماعية وبالذات طريقتي الجماعـة وتنظيـم المجتمـع، بالإضافة إلى الإدارة في الخدمة الاجتماعية يعتبر إحدى عمليـات طريقـة خدمـة الجماعـة الرئيسـة في تعاملهـا مـع الجماعات، يقصد به الاتفاق بين أعضاء الجماعة والأخصائي الاجتماعي وكذلك بـين أعضـاء الجماعة أنفسهم حول الغرض الذي تكونت من أجله الجماعة متضـمناً الأسـلوب ومواعيـد الاجتماعات والزمن الذي تستغرقه وعددها ومكان انعقادها وآلية التقاء الأعضـاء بعضـهم بالبعض الآخر وبالأخصائي الاجتماعي، بالإضافة إلى مـا يتوقعـه الأعضـاء مـن الأخصائي ومـا يتوقعه الأخصائي من الأعضاء من أجل تحقيق الأهداف.

بمعنى آخر، فإنه اتفاق ما بين أطراف الجماعة الرئيسـة بشـأن الغرض أو الإغـراض التـي تشكلت الجماعة من أجلها ووسـائل تحقيقهـا وتوقعـات الأدوار المتبادلـة مـا بـين مختلـف الأطراف، (ص 129، م 9).

تفاعل وجداني

Controlled Emotional Involvement

التفاعل الوجداني (C E I) :

متداول بكثرة في مهنة الخدمة الاجتماعية وبالذات في طريقة خدمة الفرد، حيـث يقصـد به الاستجابة التي تبديها المهنة ممثلة بممارسيها المهنيين لمشاعر وأحاسيس العميل، علمـاً أن مداها يعتمد على قدرة الممارس المهني وإنسانيته في الشعور بمشاعر الآخرين وترجمتهـا ... ومن ثم تفسيرها، فالتفاعل الوجداني يتميز علـى غيـره مـن التفـاعلات الأخـرى التـي تجـري يومياً بين الناس في أنه يجمع ما بين العقل والعاطفة في آن واحد، فهو يختلف عن التفاعل

الذي يجري بين المشتري لسلعة ما والبائع لهذه السلعة من حيث أن العقل وحده هو الذي يحكم عملية كهذه دونها الأخذ بعين الاعتبار لأية مشاعر إنسانية أو مواقف عاطفية هذا من جهة إما من جهة أخرى فإن عملية التفاعل هذه والمبنية على حكم العقل وحده سرعان ما تنتهي بانتهاء عملية شراء السلعة إلا في حالة الشراء بالأجل وحالة بيع السلع المعمرة المكفولة لمدد معينة فإن عملية التفاعل ما بين البائع والمشتري تتكرر أكثر من مرة ولكنها تبقى محكومة بمنطق العقل وليس العاطفة لماذا لأنها تقوم على مبدأ الربح والخسارة فيما العلاقة بين الممارس المهني والعميل بعيدة كل البعد عن مبدأ الربح والخسارة.

مجموعة ضابطة **Controller Group**

المجموعة الضابطة (C G) :

تهتم بها المهنة بشكل عام والخدمة في مجال البحث الاجتماعي بشكل خاص يتم اختيارها لتكون مقابلة للمجموعة التجريبية فهي قريبة الشبه بها من كافة المناحي والوجوه باستثناء شيء واحد ألا وهو عدم تعرضها للمتغير المستقل ولإعطاء مثال على ذلك من واقع الدراسات الاجتماعية، فقد وجد في بحث لقياس أثر الإدمان على التوافق الأسري أن أسر كلا من المجموعتين التجريبية والضابطة متشابهتين من حيث التعليم والمستوى الاقتصادي والعمر والبيئة... الخ وإن الاختلاف الوحيد بينهما هو في أن أفراد المجموعة الضابطة ليسوا من المدمنين فيما أرباب أسر المجموعة التجريبية مدمنين على تعاطي المخدرات.

إستراتيجية التعاون **CO-operation Strategy**

إستراتيجية التعاون (CS):

واحدة من أهم الاستراتيجيات المستخدمة في المهنة وبالذات في طريقة تنظيم المجتمع، يقصد بها (مجموعة المجهودات التي يتم بذلها من قبل الممارسين لتهيئة فرص التعاون بين

الأهالي وقادته والخبراء لتحقيق الاستخدام الأمثل للموارد والإمكانات المتاحة أو بين الجهود الحكومية والأهلية على مختلف المستويات سواء كانت محليه او قومية لضمان نجاح الخطة في تحقيق أهدافها (للمزيد انظر الدكتور طلعت الروحي وآخرون، التخطيط الاجتماعي، 2001).

مؤسسة إيداعيه **Correctional Agency**

المؤسسة الإيداعية (C A)

منظمة قامت في المجتمع أو أوجدها المجتمع كتعبير عن حاجة الناس إلى خدمات معينة فهي تأكيد لمسؤولية المجتمع نحو أفراده ولأهمية الخدمة الاجتماعية بطرقها المختلفة للناس سواء كانوا أفراداً أو جماعات فيما يراها الاتجاه الوظيفي في علم الاجتماع على أنها وحدة اجتماعية ينشئها المجتمع عندما يشعر بحاجته لها بهدف إشباع هذه الحاجة فهي تعتبر واحدة من مؤسسات الضبط الاجتماعي، بمعنى أنها تعمل على مواجهة السلوكيات التي جعلت وتجعل الفرد في حالة صراع مع المجتمع، فهي تملك صفة الإلزام والكثير منها عادة ما تكون مغلقة. وخدماتها للنزلاء إجبارية (ص 180، م 44) خصوصاً وإن عملائها من طبيعة خاصة بعض الشيء فهم لا يحبذون التغير لا بل يقاومونه، الأمر الذي يستدعي من الأخصائيين الاجتماعيين بذل المزيد من الجهود والمحاولات من أجل تغيير أنماطهم السلوكية غير المقبولة. وإكسابهم قيم اجتماعية سوية. علماً أن هذه المؤسسات نوعان، وقائية وعلاجية.

علاقة تأثيرية (ضاغطة) **Correctional Relationship**

العلاقة التأثيرية (C R) :

شكل من أشكال العلاقات الهامة التي تتكون بين الأخصائي الاجتماعي والعملاء وبالذات في طريقة خدمة الفرد، فهي صلة بين طرفين تتميز بعمق عنصر الثقة والحب

والسلطة معاً، لماذا؟ لأنها علاقة أقرب ما تكون للعلاقة الوالدية التي تمارس فيها ألـوان مختلفة من السلطة لمواجهة المواقف المختلفة التي يمر بها العملاء ولكنها تتميـز عـن غيرهـا من السلطات في أنها سلطة لا تعرف الكره، بمعنى، أنها سلطة حريصة على مصلحة وسـلوك العملاء، فالهدف منها هو إزالة كافة المخاوف التي تتجمع لدى العميل وتجعل منـه شخصـاً يهاب أو يخشى من إقامة العلاقات مع الآخرين، وعليـه، فـإن جهـود الأخصائـي الاجتماعـي غالباً ما توجه نحو هذه المخاوف التي تعتبر مسئولة مسؤولية مباشرة عـن مشكلة العميـل من خلال أتاحت الفرصة أمامه لإقامة علاقة علاجية مع الأخصائي، حيث يتم من خلالها (أي العلاقة العلاجية) تعديل وتصحيح اتجاهاته نحو نفسه ونحو الآخرين، علمـاً أن هـذا النـوع من العلاقات غالباً ما يستخدمه الأخصائي الاجتماعي مع نزلاء مؤسسات الـدفاع الاجتماعـي وبالذات الأحداث الجانحين منهم.

مشورة   Counseling

مشورة (C) :

متداول في العديد من العلوم والمهن وبالذات التربية وعلم النفس، كما أنه مستخدم من قبل المهنة وبالذات أخصائي الفرد والجماعـة بالإضافة للممارسـين في المجـالات الطبـي، النفسي، الأسري، الطفولة ثم المدرسي ... الخ

تعددت تعاريفه إلا أن من أبرزها التعريف الإنجليزي له وترجمته للعربية تشير إلى أنه كل (الأنشطة الأخلاقية التي يتولاها أو يأخذها المستشار أو المرشد عـلى عاتقه لمساعدة العميل على الاشتراك بأنماط السلوك التي من شأن الاندماج بها أن يقـود أو يوصـل إلى حـل لمشكلات العملاء) (P.180, R 55) .

تحويل عكسي **Counter - Transference**

التحويل العكسي (C T) :

دارج في طريقة خدمة الفرد، عادة ما يشير إلى الحالة التي يجد فيها الأخصائي الاجتماعي نفسه مدفوعاً بمزيد من الأحاسيس والمشاعر نحو العملاء الذين يمثلون بالنسبة له امتداداً لخبرة وجدانية شخصية حدثه له في الماضي، ولعل خير مثال يوضح ذلك هو إسراف الأخصائية الاجتماعية في مشاعر الحب والعطف على أحد الأطفال في المؤسسة التي تعمل بها لأنه شديد الشبه بأحد أطفالها أو أن تبدي أخصائية أخرى وبشكل ملفت للنظر العطف تجاه مريض بعينه من مرضى السرطان في المركز الذي تعمل به لأنه يذكرها بزوجها الذي مات بالسرطان ... الخ.

جريمة **Crime**

الجريمة (C):

ظاهرة من الظواهر الاجتماعية التي لازمت الوجود الإنساني على هذا الكوكب، فهي قديمة وليست من صنع الحضارة الإنسانية الحديثة، فقد وقعت أول جريمة قتل في تاريخ الإنسانية عندما قتل قابيل أخيه هابيل ثم توالت بعد ذلك الجرائم بمختلف أشكالها فزادت نسبتها مع الزيادة في عدد السكان وتزايد الطلب على إشباع الحاجات ونظرا لخطورة الجريمة وتهديدها للأمن والسلم الاجتماعي في أي مجتمع من المجتمعات فقد تعددت العلوم والمهن والمنظمات التي تناولتها وعلى رأسها مهنة الخدمة الاجتماعية إلا مر الذي انعكس على تعريفاتها حيث تعددت هذه التعاريف إلا أن من أبرزها التعريف الانجليزي الذي يراها أنها مجموعة العلل أو القضايا التي تسيطر وتؤثر على المجتمع (P246 ,R 82).

أزمة **Crisis**

الأزمة (C):

بالرغم من أن نظرية الأزمة تعود إلى علـماء الـنفس والصـحة النفسـية ... الـخ، إلا أنهـا موضع اهتمام المهنة وبالذات طريقة العمل مع الحالات الفردية والخدمة في مجال الأزمات والكوارث والنكبات، تعددت تعاريف الأزمة بتعدد العلماء إلا أن من أبرزها تعريـف (رابـو بورت) الذي يرى أنها موقف أو حدث تتحدى قـوى الفـرد وتضـطره إلى تغـير وجهـة نظـره وإعادة التكييف مع نفسه ومع العالم الخارجي أو كليهما.

ويرى الكثيرين أنها موقف لا يحتمل ، بمعنى أن الإنسان لا يطيق معايشته مدة طويلـة من الزمن ومنهم من يقول أن الموقف إذا ... زاد عن 72 ساعة عندها يمكن القول أن الفـرد يمر بأزمة. (ص 276- 277، م و 14).

حشد **Crowd**

الحشد (C) :

شاع استخدامه في المهنة وبالذات في طريقة خدمة الجماعة إلى الحـد الـذي أوجـد لبسـاً كبيراً بين مفهومه وبين مفهوم الجماعة، خصوصاً عند غير المتخصصين ظهرت له العديـد مـن التعاريف. إلا أن من أهمها وأبلغها ما ورد بالإنجليزية حيث عرف على أنه.

"Alarge Number Of People Gathered Together For Some Temporary Common Purpose، Ordinarily Without Formal Organization" (P. 428، R 64).

وترجمة هذا النص تشير إلى أنه تجمع عدد كبير من النـاس مـع بعضـهم الـبعض لغـرض عام ذوو طابع مؤقت أو بسبب وجود مثير عاطفي عادة ما يكون بدون تنظيم رسمي مثـل

التجمهر لدى مشاهدة حريق أو سقوط طـائرة في أحـد الميـادين العامـة أو مداهمـة قـلاب زفتة لمنازل إحدى الأسر ... الخ.

Crude Birth Rate   معدل المواليد الخام

معدل المواليد الخام (C B R) :

أحد المؤشرات الحيوية الهامة التي تقاس بموجبها مستـويات الرعايـة الصحية والتنميـة البشرية في أي بلد من البلدان، يعرف على أنه عدد المواليد الأحيـاء المسـجلين في السنة إلى عدد السكان في منتصف السنة مضروباً في الألف.

$$1000 \times \frac{\text{عدد المواليد الأحياء المسجلين خلال العام}}{\text{عدد السكان الكلي في منتصف العام}}$$

وعادة مـا يستخدم هـذا التصنيف الـدول حسـب مستويات الخصوبة، فيقـال دول ذات مستويات خصوبة عالية وأخرى منخفضة كما هو الحال في الدول المتقدمة.

Crude Death Rate   معدل الوفيات الخام

معدل الوفيات الخام (C D R) :

مكون أساسي من مكونات علم الديغرافيا، خصوصاً ما يتعلق بتأثيره على حجم وتركيـب السكان، بمعنى أنه مؤشر ديمغرافي حيوي يساهم مع غيرهم من المـؤشرات الحيويـة الأخرى في قياس الوضع الصحي والاقتصادي لأي مجتمع من المجتمعات خـلال فـترة زمنيـة محـددة عادة ما يعبر عنه إحصائياً بأنه (إجمالي عدد الوفيات المسجلة خـلال سنة معينـة إلى عـدد السكان الكلي في منتصف العام مضروباً بالألف). تهتم به المهنة سواء بمعالجة الآثار الناجمة عنة أو حتى بالتوعية بخطورته .

Crude Divorce Rate

معدل الطلاق الخام

معدل الطلاق الخام (C D R) :

مؤشر من المؤشرات الاحصائية الحيوية الهامـة التـي تتعلـق بظاهرة الطـلاق وبالـذات حجم الظاهرة لا غنى لأي مجتمع أو جماعة من الجماعات عنة يحضى باهتمام العديد من العلوم وبالذات الدراسات السكانية وعلم الاجتماع ...الخ مـا لبـث أن نـال اهتمـام مهنـة الخدمة الاجتماعية خصوصًا بعـد تـوالي ارتفاعـه وفداحـة الاثار المترتبـة عليـة سـواء كانـت اقتصادية أو اجتماعية أو نفسانية يعرف احصائيًا بأنه إجـمالي عـدد وقوعـات الطـلاق التـي تحدث خلال سنة إلى عدد السكان فى منتصف العام مضروبًا بالأف.

Cult

طائفة دينية

الطائفة الدينية (C) :

مفهوم شائع في علم الاجتماع وبالـذات في علـم الاجتمـاع الـديني وفي علـم الإنسـان أو الأنثروبولوجيا وفي الخدمة الاجتماعية موضوع اهتمامنا حيث يشير إلى الجماعـات الصـغيرة أو الأقليات ذات المعتقدات الدينية الخاصـة وقد تكون هـذه المعتقدات وحيا إلهيا مـن السـماء أو قد تكون صنيعة من صنائع البشر، عادة ما يتمسك الناس بتعاليمهـا، خصوصًا في وقت الأزمات النفسانية والتوترات وعند التقدم في السن، وخير مثال عليها طائفة السـيخ في الهند والأرثوذكسية والبروتستنتية والسريالية والأرمينية...الخ والتي تنتشرـ في العديد مـن المجتمعات الأوروبية والشرق أوسطية .

Culture

ثقافة

ثقافة (C) :

تحضى باهتمام الكثير من المهن والعلوم إن لم يكن جميعها تعددت تعاريفها إلا أن مـن أبرزها ما ورد بالإنجليزية والذي ينص على أنها:

"A Culture Is A Historically Derived System Of Explicit And Implicit designs For Living, Which Tends To Be Shared by all Or Specially designated Members Of Agroup" (P. 48. , R 84).

وترجمته تعني أن الثقافة نسق مركب نشأ من مصدر تاريخي يرسم الأهـداف الضـمنية والصريحة الملائمة للحياة، عادة ما يتجه أو يتفرع إلى أن يكون إرث يشترك فيه الجميـع أو قد يقتصر أو يختص به أعضاء أو فئات معينة من الجماعة الاجتماعية.

فجوة ثقافية

Culture Lag

فجوة ثقافية (C L) :

مستخدم من قبل العديد من العلوم الاجتماعية وبالذات الأنثربولوجيا وعلـم الاجتمـاع تهتم به الخدمة الاجتماعية لأنها معنيـة بمعالجـة الآثار المترتبـة علـى الفجـوة بـين جـانبي الثقافة.

هذا ويعتبر العلامة وليام أوجبرن (OGBURN) أول من سلط الضوء عليه.

ظهرت له عدة تعاريف إلا أن ما كتب عنه بالإنجليزية يعتبر الأهم، فقد قصد به.

"The Condition When One Aspect Of Culture Falls Behind The Rate Of Development Of Other Aspects".

ومعنى ذلك أن الفجوة الثقافية عبارة عن الحالة أو الوضع الذي يكون فيه أحـد وجـوه الثقافة متخلفاً أو متأخراً عن معدل التطور الحاصل في الوجه الآخر منها وعـادة مـا يكـون التطور في الجانب المادي من الثقافة أسرع مما هو حادث في الجانب اللامادي.

Debate

مناظرة

مناظرة (D) :

نقاش يأخذ شكل الحوار بين شخصين حول مسألة أو قضية أو مشكلة ما عادة ما يكون المتحاورين من ذوي الكفاءة والخبرة في المسألة أو القضية أو الموضوع الذي يدور حوله النقاش، هذا وتتميز على غيرها من الأساليب (كالمحاضرة والندوة) بأنها أقل رسمية بالإضافة إلى أنها تتيح فرصة أكبر للتوضيح والتثبت من صحة ما يقال ولكي تحقق المناظرة الأهداف التي عقدت من أجلها لابد أن يكون موضوع النقاش مهم ليس فقط للمتحاورين وإنما للجماعة وحتى للمجتمع بأسره وأن يكون مستوى النقاش على مستوى فهم أعضاء الجماعة وليس فوق مستوى استيعابهم ومن أمثلتها في عالم السياسة سلسلة الحوارات التي تجري بين مرشحي الرئاسة الأمريكية في انتخابات الرئاسة والتي عادة ما تبثها محطات التلفزة عبر العالم مستخدمة في المهنة وبالذات طريقة تنظيم المجتمع.

Deciding Interview مقابلة البت

مقابلة البت (D I) :

وسيلة من الوسائل التي يتبعها الأخصائي الاجتماعي وبالذات أخصائي خدمة الفرد في التعامل مع العملاء، يقصد بها المقابلة (الأولية التي يقوم بها الأخصائي الاجتماعي لاستقبال الحالات والبت فيها عادة ما يتم بموجبها تحديد نوع المشكلة وطبيعتها وأثرها على العميل ومدى صلتها بوظيفة المؤسسة وانطباق الشروط على الشخص المتقدم وقياس مدى قابلية المشكلة للحل بجهود المؤسسة، وتعيين المؤسسات التي سبق لها أن تناولت المشكلة وما هي الجهود التي بذلتها تلك المؤسسات لمساعدة العميل واحتمال نجاح أو فشل العلاج ومدى جدية العميل في حل المشكلة) (ص -، م 45)، بكلمات أخرى فهي الوسيلة

التي عن طريقها يستطيع الأخصائي الاجتماعي أن يقرر ماذا يفعل بشأن الحالة من حيث قبولها أو تحويلها إلى مؤسسة أخرى أو حتى رفض الحالة رفضاً باتاً.

صنع قرار **Decision- Making**

صنع القرار (D M) :

عملية أو مسار فعل قد تشارك به عدة جهات وبمختلف المستويات يختاره المقرر باعتباره أنسب وسيلة مناسبة أمامه لإنجاز الهدف أو الأهداف التي يتبعها لحل المشكلة التي تشغله

يحضى باهتمام المهنة ممثلة بمبادئها وطرقها وميادينها وبالذات الطريقة المساعدة وهي إدارة المؤسسات الاجتماعية، كما يلتقي مع مبدأ حق تقرير المصير وسلم الأولويات والحاجات في تنظيم المجتمع.

اتخاذ القرار **Decision Taking**

اتخاذ القرار (D T) :

بالرغم من أن الكثيرين يخلطون بين صنع القرار واتخاذ القرار ويعتبرونهما عمليتين - مترادفتين إلا أن واقع الحال يشير إلى وجود بعض التمايز بينهما، أقله أن اتخاذ القرار آخر مرحلة من مراحل صنع القرار.

وعليه فإنه أي (اتخاذ القرار) ما هو إلا عملية أو أسلوب الاختيار الرشيد بين البدائل المتاحة لتحقيق هدف معين وهو ما تؤمن به المهنة سواء بطريقة خدمة الفرد أو إدارة المؤسسات الاجتماعية ... الخ فعندما لا توجد بدائل متعددة أمام العميل ولم تستطيع أن توصل العميل إلى الحالة التي يستطيع فيها أن يختار من بين البدائل فإن مبادئ مثل حق تقرير المصير والديمقراطية والكرامة الإنسانية تصبح مجرد شعارات جوفاء لا يجوز الاستمرار في ترديدها بداعي أو بدون داعي.

ديمقراطية Democracy

الديمقراطية (D) :

مصطلح سياسي تستخدمه المهنة بكافة طرقها وممارساتها اشتق أسمة بالانجليزية من كلمتين يونانيتين وهما ديموس (Demo) بمعنى الشعب والثانية كراتوس (Cracy) بمعنى سلطة، وعلية فان الديمقراطية تعنى سلطة الشعب أو السلطة التي تنبع من الشعب، هذا ولقد أدرك توماس جغرسون المفكر الإنجليزي الذي آمن بالديمقراطية وطور مسارها الطبيعي ونادى بضرورة اتساع قاعدتها على الدوام وبأهمية التعليم لجميع الأفراد، كما آمن بقابلية الإنسان للوصول إلى الكمال وأن كل ما يحتاجه لبلوغ ذلك المقام الرفيع هو لسماح له بالتعبير عن نفسه، كما قال «ثقف الشعب عموماً سيختفي طغيان واستبداد الجسم والعقل وستنقشع الأرواح الشريرة عن بزوغ النهار» كما قال في خطاب وجهه إلى وليم تشارلز في 8- 8 - 11 - 1820 (أنني لا أعرف مستودعاً أمناً على السلطات النهائية للمجتمع سوى أفراد الشعب أنفسهم وإذا كنا نعتقد أنهم ليسوا على درجة كافية من الاستنارة التي تسمح لهم بممارسة ورقابة هذه السلطات إدراكاً سليماً فإن العلاج لا يكون بنزع السلطات منهم وإنما بتدريبهم على الإدراك السليم) كما كتب (الكيس دي كوكيفل) في أوائل القرن الثامن عشر عن الحياة الأمريكية يقول (قد يدرك أحد المواطنين أن هناك حاجة من الحاجات لم تسد فماذا بفعل في مثل هذه الحالة أن عليه أن يعبر الطريق ويناقش هذا الأمر مع جارة، ثم ماذا يحدث بعد هذا؟ تتكون لجنة من اللجان وتبدأ عملها لمعالجة تلك الحاجة ... إن كل هذا يتم دون الرجوع إلى سلطة بيروقراطية بل يتم هذا كله على يد عامة المواطنين بدافع من أنفسهم هم، أنهم جماعة ديمقراطية شكلية تتكون من الانتماء الاختياري الذي يقوم على قدم المساواة ويشترك فيه الأعضاء بالقيام بنمط من التفاعل المبني على افتراض أن لكل فرد الحق في المساهمة لتحقيق مطالب الجماعة، كما أن عليه (أي الفرد) مسؤولية القيام بذلك الأمر (ص41- 42، م16) أنها وإن كانت

معاني مطولة للديمقراطية إلا أنها معاني رائعة تؤكد عمقها من جهة وعمق الديمقراطية الأمريكية من جهة أخرى كما توضح عمق العلاقة بين الديمقراطية ومهنة الخدمة، فالخدمة تؤمن بالمبادرة والشراكة والمساواة بين أفراد المجتمع كما تؤمن بضرورة التفاعل والمسؤولية الاجتماعية.

Democracy In Social Group Work   ديمقراطية في خدمة الجماعة

الديمقراطية في خدمة الجماعة (D S G W) :

أسلوب يقوم على الاقتناع والمشاركة بين الجماعة وأعضائها والأخصائي الاجتماعي، بمعنى عدم تسلط طرف على الطرف الآخر ومحاولة فرض آرائه وأسلوبه وطريقته في التعامل بشتى الوسائل، خصوصاً إذا ما تم ذلك بالقوة أو الإكراه، أي أنه علينا أن نوفر للجميع سبل المشاركة يشاركوا في مناقشة كافة الأمور التي تتعلق بالجماعة وأعضائها وأن لا تكون هناك أية وصاية من قبل الأخصائي على الجماعة وأعضائها .

فبالرغم من أن الجماعة تعتبر الأخصائي الاجتماعي بمثابة القدوة الذي تقتدي به، إلا أنها مع ذلك لا تستسلم لأوامره ولا تنقاد له انقياداً أعمى، فهي تقبل ما تراه في صالحها وترفض ما لا تراه في صالحها (ص211، م44) .

Density of living   كثافة المسكن

كثافة السكن (D L):

مؤشر إحصائي هام يدل على المستوى الحياتي أو المعيشي- الذي تحياه الأسرة، تهتم به المهنة بشكل عام والمهنة في مجالات الأسرة والمساعدات الاجتماعية والبيئة يقصد به درجة ازدحام المسكن بالقاطنين فيه، بمعنى آخر مساحة المسكن مقاساً بالمتر المربع الإجمالي إلى عدد الأفراد الذين يعيشون فيه، حيث من المفترض أن تتوفر في المسكن الصحي مساحة مربعة كافيه لكل فرد من أفراده كي يمارس نشاطاته اليومية بشكل حر ومريح عادة ما

يستخرجه علماء الإحصاء من حاصل قسمة عدد الأفراد في المسكن على عدد الغرف المكون منها.

تبعية **Dependence**

التبعية (D) :

يقصد بها في هذا الجزء تعلق المرضى بمادة معينة مضرة بالجسم وعدم القدرة على التخلص من تعاطيها وهي إما أن تكون تبعية نفسية تظهر عندما يكف أو يمتنع المدمن عن تناول مخدر ما هذا ويترتب على ذلك ظهور بعض عوارض القلق والانزعاج والكآبة بالإضافة إلى الجسدية التي تظهر عند الانقطاع عن تناول المخدر حيث تحدث اضطرابات عقلية ووظيفية مع أوجاع في مختلف أجزاء الجسم وتشنجات وتقيؤ وإسهال) (ص ص 330-331، م 24).

نسبة الإعالة **Dependency Ratio**

نسبة الإعالة (D R) :

معدل من المعدلات الهامة والمتعددة التي تستخدمها المهنة خصوصاً في مجال الضمان الاجتماعي، يقصد به مجموع السكان في الفئة العمرية غير الداخلة إلى سوق العمل، أي أقل من خمسة عشر عاماً مضافاً لها عدد السكان في الفئة العمرية خمسة وستين عاماً فما فوق وهم القوة الخارجة من قوة العمل بالإضافة إلى من يعتبرون ولو نظرياً ضمن قوة العمل (15- 65) ولكنهم ما زالوا على مقاعد الدراسة مقسوماً على مجموعة السكان في قوة العمل (15- 65) مضروباً بمائة.

دراسة وصفية **Descriptive Study**

الدراسة الوصفية (D S) :

نمط من أنماط الدراسات المستخدمة في معظم العلوم الاجتماعية والتربوية ومن بينها مهنة الخدمة الاجتماعية تقوم على البحث الدقيق والمحدد سلفاً عن أوصاف وسمات الأفراد والجماعات والأنشطة والأشياء في مواقف محددة، بمعنى أنها تركز على الوضع الراهن أو القائم للمشكلات أو الظاهرات أو حتى سمات الأفراد والجماعات والأشياء، مستخدمة ما يعرف بالفروض الوصفية أو بدون فروض، وبالتالي فإن لها قدراً أقل من المرونة مقارنة بالدراسات الاستكشافية أو الاستطلاعية التي تتميز بقدر كبير من المرونة. ففي هذا النمط من الدراسات فإن الباحث يجمع بيانات ومعلومات عن مشكلة أو ظاهرة أو فرد أو جماعة محددة بالنسبة له سلفاً بينما في الكشفية فإن الباحث يسعى جاهداً إلى جمع بيانات واستكشاف معالم مجهولة أو على الأقل غير واضحة أو محددة من قبل.

ونظراً للوضوح الذي تتمتع به الدراسات الوصفية فإن الباحث يستطيع أن يحدد مسبقاً ماذا يريد أن يصف وكيف يصف أي أنه يحدد خطواته منذ تحديد المشكلة المراد بحثها مروراً بالأهداف ووضع الفروض أو التساؤلات واختيار العينة وأساليب جمع البيانات وجمعها فعلياً ومراجعتها وترميزها وتصنيفها وتحليلها ثم استخلاص النتائج وتفسيرها ووضع التعميمات.

مقابلة مقننة **Determine Interview**

المقابلة المقننة (D I) :

إحدى تصنيفات المقابلة من حيث درجة المرونة في موقف المقابلة، تستخدمها مهنة الخدمة الاجتماعية بكثرة، يقصد بها تلك (المقابلة المحددة مسبقاً تحديداً دقيقاً سواء من حيث عدد الأسئلة التي توجه إلى المبحوثين أو ترتيبها أو نوعها بمعنى كونها مقفلة أو

مفتوحة وعلى القائم بالمقابلة أن يوجه الأسئلة إلى جميع المبحوثين بنفس الأسلوب والترتيب (ص297، م3)، غالباً ما تستخدم مثل هذه المقابلة في الخطوات التي تلي المرحلة الاستطلاعية أو الاستكشافية من البحث، كما أنها ذات فائدة كبيرة في التصوير الكمي لمشكلة البحث، فهي تمتاز على غيرها من أنواع المقابلات في أنها تتيح للباحثين وبالذات في مهنة الخدمة الاجتماعية إجراء المقارنات بين المبحوثين وكذلك بين القائمين بالمقابلة بسبب ما تتمتع به من مرونة كبيرة.

دور تنموي Developer Role

الدور التنموي (D R) :

أحد الأدوار غير التقليدية خصوصا في طريقة تنظيم المجتمع تم اقتراحه مع جملة من الأدوار الأخرى من قبل الممارس المهني العالم Trving Aspersel يقوم هذا الدور على حشد الموارد المادية والبشرية والاستخدام الأمثل لهذه الموارد ومختلف الموجهات القيمية والاجتماعية والتنظيمية من أجل دعم الجهود الذاتية خاصة في المجتمعات التي تشهد نمواً أو المجتمعات الحضرية المتخلفة علماً بأن الهدف الأول للأخصائي الاجتماعي في مثل هذه المجتمعات هو تنمية قدرات المجتمع المحلي على التكيف الإيجابي للظروف الاجتماعية المحيطة) وبناء عليه، فإن دور المهني يقوم على مساعدة الناس على مساعدة أنفسهم في التغلب على مشكلاتهم وإشباع احتياجاتهم المختلفة بطريقة منظمة تركز على الجوانب الاقتصادية في علاقتها بالجوانب الاجتماعية والعكس، أي على الاعتماد المتبادل في التأثير ما بين الجانبين الاقتصادي والاجتماعي ولتحقيق ذلك فإنه يسعى إلى تسخير النظم والموروثات الاجتماعية للمجتمع في تطور المجتمع والنهوض به اعتماداً على قدراته الذاتية، فهو بشكل أو بآخر يحض على استخدام مردود برامج التنمية في تغير القيم السائدة خصوصاً التي تقف حجر عثرة في طريق الجهود والخطط التنموية واستبدالها بأخرى تخدم العملية التنموية وتسرع في حدوثها.

مدخل تنموي في خدمة الجماعة
Developmental Approach in Group Work

المدخل التنموي في خدمة الجماعة (D A G W) :

احد أهم الأساليب المستخدمة في طريقة خدمة الجماعة، يهدف إلى مساعدة أخصائي الجماعة والطريقة بشكل عام على تحقيق أهدافهما في العمل مع الجماعات المختلفة. هذا ويعود الفضل في استخدام هذا المدخل إلى Emanuel Tropp أحد أساتذة الخدمة في جامعة فرجينيا في الولايات المتحدة الأمريكية. يركز هذا المدخل على الوظيفة الاجتماعية ودورها في تشكيل واستمرارية العلاقة بين الجماعة والبيئة التي تتفاعل معها هذه الجماعة، أي أنه ينظر إلى أعضاء الجماعة على أنهم عناصر فاعلة ومؤثرة تكتنف علاقاتهم مع البيئة المحيطة الكثير من الصعوبات والتحديات التي يعملون على مواجهتها متحدين أي أن الجماعات التي تتشكل وفقا لهذا المدخل عادة ما تتميز بوحدة الهدف والمشاركة الفعلية في كافة مناحي الحياة الخاصة بالجماعة، لهذا فان المدخل لا يركز كثيرا على النواحي العلاجية والتشخيصية بقدر ما يعنى بالمواقف الواقعية التي تواجه الجماعة أثناء تفاعلها مع البيئة والعمل على تفسيرها وتقيمها .

خدمة اجتماعية تنموية
Developmental Social Work

الخدمة الاجتماعية التنموية (D S W) :

إحدى مجالات الخدمة المتخصصة سطع نجمها في العصر الحديث أي بعد زيادة الاهتمام العالمي ببرامج التنمية الشاملة الاقتصادية منها والاجتماعية وإنشاء المؤسسات التنموية الدولية التابعة لهيئة الأمم المتحدة التي تعمل على مساعدة الدول النامية على تجسير الفجوة ما بينها وبين الدول الصناعية وما بعد الصناعية، يقصد بها (الممارسة المهنية التي تتعامل مباشرة مع تحديات التنمية التي تواجهها المجتمعات، فهي ممارسة تساهم بإيجابية وفاعلية في رفع مستوى الأهالي من كافة النواحي الاقتصادية والاجتماعية، بكلمات أخرى

وأكثر وضوحاً، إنها تعمل وباطراد على زيادة متوسط نصيب الفرد من الدخل القومي مقوماً أو مقدراً بما يحصل عليه من السلع والخدمات، أي أنها تسعى إلى تنمية الفرد صحياً وثقافياً واجتماعياً وبما يتلاءم مع طبيعة التطورات التي حدثت وتحدث في مجال حقوق الإنسان وحفظ أدميته.

تشخيص Diagnosis

التشخيص (D):

عملية من عمليات خدمة الفرد تمت استعارتها من مهنة الطب فأصبحت جزءاً لا يتجزأ من الطريقة هذا ولقد تم إدخال بعض التعديل عليها فأصبحت تعرف بالتقدير النفسي- الاجتماعي، تعددت مفاهيم التشخيص باختلاف العلماء، فالبعض يرى أنها العبارة التشخيصية التي تتوصل إليها المهنه عن كيفية حدوث، مشكلة معينة فيما يعرفها آخرون على أنها تفسير للأسباب التي أدت إلى حدوث مسألة ما بينما يرى فريق ثالث أنها عملية عقلية يمارسها الأخصائي الاجتماعي حيث يحلل من خلالها ما تم جمعه من معلومات أثناء الدراسة عن المشكلة لمعرفة الأسباب التي أدت إليها. خلاصة القول أنها عملية عقلية بحته للإحاطة بكل العوامل والظروف التي تحيط بالمشكلة لمعرفة أصلها وأقربها لحدوث المشكلة بسبب أو بسببين.

فرض تشخيصي Diagnosis Hypothesis

فرض تشخيصي (D H) :

مستوى متقدم من مستويات التقدير التشخيصي- الذي يجريه الأخصائيين في طريقة خدمة الفرد، عادة ما تتوقف علية عملية التشخيص برمتها ومن ثم عملية العلاج وصولاً إلى حل المشكلة، فهو أعمق من الانطباعات التشخيصية التى يكونها الممارس لكنة لم يصل إلى مستوى التشخيص المتكامل والنهائى لمشكلة العميل، بكلمات أخرى أكثر وضوحًا أنه

مستوى من مستويات التشخيص يقع بين الافكار والانطباعات التشخيصية وبـين التشخيص المتكامل الذى يعتمد على الفروض التشخيصية ولكن بعد إجراء عمليات التـدعيم أو النفـى أو التعديل ...الخ عليها .

فكرة تشخيصية

Diagnosis Thinking

الفكرة التشخيصية (D T) :

مستوى من مستويات التقدير التشخيصى الشائعة فى المهنة وبالـذات فى طريقـة خدمـة الفرد، يقصد بـة العمـل علـى اختطـاف المعـاني مـن الجزئيـات وربطها بالكليات علـمًا أن الجزئيات تمثل العوامل فيما تختص الكليات بالمواقف، بكلمات أخرى أكثر وضوحًا أنها لـون من ألوان الانطباعات العامة وهى فوق أنها عامة فإنها غـير مؤكدة عادة مـا تتكـون لـدى الاخصائى خلال لقاءاته مع العميل وبالذات أثناء اللقاءات الأولى معه.

قيادة دكتاتورية

Dictatorship

القيادة الدكتاتورية (D) :

صنف من أصناف القيادة السائدة والمستخدمة في طريقتـي خدمـة الجماعـة وتنظيـم المجتمع، عادة ما يكون على رأسها دكتاتور تعددت تعاريفه إلا أن من أهمها أنه «الشخص الذي يقرر ما يراد عمله وآلية عمله بمفرده»، بعبارات أخرى أكثر وضوحاً هو الشخص الذي يسيطر على تصرفات أفراد المجموعة ولا يتيح لهـم فرصـة المشاركة في أي أمـر مـن أمورهـا الأمر الذي يترتب عليه تأخر في نضج أعضاء الجماعة وتواكلهم وسريان شعور داخلي مـن الغضب لديهم بالإضافة إلى الاستهتار وعدم المبالاة وضعف الانتماء للجماعة مما يتسبب في التعتيم والظلمة ومن بعدها الفوضى والخراب.

Difficult Childhood

طفولة متعبة

الطفولة المتعبة (D C) :

جاءت به الباحثة (CHESS) عام 1970 عندما كانت مهتمة بمجالي الطفولة والأسرة فقد حصرت النماذج العامة للطفولة حسب بعض الخصائص والصفات ومدى تأثيرها على كيان الأسرة ومشكلاتها إلى ثلاثة إحداها الطفل الصعب أو المتعب

قصدت بهذا النموذج الأطفال المتعبين في نومهم وتغذيتهم والمحتاجين لوقت أطول للتكيف مع الظروف العادية والذين يعبرون على الدوام عن عدم سعادتهم ويشعرون بالإحباط لأي موقف يتعرضون له مما يتسبب في نمو مشكلات سلوكية لهم عادة ما تكون هذه المشكلات نتيجة لعدم قدرتهم على مقابلة متطلبات الوالدين والمدرسة» (ص 352، م 22).

Disability

عجز

العجز (D) :

أحد مصطلحات التربية الخاصة مستخدم في مهنة الخدمة الاجتماعية وبالذات في أحد مجالاتها المتخصصة وهو العمل مع المعوقين، هذا ولقد عرفته منظمة الصحة العالمية (W.H.O) بأنه أي حد أو انعدام ناتج عن اعتلال للقدرة على تأدية أي نشاط بالشكل أو في الإطار المعتبر طبيعياً بالنسبة للكائن البشري.

Disabled Worker

عامل معوق

العامل المعوق (D W) :

يحظى المعوقون بشكل عام والعاملون منهم بشكل خاص برعاية واهتمام المهنة وبالذات طريقة خدمة الفرد والخدمة الاجتماعية في الميدان العمالي والخدمة الاجتماعية في مجال رعاية المعوقين وتأهيلهم ... الخ.

يقصد بهم الأفراد الذين يعانون من نقص ما كنتيجة إلى إعاقة جسمية أو عقلية عـادة ما تؤثر على إمكانية حصولهم عـلى عمـل مناسب والاستقرار فيـه حيث يصعب عليهم اكتساب معارف ومهارات واتجاهات جديدة. (ص 241، م 5).

كارثة

Disaster

الكارثة (D) :

حدث غير عادي يجري في وقت معين قد يصيب مجتمع بأكمله أو جزء منه وقد يمتد إلى مجتمعات أخـرى، متسبباً في حـدوث مخـاطر جسـيمة وخسـائر كبـيرة سـواء كانت بشرية أو مادية أو كليهما عادة ما تؤدي إلى شل قدرة المؤسسات والإمكانات القائمة عن مواجهته بمفردها كلياً أو جزئياً. ومن أمثلة الكوارث التي حـدثت مـؤخراً إعصار بورما (Borma cyclon in may . 2008).

والذي نتج عنه فيضانات أدت إلى قتل وفقـد الآلاف وتشريد الملايين، خصوصاً بعـد تعـثر وصـول جهـود الإغاثـة الدوليـة في وقتهـا بسـبب بـرودة دم السـلطات العسـكرية الحاكمة وحججها الأوهى من الحجج التي جاءت بها إلى الحكم وزلزال الصين chine) (earthquak in may 2008 الذي قتل وشرد الملايين حيث كان للمهنـة ممثلة بوكالات هيئة الأمم المتحدة للإغاثة دوراً بارزاً في التخفيف على المشردين واهالي القتلى مـن وقع مصائبهم البالغة إلى حين إيجاد حلول دائمة لمشكلاتهم.

حافز استثنائي

Discretionary Motivation

الحوافز الاستثنائية (D M) :

مكافآت يحصل عليها العضو من الجماعة بفضل سلوكه وتميزه عـلى غـيره مـن الأعضاء. بمعنى آخر أنها لا تعطى أوتوماتيكيا (أي) لمجرد الانضمام إلى الجماعة وإنما تتطلب قدراً من الجهد والجدارة والتميز وقد تكون هـذه الحـوافز عـلى شـكل ترقيـه أو مكافـأة ماليـة أو

معنوية... الخ. علماً بأن الجماعة تلجأ لمثل هذه الحوافز من أجل تسهيل مهمة تعليم أعضائها وتنشئتهم، بكلمات أخرى أكثر وضوحاً فإن غرض الجماعة من تقديم هذه الحوافز إلى أعضائها هو الحصول على امتثالهم وإذعانهم لقيمها وتقاليدها وبما يساعد على رفع مستوى الأداء.

Disfigured

تشوة

التشوة (D) :

حدوث عيوب جسمانية للإنسان قد تكون هذه العيوب خارجية أو داخلية. هذا ولعل من أمثلة الخارجية العيوب التي تصيب جلد الوجه أو الرقبة أو الكفين أو أي جزء من أجزاء الجسم سواء بسبب الحريق أو أية إصابات أخرى كالحوادث أما الأمثلة على الداخلية فمنها الأمراض الجلدية المختلفة وبالذات ما تحت طبقة الجلد الخارجية.

وعليه، فإن العيوب سواء كانت نتيجة لمؤثرات داخلية أو خارجية تؤدي إلى شعور المصابين بها بالنقص والعزلة وبالذات عند الأشخاص المهيئين لذلك كالأمراض النفسانية. هذا ويلعب المجتمع المحيط بالأشخاص دوراً هاماً في تحويل مشاعر النقص إلى مرض نفساني وبالذات إذا ما أحس المصابين بالعيوب بنفور المجتمع منهم والخوف من ملامستهم أو تناول الطعام معهم ... الخ.

Disobedient Ego

ذات متمردة

الذات المتمردة (D E) :

جزء من أجزاء الذات الطفولية تحظى باهتمام طريقة خدمة الفرد ، يقصد بها ذلك الجزء من تكوين الشخصية الذي يتسم بالاندفاع والرعونة والفضول والاستمتاع وحب اللعب والمرح والمتعة. (ص 275،م 14).

طلاق **Divorce**

طلاق (D) :

إحدى المشكلات التي تؤدي إلى التفكك سواء على المستوى الأسري أو المجتمعي توليها المهنة جل عنايتها واهتمامها سواء من حيث الوقاية أو وضع خطط العلاج للتخفيف من آثارها.

تعددت تعاريفها إلا أن من أبرزها في اصطلاح الفقهاء هو رفع قيد الزواج الصحيح في الحال بلفظ يفيد ذلك صراحة أو كتابة أو بما يقوم بمقام اللفظ من الكتابة والإشارة علماً أن المراد برفع قيد الزواج رفع أحكامه وعدم استمراره، ورفع قيد الزواج غير الصحيح يكون بفسخ العقد من تلقاء الطرفين أو بتفريق القاضي بينهما ورفع قيد الزواج الصحيح في الحال يكون بالطلاق البائن ورفع قيد الزواج بالحال يكون بالطلاق الرجعي لأن الزوجية تظل قائمة ما دامت المطلقة رجعياً ما تزال في العدة (ص 71، م 10).

هذا مع ملاحظة أنها مشكلة لا تخص المجتمعات النامية والفقيرة فقط لا بل تتزايد معدلاتها بشكل واضح حتى في أكثر المجتمعات تقدماً ، فلو أخذنا أمريكا على سبيل المثال فإننا (نلاحظ أن معدل الطلاق قد زاد بشكل جوهري من حوالي (0.5) لكل ألف من السكان عام 1890) إلى (3.7) عام (1971) أي أنه تضاعف حوالي سبعة مرات خلال تلك الفترة الزمنية وهو حالياً أعلى من هذه النسبة بكثير (P. 401. , R 62) .

بيت الصدقة **Dole House**

بيوت الصدقة (D H) :

ظهرت أول ما ظهرت في بريطانيا في نهاية القرون الوسطى وبداية عصر النهضة من أجل إيواء المتشردين من العجزة والمرضى وذوي العاهات والأرامل من غير القادرين على

العمل حيث كان يوفر لهم فيها المأكل والمشرب والمنامة التي كانت تمول عن طريق جمع التبرعات والهبات من مختلف فئات ومؤسسات المجتمع آنذاك.

منظمة أهلية **Domestic Agency**

المنظمة الأهلية (D A) :

مجموعة من الأشخاص شديدي الحماس والانتماء لمجتمعاتهم يتجمعون مع بعضهم البعض لأداء نشاط أو تقديم خدمة منظمة يشعرون بأن عدم وجودها يشكل قلق أو معضلة أو أذى لشريحة ما من شرائح المجتمع أو للمجتمع بأسره معتمدين في ذلك على مجهوداتهم، ومجهودات غيرهم من المهتمين الذين يتطوعون لإسنادهم وتقديم العون لهم فنياً أو مادياً. . . دونما أي انتظار لتحقيق مكاسب شخصية اى كانت وبدون تدخل مباشر من الجهات أي أنهم مستقلون مادياً وإدارياً وعليه فإن علاقتهم بالجهات الرسمية لا تعدو إلا أن تكون علاقة إشرافية في الدول التي تشترط لإنشاء وتسجيل هذه المؤسسات التقيد بقانون أو نظام الهيئات التطوعية أما في الدول التي لا تشترط لقيام مثل هذه المؤسسات اتباع أي قوانين أو أنظمة فإن العلاقة معها لا تعدو ان تكون علاقة تعاون وتنسيق.

هيمنة **Domination**

هيمنة (D) :

جذورها ضاربة في العمق إلا أن الاهتمام بها قد زاد في الآونة الأخيرة من قبل العديد من العلوم والمهن ومنها علم السياسة والاجتماع والقانون ... الخ تحضى بعناية فائقة من قبل المهنة خصوصاً بعد تزايد أعداد ضحاياه وبشكل ملفت للنظر في الآونة الأخيرة، يقصد بها ممارسة جماعة أو فئة أو طائفة أو طبقة ... الخ اجتماعية نفوذها على جماعة أو فئة أو طائفة أو طبقة ... الخ أخرى، بعبارة أخرى أكثر أنها تسلط واستغلال القوى للضعيف ولعل

خير مثال يوضحها هو تسلط الذكور على الإناث والآباء على الأبناء والمدرسين على التلاميـذ ... الخ.

تعاطى
Drug Use

التعاطى (D U):

تعددت تعاريفة بتعدد العلماء والبـاحثين والجهـات المعنيـة بـه، ومـن بينهـا الجهـات الأمنية والقضائية إلا أن من أبرزها التعريف الذى يـراه عـلى أنـه اسـتعمال الشـخص لمـادة مخدرة إلى الحد الذى من شأنه ان يفسد أو يتلف الجانـب الجسـمى أو الصـحى أو العقـلى للمتعاطى وكذلك تعطيل قدرتة الوظيفية على أداء أدواره الاجتماعية.

عقار
Druge

العقار (C D) :

مادة لها القدرة على تغير وظيفة أو أكثر من وظائف الكائن الحي عند تعاطيها وهى كأي مادة كيميائية تستخدم من أجل الحصـول عـلى آثارهـا الفسـيولوجية أو النفسـية) (ص255، م44) .

Early Adolescence

مراهقة مبكرة

المراهقة المبكرة (E A):

تحضى باهتمام المهنة وبالذات فى مجالات الأحداث والطفولـة والأسرة فهـى مرحلـة مـن مراحل تطور نمو الأطفال والتى حددها العلماء بثلاثة سنوات (12-14) يقصد بها المرحلـة العمرية التى تبدأ فيها المظاهر الجسـمية والبيولوجيـة والعقليـة والانفعاليـة والاجتماعيـة للحدث بالتشكل حيث تلعب هـذة المظاهر دورًا بـارزًا فى تشكيل السـلوكات والتصرفات التى يقوم بها الأفراد .

Easy Childhood طفولة سهلة

الطفولة السهلة (E C) :

إحدى النماذج الثلاثة التي وضعتها الباحثة (Chess) عام 1970 للطفولة ورائه أنها تؤثر على قيام الأسرة بالأدوار المطلوبة منها تجاه الأطفال، فالطفل الذي يتمتع بخواص النمو السريع وسهولة التغذية حتى مع الغرباء والمستقبل حتى للأطعمة العادية والمتجاوب مع الآخرين بشكل إيجابي يعتبر من أكثر الأنماط تلاءما مع جو الأسرة ورغبات وتوقعات الوالدين وبالتالي فهم بحاجة إلى تغيرات طفيفة في رغبات واهتمامات الوالدين الزواجية، بمعنى أنهم لا يتسببون في خلق توترات وأزمات للوالدين» (ص 302، م 22). كما هو الحال في نموذج الطفولة الصعبة .

Economic اقتصاد

الاقتصاد (E) :

أحد العلوم الاجتماعية التي تشكل قاعدة علمية تستعين بها مهنة الخدمة الاجتماعية ممثلة بطرقها ومبادئها المختلفة، تعددت تعاريفه. إلا أن من أبرزها في المؤلفات الإنجليزية التعريف الذي ينص على أنه:-

..."Economics The Study Of Human Behaviour As a Re- Lationship Between A Multiplicity Of Ends And Scarce Means That Have Alternative Uses.. " (P. 146., R 66)

وترجمة النص تشير إلى أنه دراسة السلوك الإنساني (الاقتصادي بالطبع) كعلاقة بين طرفين أحدهما يمثل التعددية في الأغراض أو الأهداف وثانيهما يمثل موارد مادية نادرة أو شحيحة والقدرة على اتخاذ البدائل بينهما .

الأنا   **EGO**

الأنا (E) :

تشير إلى إحدى المكونات أو القوى الرئيسية التي تتكون منها الشخصية حسب ما جاء في نظرية التحليل النفسي للعلامة سيجموند فرويد Sigmond Freud والتي ظهرت في مطلع القرن العشرين حيث استطاعت ماري ريشموند صاحبة الفضل الأكبر في الاعتراف بطريقة خدمة الفرد كطريقة مهنية أن تستفيد منها في دراسة وتشخيص السلوكات والظواهر غير السوية للعملاء، علماً بأنها أي الأنا تمثل منطقة الشعور والإدراك لدى الإنسان (وتسمى النفس التوفيقية، منحت تأثير العالم الخارجي ينمو من الهو نموًا خاصًا، فمن جهاز انتقال المنبهات البيئية والوقاية من التنبيه المفرط ينشأ جهاز الذات التي تعمل كوسط بين الهو والعالم الخارجي أي أداة للتكيف والتوافق بين مطالب الهو والظروف الخارجية؛ فكأنه جهاز له عينان عين تطل على الغرائز ومطالبها خاصة الجنسية والعدوانية منها وعين تطل على مطالب المجتمع الخارجي ثم العمل على التوفيق بين مطال الجهتين في وقت واحد أي أنها القوة الواقعية التي تعمل على الحفاظ على الكيان الكلي للشخصية وتنظيم صلته بالعالم الخارجي.

بمعنى آخر فإنها الجزء من الشخصية الذي يطل على منطقتين هامتين منطقة اللاشعور بفطريته وغرائزيته والعالم الخارجي بكل ما يحويه من عادات وتقاليد ونظم ومؤثرات، لذا يتحتم عليها مسؤولية التوفيق بين مطالب الجهتين لإبعاد أي مخاطر قد يتعرض لها الفرد بغض النظر عن مصدرها.

أسرة متمركزة حول الذات **Egocentric Family**

الأسرة المتمركزة حول الذات (E F) :

نمط من أنماط الأسرة عادة ما يكون متمركز حول متطلبات وحاجات الوالدين بهدف إشباعها أولاً مع عدم الاهتمام بحقوق الأطفال ومشكلاتهم واحتياجاتهم » (ص163، م 23)، أي أن هذا شرط يخرج عما هو متعارف عليه أو مألوف من أن الأسرة رابطة اجتماعية أو جماعة اجتماعية من المفروض أن أعضائها متعاونين، وعلية فإن هذا الصنف من أصناف الأسرة يحظى بخدمات المهنة من أجل تعديل مسارها وتصويب أوضاعها.

نضج انفعالي **Emotional Maturity**

النضج الانفعالي (E M) :

إحدى الخصائص الواجب توافرها في المتطوع في مجالات الرعاية الاجتماعية، يقصد به (قدرة الفرد على إشباع حاجته الانفعالية دون أن يجعلها تتخلل حياة الآخرين. فهو لا ينفعل إلا للمواقف التي تستحق الانفعال ولا يغالي في انفعاله، فالانفعال يجب أن يكون بقدر الموقف ولا يزيد علية أو يحمله أكثر مما ينبغي ... فمن السمات التي يسهل اكتشافها في بعض القادة المتطوعين وتدل على عدم نضجهم الانفعالي التجهم، الزهو ... المغالاة في النقد استخدام وسائل الضبط الاستبدادية، فرض الذات، الغلو في الشفقة) (ص96- 697، م 2).

تعاطف **Empathy**

التعاطف (E) :

مستوى من مستويات العلاقة المهنية التي تتكون بين الأخصائي والعميل، والتي عادة ما يظهر من خلالها الأخصائي للعميل مشاعر الدفء والمحبة بهدف التخفيف من معاناته خصوصاً في المواقف الصعبة التي يمر بها كوفاة قريب له أو صديق عزيز عليه أو لفقدانه المفاجئ لمنصب أو لمبلغ من المال، ففي مثل هذه الظروف والأوضاع على الأخصائي أن

يظهر مشاركته الوجدانية للعملاء مستخدماً شتى التعابير والوسائل المتاحة شريطة عدم المبالغة أو الإسراف في إظهار مثل هذه المشاعر حتى لا تأخذ منحاً آخر يدخل ضمن الشفقة والإحسان.

دور الممكن   Enabler Role

دور الممكن (E R) :

مستخدم في طريقة تنظيم المجتمع كواحد من الأدوار التي يقوم بها الممارس الاجتماعي أو ما يعرف بالمنظم الاجتماعي العامل مع المجتمعات المحلية وبالذات المجتمعات الممعنة في التخلف والتي تعاني من العديد من المشاكل المتداخلة وغير المحددة وكذلك المجتمعات التي تخلو من وجود القيادات سواء كانت على شكل قيادات شعبية (طبيعية) أو مهنية لأنها أي (القيادات) هي القادرة على تحديد المشكلات ووضع الحلول الملائمة لها، بعبارات أخرى أكثر وضوحاً فإن مثل هذه المجتمعات بحاجة ماسة إلى من يوقضها ويبث في أعماقها مشاعر الرغبة في التغير لا بل الحرص على التغير في كافة مناحي الحياة على أن يأخذ هذا الدور (أي دور الممارس) أثارة هذه المجتمعات وحثها على التغير ذو البعد التنظيمي، بمعنى العمل على تأسيس المنظمات المختلفة بحيث تعني كل مؤسسة بجانب معين من جوانب النهوض بالمجتمع، بالإضافة إلى ما سبق فإن على الممارس المهني أن يسعى إلى إزالة الخلافات بين الأفراد والجماعات بحيث يجعلها قادرة على إنشاء علاقات اجتماعية متينة تقوم على التعاون والشعور بالمصلحة العامة والمصير المشترك وتغليبها على المصالح الشخصية.

Endogamy زواج داخلي

الزواج الداخلي (E) :

متداول على نطاق واسع في علم الاجتماع العائلي والخدمة الاجتماعية، يشير إلى الرغبة والمفاضلة في الزواج من داخل الجماعة الأولية للشخص أو العشيرة أو القبيلة أو الطائفة أو الجماعة الدينية (كزواج أبناء العمومة والخؤولة والعشيرة ... الخ ويتسامح البعض في التوسع بحدود هذا الزوج بحيث لا يقتصر على المجتمع المحلي وحده وإنما يمتد الى مناطق أوسع (كزواج المسلم من مسلمة) بغض النظر عن القرب والبعيد من الناحية الجغرافية أو المكانية.

Enrichment إثراء

الإثراء (E):

مستخدم أصلاً في العلوم التربوية بما في ذلك التربية الخاصة إلا أنه أصبح في الآونة الأخيرة ضرورة فقد بدأت تتسابق علية العديد من العلوم والمهن ومن بينها الخدمة الاجتماعية وبالذات الخدمة الاجتماعية المدرسية والخدمة الاجتماعية في مجال المعوقين ، يقصد بة أسلوب في تنمية الموهبة والتفوق وتزويد الطلبة الموجودين والمتفوقين بخبرات متنوعة ومتعمقة في موضوعات أو نشاطات لا تعطى في المناهج المدرسية العادية وتتضمن تلك الخبرات، أدوات ومشاريع خاصة ومناهج إضافية تثري حصيلة هؤلاء بطريقة منظمة وهادفة ومخطط لها بتوجيه المعلم وإشرافه وليس بأسلوب عشوائي ، علما ان الإثراء قد يكون عمودياً أو أفقياً. (ص 132- 133، م 48)

Environmental Therapy

علاج بيئي

العلاج البيئي (E T) :

الشق الثاني من العلاج المستخدم في طريقة خدمة الفرد، حيث يقصد به مجموعة الجهود المبذولة لإحداث تعديلات إيجابية في البيئة التي يعيش فيها العميل سواء بشكل كلي أو جزئي، علماً أن العلاج البيئي عادة ما يكون على شكل خدمات مباشرة أو غير مباشرة، أما الخدمات المباشرة فهي عادة ما تكون موجهة نحو العميل نفسه تعمل على تقديمها المؤسسة التي تتعامل مع العميل أو أية مؤسسة أخرى في محيطه تتفق برامجها مع حاجة أو حاجات العميل فقد تكون حاجة العميل إلى أجهزة تعويضية من الممكن أن تقدمها له مؤسسة العناية بالشلل الدماغي أو جهة رعاية المعوقين حركياً وقد تكون حاجته غذائية من الممكن أن تقدمها له مؤسسة الضمان الاجتماعي أو إحدى مؤسسات عون الفقراء أما الخدمات غير المباشرة، فهي التي تستهدف تعديل اتجاهات الأفراد المحيطين بالعميل نحوه مثل تعديل اتجاهات صاحب العمل نحو العميل الذي يعاني من مرض السرطان أو السكري أو مدير المدرسة نحو المعلم الذي يعاني من مرض في عينيه... الخ.

Ethical Commitment

إلتزام أخلاقي

الإلتزام الأخلاقي (E C) :

أحد المبادئ التي تلتزم بها مهنة الخدمة الاجتماعية وبالذات طريقة خدمة الفرد في تعاملها مع العملاء، يقصد به اعتراف مهنة الخدمة الاجتماعية بأن لكل مجتمع من المجتمعات بنائه وظواهره الثقافية التي تحدد أسلوب حياة أفراده وإن هذه الظواهر تنتقل من جيل إلى الجيل الذي يليه وإنها تشمل كافة مناحي حياة الأفراد والجماعات فهي تشمل (اللغة واللهجة والعادة والعرف والتقاليد والشعبيات والفنون وغيرها من المظاهر اللامادية ... وإن مشكلات الإنسان أياً كانت مظاهرها لابد وأن ترتبط بهذه الثقافة تأثيراً

أو تأثراً ... وبالتالي فإن مهنة الخدمة الاجتماعية بشكل عـام وطريقـة خدمـة الفـرد بشـكل خاص تعتبر نفسها مسئولة عـن تـدعيم القيم الثقافيـة السـائدة والالتـزام بقـيم الجماعـة وأخلاقياتها عند تحديد أهداف عملية المساعدة أو أساليبها) (ص 87، م 33).

تقويم في خدمة الفرد   Evaluation In Social Casework

التقويم في خدمة الفرد (E S C) :

عملية تتضمن مجموعة مـن الخطـوات المضـطردة والمتفاعلـة التـي ترمـى إلى التحديـد الدقيق لأهم العوامل المساهمة في موقـف العميـل الإشـكالي وذلـك مـن أجـل التوصـل إلى الاستراتيجية المناسبة للتدخل المرضي (ص15 وما بعدها، م31) هذا وتتم عملية التقويم من خلال عدداً من المقاييس والجداول التي يستخدمها الأخصائي الاجتماعي من أبرزها المقاييس المتدرجة ذات الطرفين حيث عادة ما يكون أحدهما إيجابي وثانيهما سلبي وكـذلك الجـداول التقييمية أو ما تعرف بقوائم تقييم عائد الممارسة.

زواج خارجي   Exogamy

الزواج الخارجي (E) :

يشيع استخدامه في علم الاجتماع العائلي والخدمة الاجتماعية فهـو أحـد أشـكال الـزواج المعروفة لدى العديد من المجتمعـات، يقـوم عـلى المفاضـلة الاجتماعيـة للـزواج مـن خـارج الجماعة الأولية التي ينتمي إليها الفـرد أو العشـيرة أو القبيلـة أو الطائفـة أو الـدين... الـخ (كزواج ابن أو بنت عشيرة أو قبيلة ما من عشيرة أو قبيلة أخرى أو زواج المسـلم مـن غـير المسلمة أو زواج العربي أو العربية من قومية أخرى غير العربية.

مجموعة تجريبية **Experimental Group**

المجموعة التجريبية (E G) :

إحدى المجموعات الرئيسة التي يستخدمها المنهج التجريبي لقياس مدى تأثير المتغير المستقل (X) على المتغير التابع (Y) أي أنها المجموعة التي تعرضت إلى تأثير المتغير المستقل (كالطلاق أو الإدمان أو الانحراف أو المرض... الخ) حيث يفترض أن الطلاق على سبيل المثال قد أثر سلبياً على أفراد المجموعة التجريبية من خلال قياس الفروق بين المجموعتين التجريبية والضابطه، وعلية فإن أي فرق في القياس بين المجموعتين غالباً ما يعزا إلى تأثير المتغير المستقل.

منهج تجريبي **Experimental Method**

المنهج التجريبي (E M) :

أسلوب علمي في البحث، شاع استخدامه بكثرة في العصر الحديث وإن اعتبرت جذوره قديمة جداً حيث استخدمه المصريون القدماء عند بنائهم للجسور وحماية القرى من فيضان النيل وعند استخلاص الأعشاب لعلاج الأمراض، كما نادى به عالم الاجتماع العربي ابن خلدون عندما فضل استخدام الحس على النظر وكذلك استخدمه ابن سينا عندما اعتمد على التجربة في معرفة أسباب المرض.

دراسة تجريبية **Experimental Study**

الدراسة التجريبية (E S) :

نمط من أنماط الدراسات المتبعة بشكل رئيسي في العلوم الطبيعية دخلت ميدان العلوم الاجتماعية وبالذات علم النفس حيث تستخدم فيه ولكن بدرجة أقل مما هو عليه الحال بالنسبة للعلوم الطبيعية تستخدمها المهنة بشكل محدود يعزية البعض الى (تعدد المتغيرات الاجتماعية المتداخلة في الظاهرة الواحدة، وعدم ثبات التغيرات الاجتماعية المتفاعلة مع

بعضها البعض في الظاهرة الواحدة، وصعوبة تحقيق الضبط التام في التجربة بالإضافة إلى عدم استطاعتنا إجبار الإنسان على الخضوع للتجربة لفترة طويلة من الزمن وتحت درجة حرارة أو برودة معينة أو إعادة تكرار التجربة عليه لمرات عديدة كما هو الحال في العلوم الطبيعية.

فقد نستطيع الاحتيال علية دخول التجربة لكنه قد ينسحب منها في أي وقت يشاء وحتى وإن ضغطنا عليه فسوف يعطينا إجابات خاطئة أو غير دقيقة .... الخ، بعكس عنصر ـ الحديد مثلاً الذي كلما رفعنا درجة الحرارة عليه كلما أصبح أكثر ليونة وكلما طال زمن تعرضه للحرارة كلما زاد تفاعله وزادت القدرة على تشكيلة وهو في كل الحالات لن يستطيع أن ينسحب من التجربة بسبب الصداع، أو الاشتياق للقاء حبيب أو حتى الشعور بالملل أو الضجر كما هو الحال بالنسبة للإنسان.

هذا ويطلق على البحوث التجريبية (البحوث التي تختبر الفروض أو السببية لأنها تتناول الأسباب المختلفة المحتملة المؤدية للظواهر الاجتماعية وما يمكن عمله لتعديل بعضها... باختصار فهي تقوم على فكرة السبب الذي يتحمل مسؤولية أحد اث النتيجة (ص 257 – 259، م3) .

دراسة استطلاعية / كشفية   **Exploratory Study**

الدراسة الاستطلاعية / الكشفية (E S) :

أحدى أنماط الدراسات المستخدمة في العلوم الاجتماعية بشكل عام والخدمة الاجتماعية بشكل خاص، جاء اهتمام المهنة بها بسبب التطور السريع الذي يلاحقها من جهة وتعدد المواضيع والمشكلات التي تتعامل معها من جهة أخرى، بكلمات أخرى، فإن الحاجة إلى الدراسة الاستطلاعية غالباً ما تتزايد بتزايد مشكلات المجتمع والحاجة إلى معرفة المزيد من هذه المشكلات، فهي بحث عن المجهول من أجل امتلاك القدرة على صياغة المشكلة صياغة دقيقة تكفل للباحث إجراء دراسة معمقة للمشكلة، كما أنها فرصة الباحث في

التعرف أكثر فأكثر على المشكلة التي ينوي دراستها والوصول إلى بلورة وصياغة الفروض التي قد تقوم عليها دراسته المستقبلية الأكثر عمقاً للظاهرة أو المشكلة، ولتحقيق أهداف الدراسة الاستطلاعية فإن لدى الباحث عدة وسائل يمكنه أن يلجأ إليها في هذا المجال منها (ذوي الخبرة والاختصاص في المشكلة أو الظاهرة التي ينوي دراستها)، الدراسات السابقة في المجال الذي ينوي بحثه وكافة المعلومات والبيانات المتوفرة سواء كانت منشورة أو غير منشورة.

عائلة ممتدة   Extended Family

العائلة الممتدة (E F) :

قديمة قدم الإنسان نفسه اهتمت بها العديد من العلوم الإنسانية والاجتماعية وبالذات علم الاجتماع ومهنة الخدمة الاجتماعية زاد اهتمام العلماء والباحثين بها خصوصاً في الآونة الأخيرة بسبب شعورهم المتزايد بأن هذا الشكل من أشكال الأسرة أخذ في الانحسار أمام زحف واندفاع مفهوم الأسرة النواة، خصوصاً في المجتمعات الصناعية ومجتمعات ما بعد الصناعة التي إن لم يكن قد تلاش بها هذا الشكل من أشكال الأسرة فهو في طريقة للزوال. تعرف على أنها (جماعة اجتماعية تقوم على القرابة وصلة الدم تضم كلاً من الأبوين والأبناء المتزوجين منهم وغير المتزوجين وأبنائهم كما يضم بعض الأقرباء مثل الأجداد والجدات والأعمام والعمات والأخوال والخالات وبالذات النساء والأرامل والمطلقات والعنس حيث يعيشون جميعاً في أسرة معيشية واحدة ويشتركون بمصير واحد.

Family

أسرة

الأسرة (F) :

تولي مهنة الخدمة الاجتماعية الأسرة اهتماماً كبيراً إلى الحد الذي حدا بها إلى تخصيص مجال من مجالاتها للتعامل مع الأسرة ودراستها دراسة معمقة من أجل حل مشاكلها، هذا ولقد تعددت التعاريف التي وضعها العلماء للأسرة بتعدد الأيديولوجيات والمشارب العلمية التي ينتمون إليها، فقد عرفها أوجبرن بأنها (رابطة اجتماعية من زوج وزوجة وأطفالهما أو بدون أطفال أو من زوج بمفردة مع أطفاله أو زوجه بمفردها مع أطفالها وقد تكون الأسرة أكبر من ذلك بحيث تضم أفرادًا آخرين كالجدود والأحفاد وبعض الأقارب على أن يكونوا مشتركين في معيشة واحدة مع الزوج والزوجة).

فيما أشار آخرون إلى أن لفظ أسرة قد يتسع بحيث يشمل جماعات العمل ذات الاختصاص الواحد كأسرة التمريض والتعليم كما أننا يمكن أن نطلق لفظ أسرة على الرجال الذين يقيمون في أقسام داخلية واحدة وكذلك على النساء اللواتي يعيشن مع بعضهن البعض في منزل داخلي وعلى الرجال والنساء الذين يعيشون في منازل داخلية واحدة حتى وإن لم تربطهم ببعضهم البعض روابط زواج شرعية بالإضافة لما سبق فإن المجتمعات الغربية تطلق على ما يعرف بنظام البوى فرند Boy Friend والقير فرند Girl Friend أسرة تقدم لهم الخدمات كما توفر للإناث وبالذات الحوامل التدريب اللازم على كيفية التعامل مع الطفل القادم للأسرة.

وبناءً على ما تقدم بأسرة فإننا نلاحظ تعدد تعاريف الأسرة من جهة واختلافها من جهة أخرى وهو الأمر الذي يعتبره الكثيرون ومن بينهم المؤلف علامة صحية وشيء لابد منه لأن وضع تعريف واحد للأسرة أمر لن يكون مقبولاً من قبل الجميع بسبب تعدد الديانات والأعراف والتقاليد.

علاج أسري **Family Treatment**

علاج أسري (F T) :

إحدى الاتجاهات الحديثة في المهنة بشكل عام وممارسة طريقة العمل مع الحالات الفردية بشكل خاص تعددت تعاريفها إلا أن من أبرزها تعريف عبد الناصر عوض الذي نص على أنه مجموع الجهود التي تبذل من خلال تدخل مخطط يعتمد على نظريتى النسق والاتصالات، البنائية الوظيفية لفهم الأسرة وكيف حدث الخلل وما هو التغير المطلوب للتعامل مع نواحي سوء التوافق الأسرى وتعديل بعض عناصر نسق العلاقات الأسرية ذات التأثير السلبي على التوظيف الدينامي في الأسرة كوحدة متكاملة وتغير مسار التفاعلات التي تتسم بالأداء الخاطئ والتي يكون من شأنها إحداث الاضطراب الأسري (ص 134،م 14).

نظرية قدرية **Fate Theory**

النظرية القدرية (F T) :

إحدى النظريات العاملية التي ترجع ظاهرة الحوادث إلى عامل واحد ألا وهو سوء الحظ والطالع الذي يلازم بعض الناس منذ الولادة، تهتم به مهنة الخدمة الاجتماعية وبالذات في مجال الضمان والتأمينات الاجتماعية من أجل تفسير أسباب إصابات العمل والحوادث . هذا ويرى أصحاب هذه النظرية أن الناس قسمان أولاهما لا يصاب بالحوادث ولا يتعرض لإصابات العمل أما ثانيهما فهو سيء الحظ وليس لديه مناعة ضد الحوادث، بمعنى أن لديه قابلية شديدة للوقوع في الحوادث، فهو دائم الاستهداف للحوادث والإصابات حتى وإن اتخذ الاحتياطات اللازمة (ص 121، م 39) .

Feminine Social Work

خدمة اجتماعية نسوية

الخدمة الاجتماعية النسوية (F S W):

ميدان من الميادين الحديثة التي ظهرت للعناية بالنساء وحقوقهن وبالذات اللواتي يعانين من المشكلات والاضطهاد بسبب التفرقة بين الرجال والنساء على أساس النوع أو الجنس، ترجع جذور هذه الخدمة إلى الحركة النسائية التي ظهرت في وقت متأخر من القرن العشرين أي في عقد الستينات والسبعينات بفضل زيادة وعي المرأة بمكانتها وأوضاعها وظهور العديد من الوكالات الدولية التي تعني بشؤون النساء وبالذات المنظمات الملحقة بالأمم المتحدة، خصوصاً بعد أن تعالت الأصوات المطالبة بالتوقف عن اضطهاد المرأة من جهة وتحسين وتطوير الخدمات والمساعدات المقدمة لها في مختلف المجالات من مهمة أخرى حيث تبين أن ما يقدمه لها الطبيب النفسي- والنظريات السيكولوجية ... الخ ليست ذات قيمة، وبناء عليه فإن الخدمة الاجتماعية النسائية (ما هي إلا مساعدة تقدمها النساء لنساء أخريات بهدف كشف آثار الظلم الناتج عن التفرقة الجنسية في المجتمع والعمل على إزالتها حتى تحقق للعميلات أكبر قدر ممكن من الحرية والتحكم في حياتهن وقدراتهن وتحقيق النمو والتطور الشخصي) لذا فإن هدف هذه الخدمة هو إزالة الاضطهاد الموجه نحو المرأة والقائم على التفرقة بسبب الجنس (ص 292- 293 ، م42).

Field Training

تدريب ميداني

تدريب ميداني (F T) :

مكون أساسي من مكونات مهنة الخدمة الاجتماعية يتم بموجبة إرسال طلبة مدارس وكليات الخدمة الاجتماعية إلى مختلف المؤسسات الأولية منها والثانوية من أجل إكسابهم المهارات التطبيقية للعلوم والمعارف والنظريات التي تلقوها في قاعات المحاضرات وخلافها من الأماكن والميادين التي من شأنها تزويدهم بالمعلومات النظرية، بعبارات

أخرى أكثر وضوح أنه عملية من العمليات التي تستخدمها المهنة من أجل استكمال إعداد طلبتها مهنياً، أي تطبيق ما زودوا به نظرياً على أرض الواقع الأمر الذي من شأنه أن يعزز ويستكمل بناء شخصياتهم المهنية وذلك باتباع شتى الوسائل والأدوات التي من شأنها أن تساهم في تحقيق هذا الأمر كالندوات والمحاضرات وحلقات النقاش والوسائل التكنولوجية المعينة الاخرى كالأجهزة السمعية والبصرية بالإضافة إلى دراسة الحالات والمؤتمرات الفردية والجماعية ... الخ.

مقابلة ختامية **Final Interview**

المقابلة الختامية (F I) :

آخر فرصة مهنية تجمع ما بين العميل والأخصائي الاجتماعي وعندما نقول آخر لقاء بين الأخصائي والعميل، فإننا نعني توصلهما إلى العلاج وبالتالي الحل الناجع للمشكلة وذلك بتقديم العون الملائم له سواء كان عوناً مادياً أو معنوياً، وقد تكون ختامية بسبب عدم تطابق المشكلة مع تصنيف المؤسسة وأهدافها مما يؤدي إلى تحويل الحالة إلى مؤسسة أخرى ذات علاقة مباشرة بالمشكلة التي يعاني منها العميل أو بتحويل الحالة إلى أخصائي اجتماعي آخر داخل المؤسسة أو لدى أحد أقسامها وفروعها كونه الأقدر على التعامل مع مشكلة العميل أو نتيجة لاستحالة إيجاد حل لمشكلة العميل لأسباب عديدة قد يكون من بينها عدم جدية العميل وتعاونه مع الأخصائي والمؤسسة.

مقابلة أولى **First Interview**

المقابلة الأولى (F I) :

تستخدم بكثرة في مهنة الخدمة الاجتماعية وبالذات في طريقة خدمة الفرد، فهي أول لقاء مهني يجمع ما بين الأخصائي الاجتماعي والعميل صاحب المشكلة، الأمر الذي يجعلنا تكتسب أهمية خاصة لدى المهنة ففيها يتكون الانطباع الأولي ما بين الطرفين وعليها يتحدد

مصير العلاقة المهنية بينهما وقد تتم بموجب ميعاد سابق بين كلاً من الأخصائي والعميل وقد تحدث بمحض الصدفة، وهي على ثلاثة أنواع (الاستقبال، الأولى، ثم الصدفة).

مقابلة تتبعيه **Flow- Up Interview**

مقابلة تتبعيه (F I) :

إحدى أنواع المقابلات المستخدمة في المهنة بشكل عام وفي طريقة خدمة الفرد بشكل خاص، تعتبر مصدر هام من مصادر الحصول على المعلومات والحقائق عن العملاء، عادة ما تبدأ بعد وضع الأخصائي لخطة التدخل العلاجي موضع التنفيذ وقد تجري عملية المتابعة هذه في منزل العميل أو في مقر عمله أو في مدرسته ... وهي مهمة (لإنجاح خطة العلاج والتأكد من سيرها كما هو مقرر لها أن تسير).

مجتمع شعبي **Folk Society**

مجتمع شعبي (F S) :

شاع استخدامه في العديد من العلوم الاجتماعية وبالذات في علم الاجتماع والإنتربولوجيا، ولعل من أبرز العلماء الذين ميزوا بين الحياة الريفية والحياة الحضرية على أساس المجتمع الشعبي والمجتمع العام العالم (تونيز) Tonnise. هذا ولقد انصبت جهود الممارسين في المهنة علية كثيراً خصوصاً طريقة تنظيم المجتمع المعروفة بجهودها الرامية إلى تغير المجتمع الشعبي.

يقصد به وكما جاء في اللغة الإنجليزية «المجتمع المكون من جماعات سكانية صغيرة متجانسة شبه معزولة (معزولة نسبياً) عن التفاعل مع غيرها من الجماعات وعادة ما تتصف ببساطة أو حتى بدائية في الوسائل والأدوات التي تستخدمها (التكنولوجيا) في حياتها وببساطة تقسيم العمل لديها كما وتنزع إلى أن تكون مكتفية اقتصادياً» علماً أن النظام

الاجتماعي بالمجتمع الشعبي متكامل أو متضامن بفعل قوة أو شدة قسر التقاليد والأعراف

(P 132, R 77) .

Formal Group

جماعة رسمية

الجماعة رسمية (F G):

لا تنشأ بشكل طوعي أو تلقائي وإنما بقرار أو مرسوم رسمي كجزء من تنظيم قائم غالباً
ما يكون لها دستور أو نظام خاص بها يحدد أوجه التفاعل بين أعضائها والحقوق والواجبات
المنوطة بكل عضو من أعضائها ومن هذه الجماعات جماعات الفصل في المدرسة والقسم أو
الكلية في الجامعة والمكتب في المؤسسة... الخ فطالب المدرسة على سبيل المثال لا يملك
حرية أن يكون أو لا يكون عضواً في فصل ما من فصول المدرسة فالتعليمات واللوائح
الرسمية المتبعة في المدرسة هي التي تجبر كل طالب في المدرسة أن يكون عضواً في أحد
الفصول الدراسية وهي لا تكتفي بذلك وإنما تحدد شروط التحاقه بفصل مدرسي دون آخر.

Fourth System Model

نموذج الأنساق الأربعة

نموذج الأنساق الأربعة (F S M) :

أحد الأنساق الهامة التي انبثقت عن نظرية الأنساق (System Theory) الشهيرة التي
استحدثها العلماء من نظريات في علم الاجتماع وعلم البيولوجيا وعمل على تطويعها تيرنر
Turner وبنكس Pencus وآخرون من علماء الخدمة الاجتماعية لكي تتناسب ومهنة
الخدمة الاجتماعية حيث حددوا الأنساق الأربعة المعنية بالتدخل المهني من بين العديد من
الأنساق وهي نسق وسيط التغير كما هو الحال في المؤسسة ونسق الموقف ويقصد به
العميل أو الحالة أو الحي الذي يعاني من مواقف إشكالية ونسق الأهداف وهو النسق
المراد تغييره سواء كان العميل أو المدرسة أو العمل أو النادي أو المشفى الخ والتي تمثل

مخرجاتها مصدراً رئيسياً للمشكلة ثم أخيراً نسق الفعل كما هو في حالة الأفعال والعمليات المرضية التي تؤدى إلى التغير سواء كان هذا التغير تغيرا جذريا أو تعديلا أو تيسيرا للعلاقات...الخ.

عمالة كاملة **Full- Employment**

العمالة الكاملة (F E) :

دخل إلى الخدمة الاجتماعية في أوائل القرن العشرين على يد البريطاني وليم بفردج W. Beveridge الذي أوكلت له الحكومة البريطانية مهمة رئاسة لجنة وزارية مكونة من المعنيين في الشؤون الاجتماعية والصحية والاقتصادية من أجل دراسة قوانين الفقر وبرامج الرعاية الاجتماعية دراسة علمية تحتكم إلى الواقع والتوصية بما يعمل على إصلاحها وإخراجها بروح عصرية تضمن للمواطن الحياة اللائقة والكريمة، ولقد كان من بين أبرز توصيات تقرير بفرج المتعددة التأكيد على أهمية تحقيق العمالة الكاملة داخل المجتمع عن طريق التنويع في إقامة المشاريع الحكومية من أجل زيادة فرص العمل أمام المواطنين الى الحد الذي تصبح فيه هذه الفرص مساوية أو قريبة من عدد الذين ينتظرون الدخول إلى سوق العمل سواء للمرة الأولى أو حتى المتقاعدين أو فاقدي الوظائف لأسباب قد تعود إلى رغبتهم في الحصول على فرص أفضل وبدخول أكبر أو لتعرضهم للفصل التعسفي من قبل أصحاب العمل الخ.

بمعنى آخر، أن تكون نسبة التشغيل مائة بالمائة أو قريبة من هذه النسبة وبالتالي فإن أي نسبة للتوظيف تقل عن المائة بالمائة يجب أن لا تعود إلى عجز سوق العمل عن توفير العمل للمواطنين وإنما تعود إلى إجراءات قد تتعلق بقضايا التهيؤ إلى الانتقال من عمل إلى عمل آخر أو لأمور تتعلق بالشخص الباحث عن العمل نفسة كتوفر العمل الملائم في أماكن بعيدة عن منطقة سكناه أو تدني الأجور وهو ما حرص عليه التقرير عندما أشار إلى أن المهم ليس توفير فرص مساوية لعدد المتعطلين عن العمل وإنما يجب أن تكون الأعمال

ملائمة وبأجور مناسبة وأن تشكل عبء على العاملين خصوصاً من ناحية البعد عن مكان السكن وما يلزم ذلك من إرباك للعامل أثناء عملية الانتقال من وإلى مكان العمل.

Gathering

تجمع

التجمع (G) :

مجموعة من الناس تصادف وجودهم في نفس الزمان والمكان، أي أنهم لا يشكلون جماعة كما هو حال الجماعة بطريقة خدمة الجماعة بمعنى أن وجودهم مع بعضهم البعض عادة ما يكون عفوي و مؤقت والتفاعل فيما بينهم عفوى أيضًا ومحدود جداً، كما أنه غير منتظم، وخير مثال على ذلك الأشخاص الذين يلتقون عند حادث تصادم بين سيارتين أو أكثر في الشارع العام فقد يكونوا خليطاً من الرجال والنساء والأطفال ... الخ الذين قد لا يعرفون بعضهم البعض ولا يشعرون بالانتماء أو الالتزام تجاه بعضهم البعض بمعنى أن بإمكان أي منهم الانسحاب من مكان الحدث متى شاء وبالشكل الذي يراه مناسباً ودون مراعاة لمشاعر وعواطف الآخرين أو حتى تقدير لخطورة الموقف.

General Assembly

جمعية عمومية

الجمعية العمومية (G A) :

مصطلح إداري شاع استخدامه في الخدمة الاجتماعية وبالذات في تعاملها مع إدارة الهيئات الاجتماعية، يقصد به (مجموعة الأعضاء العاملين الذين أوفوا بالالتزامات المفروضة عليهم وفقاً للنظام الأساسي للهيئة (ص 28، م 20) .

هذا وعادة ما يشترط أن تمضي على عضوية الأعضاء مدة من الزمن تختلف من دولة لأخرى ففي حين تكتفي بعض الدول بمدة ستة أشهر فإن دولاً أخرى مثل الأردن ومصر تتطلب سنة علماً بأنها (أي الجمعية العمومية) تنعقد انعقاداً عادياً مرة واحدة في العام وقد

تدعى إلى اجتماعات غير عادية إذا دعت الضرورة إلى ذلك كالنظر في تعديل النظام الداخلي أو حل الجمعية أو إضافة أهداف جديدة لأهداف المؤسسة أو إنهاء ولاية الهيئة الإدارية...الخ.

منظمة حكومية **Governmental Organization**

المنظمات الحكومية (G O) :

تنشئها الدولة للتعامل مع خدمة من خدمات الرعاية الاجتماعية تدار من قبلها بموجب قوانين أو أنظمة أو تعليمات تضعها الحكومة لهذه الغاية، وتمول من الخزانة العامة للدولة وقد يكون هذا التمويل على شكل ضرائب خاصة تفرضها لها حصرياً. أو من خلال الضرائب العامة التي تجريها الدولة لأغراض الرعاية الاجتماعية كضريبة الخدمات الاجتماعية ومن أمثلة هذه المنظمات صناديق العون الاجتماعي ومراكز رعاية الأحداث والمعوقين...الخ.

جاذبية الجماعة **Group Attraction**

جاذبية الجماعة (G A) :

بؤرة اهتمام المهنة بشكل عام وطريقة خدمة الجماعة بشكل خاص لأنها محصلة القوى التي تدفع الأعضاء للبقاء في الجماعة لذلك نجد أن الإدراكات والتوقعات والمعايير المشتركة تلعب دوراً حيوياً في جاذبيتها، فبقدر ما تساهم في إشباع احتياجات أعضائها سواء في داخل الجماعة أو خارجها تكون موضع استقطاب الآخرين.

ديناميكية الجماعة **Group Dynamic**

ديناميكية الجماعة (G) :

أحد فروع علم النفس الاجتماعي الحديثة تهتم به مهنة الخدمة الاجتماعية على نطاق واسع وبالذات في طريقة خدمة الجماعة، يقصد به (الدراسة العلمية للجماعات الصغيرة من

حيث تكوينها، نموها، نشاطها، إنتاجها أدائها لوظائفها المختلفة، يهدف إلى التوصل إلى القوانين العلمية المنظمة لهذه الجوانب وما يرتبط بها من موضوعات) (ص12 6، م18) .

نضج الجماعة **Group Maturity**

نضج الجماعة (G M) :

مستخدم في مهنة الخدمة الاجتماعية وبالذات في طريقة خدمة الجماعة يقصد به وصول الجماعة إلى حالة أو مرحلة من النمو بحيث تكون فيها قادرة على الإنتاج وتحقيق الأهداف التي تتواخاها بحيث يسودها جو من الارتياح والرضا الظاهر على جميع أعضائها والمتمثل في زيادة أدائهم لأدوارهم وشدة انتمائهم لمعايير وقيم الجماعة وبالتالي ارتفاع روحهم المعنوية، بكلمات أخرى أكثر وضوحاً، فإن نضج الجماعة يكمن في قدراتها وأهدافها وآلياتها في أداء العمل وتحقيق الأهداف والمهارات القيادية المتوفرة فيها، وعليه فإن النضج لا يعني كم سنة مضى على تشكيلها (عمرها الزمني) بقدر ما يعني كم من الأعمال والأهداف أنجزت .

رائد جماعة **Group Pioneer**

رائد الجماعة (G P) :

أحد أركان طريقة خدمة الجماعة الرئيسية وهي (الجماعة، المؤسسة، الرائد ثم البرنامج)، يقصد به ذلك الشخص المهني الذي يعمل مع أعضاء الجماعة بحيث يكون بمثابة الهادي والموجه لهم من أجل مساعدتهم على تحقيق الهدف أو الأهداف التي تكونت الجماعة من أجلها، بمعنى آخر أكثر وضوحاً فهو المهني القادر على التأثير في الآخرين والأخذ بأياديهم لتحقيق ما اتفقوا عليه من برامج.

برنامج الجماعة **Group Program**

برامج الجماعة (G P) :

أساسية في المهنة بشكل عام وبطريقة خدمة الجماعة بشكل خاص كما أنها أوسع وأشمل مدلولاً مما هو متعارف عليه لدى الكثيرين خصوصاً من غير المتخصصين أن برامج خدمة الجماعة ما هي إلا برامج ترويحية لشغل أوقات الفراغ والقضاء على الملل لدى الناس بالذات للفئات الصغيرة والشابة مثل الرحلات والمعسكرات والألعاب الرياضية ولكنها تشتمل على كل ما تقوم به الجماعة لتحقيق حاجاتها ورغباتها ومعالجتها سواء كانت هذه الحاجات والمصالح مهنية أو تعليمية أو صحية أو اقتصادية أو اجتماعية أي أنها وسيلة الفرد للتعبير عن الذات.

تماسك الجماعة **Group Solidirty**

تماسك الجماعة (G S) :

مستخدم في علم النفس الاجتماعي على نطاق واسع وبالذات الجزء المعروف بديناميات الجماعة وكذلك في الخدمة الاجتماعية وبالذات في (طريقة خدمة الجماعة حيث يشير إلى (درجة حرص أعضاء الجماعة على الانتماء إليها والاستمرار في عضويتها، كما يعرف بأنه (محصلة القوى التي تمارسها الجماعة لكي تحافظ على عضوية أفرادها) علماً بأن درجة تماسك الجماعة تتأثر في الشعور بالحب والتجاذب والقدرة على تحقيق الأهداف الخاصة لأعضائها والخوف من عدو خارجي... الخ.

مبادئ خدمة الجماعة **Group Work Principles**

مبادئ خدمة الجماعة (G W P) :

تنبع مبادئ خدمة الجماعة من مبادئ المهنة الأم إلا أن كل طريقة من طرق المهنة ومن بينها طريقة خدمة الجماعة (التي نحن بصددها)، عادة ما تكيفها بحيث تتوافق مع روح

الجماعة واحتياجاتها، لذلك نراها تتعدد، فهناك على سبيل المثال لا الحصرـ مبدأ تكوين الجماعة، مبدأ المرونة في تنظيم الجماعة...الخ.

تعددت تعاريف المبدأ بشكل عام إلا أن أبرزها التعريف الذي يراه (أنه فرض قد ثبتت صحته بالملاحظة والتجربة فأخذ صفة العمومية، كما هو حادث في العلوم الطبيعية أو حتى بتكرار الملاحظة وتراكم الخبرات الإنسانية مع طول الزمن كما هو الحال في العلوم الاجتماعية.

دور المرشد   Guide Role

دور المرشد (G R) :

أحد أنواع الأدوار التي حددها روس Ross المنظم الاجتماعي العامل في طريقة تنظيم المجتمع، يقصد به مجموعة الجهود التي يقوم بها المنظم الاجتماعي من اجل مساعدة المجتمع الذي يعمل معه على السير بالاتجاه الصحيح وبما يكفل له مواجهة احتياجات أفراده وجماعاته وإشباعها بشكل مرضي. شريطة أن لا يعمل المنظم الاجتماعي على إجبار المجتمع على مواجهة مشاكله واحتياجاته وإنما أن يصل بالمجتمع إلى مواجهة هذه المشاكل وابتداع الحلول لها بشكل ينبع من (شعوره بالمسؤولية والرغبة الصادقة في معاونة أفراده وجماعاته.

كما أن عليه أن لا يوافق المجتمع إذا ما كان مبالغاً في تحديده لاحتياجاته بشكل يفوق كثيراً موارده وإمكاناته المادية والبشرية، بمعنى آخر فإن على المنظم الاجتماعي وهو يستثير المجتمع إلى مواجهة احتياجاته وإشباعها أن يكون موضوعياً وملماً بكافة شرائح المجتمع وموارده ومشكلاته وأن يكون دوره كمرشد واضحاً ومفهوماً من قبل المجتمع حتى لا يفسرـ خطأ.

Handicapped

معوق

المعوق (H) :

فلقد بلغ من اهتمام المهنة بالإعاقة والمعوقين مبلغاً كبيراً فقد أوجدت مجالاً متخصصاً يعرف بالخدمة في مجال رعاية وتأهيل المعوقين جسدياً أو مهنياً ... الخ، هذا ولقد تعددت تعاريف المعوق إلا أن من أبرزها تعريف منظمة العمل الدولية والذي ينص على أن المعوق هو كل فرد «نقصت إمكانياته للحصول على عمل مناسب والاستقرار فيه نقصاً فعلياً نتيجة لعاهة جسمية أو عقلية».

متابعة المعوقين **Handicapped Follow- Up**

متابعة المعوقين (H F):

يمارس من قبل الأخصائيين الاجتماعيين خصوصاً العاملين في مجال رعاية المعوقين، يقصد به مجموعة الوسائل التي يتبعها الأخصائي للاستفسار الدائم والمستمر عن المعوقين وبالذات المعوقين العاملين أو الموجودين منهم على مقاعد الدراسة أو الذين يتدربون على إحدى الحرف لمعرفة مدى التقدم الحاصل في العمل أو الدراسة أو التدريب والصعوبات والمشاكل التي يواجهونها ووضع الحلول الملائمة لها بالإضافة إلى استمرارية وتحسين العلاقة بينهم وبين الأطراف الأخرى ذات العلاقة سواء كانت عمل أو دراسة أو تدريب ولعل من أهم الوسائل التي تستخدم في عملية المتابعة الزيارات في مواقع تواجدهم، الاتصالات المتكررة سواء عبر الهاتف أو الإنترنت وخلافها من الأدوات والوسائل الحديثة.

صحة **Health**

الصحة (H) :

تعنى بها الخدمة الاجتماعية بشكل عام والخدمة الاجتماعية الطبية بشكل خاص، تعددت تعاريفها، إلا أن من أبرزها تعريف منظمة الصحة العالمية (W. H. O) الذي يراها «على أنها حالة السلامة والكفاية البديلة والاجتماعية الكاملة وليس مجرد الخلو من المرض أو العجز».

إعاقة سمعية **Hearing Impairment**

الإعاقة السمعية (H I) :

إحدى أنواع الإعاقة التي تتعامل معها مهنة الخدمة الاجتماعية وبالذات طريقة خدمة الفرد وإحدى مجالات الخدمة الاجتماعية والمعروف (بالخدمة الاجتماعية في مجال الإعاقات).

هذا وتعرف الإعاقة السمعية بأنها (تلك المشكلة التي تحول دون أن يقوم الجهاز السمعي عند الفرد بوظائفه أو تقلل من قدرة الأفراد على سماع الأصوات المختلفة وتتراوح الإعاقة السمعية في شدتها من الدرجات البسيطة والمتوسطة التي ينتج عنها ضعف سمعي، إلى الدرجات الشديدة جداً والتي ينتج عنها صمم) (ص 138، م 48).

اقتصاد منزلي **Home - Economy**

اقتصاد منزلي (H E) :

علم حديث نسبياً تربطه بالخدمة الاجتماعية علاقة وثيقة تنبع من طبيعة وأهداف كلاً من العلمين واهتماماتهما. فالاقتصاد المنزلي يعني بالأحوال المعيشية واحتياجات أفراد الأسرة الداخلية الأساسية منها والكمالية مثل التغذية، والنظافة والملابس، و السكن،

والمفروشات، والأجهزة والأدوات المختلفة التـي تسـتخدمها الأسرة سـواء كانـت تقليديـة أو حديثة كما يعني بإدارة المنزل والمستوى المعيشي والعلاقات بيـن أفـراد الأسرة والجـو الأسري بشكل عام.

تفاعل أفقي

Horizontal Interaction

التفاعل الأفقي (H I) :

أحد أسلوبين يستخدمان لتحديـد طبيعـة التفـاعلات التـي تـتم بيـن الحقائـق الموديـة أو المتسببة في حدوث المشكلة حيث يستخدم هـذا الأسـلوب في طريقـة خدمـة الفـرد كثيراً ويقصد به (التفاعل الذي حدث بين العوامل الحاضرة في وضعها الـراهن وأدت مباشرة إلى المشكلة دون الحاجة إلى البحث في الماضي عن أسباب نشوء هـذه العوامـل الحاليـة نفسـها، ولعل خير مثال على التفاعل الأفقي هو قولنا أن مشكلة التشرد ناجمـة عـن طـلاق الأبـوين وزواج كلاً منهما ثانية وعـدم قبـول زوجـة الأب للطفـل وكذلك الحـال بالنسـبة لـزوج الأم وضعف شخصية الأب وعدم وجود أقرباء من الدرجة الأولى لرعاية الطفل وبناء عليـه فـإن تفاعل هذه العوامل مع بعضها البعض قد أدي بالطفل للتشرد.

زيارة منزلية

House Visit

الزيارة المنزلية (H V) :

وسيلة من وسائل الدراسة في مهنة الخدمـة الاجتماعيـة بشـكل عـام ونـوع مـن أنـواع المقابلات المهنية مع العملاء ومـن يرتبطـون بهـم في طريقـة خدمـة الفـرد بشـكل خـاص لا تختلف عن غيرها من المقابلات التي تجريها الطريقة، إلا اللهم في شيء واحد هـو أنهـا تـتم في منزل العميل أو مكان إقامته، أي أن الأخصائي الاجتماعي هو الذي ينتقل إلى العميل مـن أجل مقابلته أو مقابلة أحد أفراد أسرته للتحقق من بعض الأمور التي من شـأنها أن تسـاعد في عملية التشخيص ومن ثم وضع خطة العلاج. هـذا ولقـد تضـاربت الآراء حـول أهميتهـا

فهناك من يؤيدها وهناك من يعارضها وهناك من يقف منها موقف الحياد علماً بأن لكل فريق من الفرقاء الثلاثة حجة في هذا الشأن.

بيت العمل **House Work**

بيوت العمل (H W) :

يعتبر قانون بيوت العمل أو ما عرف بقانون (ناتشبل) واحد من سلسلة من القوانين التي اتخذتها بريطانيا لمكافحة تفاقم ظاهرتي الفقر والتسول اللتان عصفتا بالمجتمع البريطاني خلال القرنين السابع عشر والثامن عشر وأديا إلى تدهور الأوضاع الاجتماعية والاقتصادية للمواطنين، فقد دعا القانون الذي صدر عام 1712 إلى ضرورة بناء بيوت للعمل وإلحاقها بكل إبراشية على حدة أو بمجموعة من الأبرشيات، وإيداع الفقراء والمتسولين القادرين على العمل فيها وذلك من أجل تحويلهم من متسولين ومعتمدين في معيشتهم على غيرهم إلى عناصر قادرة على تدبير قوتها بسواعدها أي العمل على نقلها من اتكالية إلى منتجة اقتصادياً ومشاركة بفعالية في النواحي الاجتماعية.

حقوق الإنسان **Human Being Right's**

حقوق الإنسان (H B R) :

بالرغم من أنه قديم إلا أن الاهتمام به قد تضاعف في الآونة الأخيرة ، خصوصاً في أمريكا وأوروبا بالإضافة إلى منظمات وهيئات الأمم المتحدة ومكاتبها المنتشرة في بقاع شتى من العالم وبالذات في العالم الثالث حيث تبنت هذه الجهات وسائل عديدة للدفاع عن هذه الحقوق تمثلت في العديد من المواثيق والمعاهدات التي صدرت عن هيئة الأمم المتحدة ووقعت عليها دول العالم معلنة بذلك التزامها بما ورد فيها من حقوق.

هذا ويعتبر اهتمام مهنة الخدمة الاجتماعية بصيانة حقوق الإنسان أمراً قديما نما مع نمو المهنة وتطورها ، فلقد كان لجهود الرعيل الأول من أبناء المهنة ومن تلاهم من العلماء

والباحثين دوراً كبيرا في لفت أنظار العالم ممثلا بمؤسساته وهيئاته إلى ضرورة مراعاة ومتابعة هذه الحقوق ، صدرت عدة تعريفات لحقوق الإنسان لعل من أبرزها التعريف الذي يراه على أنه «مجموعة الحقوق التي تحفظ للإنسان إنسانيته وحريته وكرامته والتي أقرتها المواثيق والقرارات والوثائق والحجج والمعاهدات الدولية كالحقوق الاجتماعية والاقتصادية والسياسية وغيرها من الحقوق الأخرى» (ص 125، م 4).

Human Development Index   دليل التنمية البشرية

دليل التنمية البشرية (H D I) :

مقياس متعدد المؤشرات للتعرف على مستويات التنمية في البلدان المختلفة زاد الاهتمام به في الآونة الأخيرة، خصوصاً بعد العناية الفائقة التي أولتها هيئة الأمم المتحدة ممثلة بوكالاتها المتخصصة بتنمية العالم الثالث الذي يعاني من الفقر والمجاعة والأمية وانتشار الأمراض والأوبئة حددته الجهات المختصة بأنه مقياس نسبي مركب من ثلاثة مؤشرات هي العمر المتوقع عند الميلاد وهو مستمد من جدول حياة أفراد أي مجتمع من المجتمعات أو جماعة من الجماعات، عادة ما يحسب عند واقعة الولادة مباشرة أو حتى عند أي فئة عمرية، علماً أن المقصود بالعمر المتوقع عند الولادة عدد السنوات التي يتوقع أن يعشيها الفرد الواحد في أي سنة معلومة، وهو إما أن يحسب للجنسين أو للذكور والإناث كلا على حدة وهو السائد، أما المؤشرين الآخرين فهما معدل القراءة والكتابة للبالغين ومتوسط نصيب الفرد من الناتج المحلي الإجمالي.

Hypothesis   فرضية

فرضية (H) :

يأتي اهتمام المهنة بالفروض من خلال طريقتها المساعدة والمعروفة بالبحث في الخدمة الاجتماعية، تعددت تعاريف الفرضية بتعدد العلماء والباحثين، إلا أن من أبرزها تعريف

الدكتور عبد الباسط حسن الذي يرى أن الفرضية عبارة عن «فكرة مبدئية تربط بين الظاهرة موضوع الدراسة وبين أحد العوامل المرتبطة بها» فيما يراها آخرون أنها «علاقة بين متغيرين أحدهما مستقل والآخر تابع» أما المؤلف فيراها على أنها حل مبدئي ومؤقت يتبناه الباحث من أجل تفسير الظاهرة في علاقتها مع غيرها من الظواهر، أي أنها تفسير احتمالي أو توضيحي للظاهرة موضع البحث قد تثبت صحته أو قد يثبت خطأه.

I D

الهو

الهو (I D) :

إحدى المكونات الرئيسية للشخصية الإنسانية كما جاءت في نظرية التحليل النفسي للعلامة سيجموند فرويد (Sigmond Freud) في مطلع القرن العشرين استفادت منها مهنة الخدمة الاجتماعية وبالذات خدمة الفرد حيث اعتبرت النظرية فتح عظيم وفرصة مواتية لإبراز العوامل الذاتية ودورها في حدوث المشكلة بعد أن كانت معظم الجهود في السابق موجهة أو منصبة على الظروف البيئية المحيطة وتأثيرها على الفرد.

يقصد بها (الجزء اللاشعوري من الشخصية والتي تحوي كل ما هو موروث وما هو موجود منذ الولادة وما هو ثابت في تركيب البدن واللهو يحوي قبل كل شيء الغرائز التي تنبعث من البدن خاصة الغريزة الجنسية والحاجة إلى الأمن الجسمي والدافع وسد الجوع وإرواء العطش... الخ وهي تسير وفقاً لمبدأ اللذة أو بوحي منها فهي طبيعة الإنسان الحيوانية أو الشهوانية قبل أن يتناولها المجتمع بالتحرير والتهذيب وكثيراً ما تعبر اللهو عن نفسها منادية (أريد ما أريد عندما أريد وكيفما أريد) (ص15 وما بعدها، م 14).

وعليه فإن الكثير من الغرائز غير البسيطة سواء كانت جنسية او غير جنسية عادة ما تكبت في هذه المنطقة لتعاود الظهور ثانية كلما سنحت لها الفرصة على شكل سلوكات منحرفة.. أو غير مقبولة اجتماعياً.

Ideal Role

دور مثالي

الدور المثالي (I D) :

متداول في علم الاجتماع والخدمة الاجتماعية وعلم النفس الاجتماعي، يقصد به كـل مـا يتوقعه الناس داخل مجتمع معين من أفراده الـذين يشـغلون مراكـز معينـة (مركـز الأب أو الأم أو المعلم أو الطبيب أو المهندس أو الصحفي...الخ) أن يسلكوه في موقف معين.

Ideology

أيديولوجية

الأيديولوجية (I) :

استعملت أول ما استعملت من قبل قائد الخيالة والفيلسوف الفرنسي (ديستوري تـرس) الذي عاش في الفترة ما بين (1755- 1826) في كتابة عناصر الأيديولوجية، فقد قصد بها علم الأفكار خصائصها وأخطائها ثم شاعت بعد ذلك بحيـث أصبحت تعنـي نظامـاً مـن الأفكار والعواطف والاتجاهـات بالنسـبة للعالـم والمجتمـع والإنسـان، هـذا ولقد طبـق المفهـوم في السياسة حيث أشارت إلى الممثلين على مسرح السياسة نتيجة لأعمالهم وأقوالهم ولو أنهم لم يعبروا عنها صراحة وبالذات عندما لا يستطيعوا التعبير عنها.

ولقد استخدمها ماركس وانجلـز حيـث قصـدا بهـا في النظريـة الماركسية أي مفهـوم لأي شكل مـن أشـكال الفكـر الـذي يعبـر عـن المعالـم المكتسبة للطبقـة الحاكمـة أو الأهداف الطموحة للطبقات المرؤوسة كما قال العلامة كارل ما نهيم أحـد أبـرز علـماء علم اجتماع المعرفة في كتابه الأيديولوجية واليوتوبيا عام 1963 أنها كل فكر حرفتـه الرغـبة في المحافظة على النظام الاجتماعي الحاضر أو إعادة الماضي أنها جزء من دراسات علم الاجتماع الـديني والسياسي كما أنها تعد موضوعاً رئيساً من موضوعات علم الاجتماع المعـرفي تسترشـد بها مهنة الخدمة الاجتماعية عند دراستها الأفكار والعواطف والاتجاهات السائدة في أي مجتمع

من المجتمعات وبالذات المجتمعات المحلية من أجل تحسين مستوياتها والنهوض بها من كافة النواحي.

هجرة **Immigration**

الهجرة (I) :

شاع تداولها في العديد من العلوم الاجتماعية والإنسانية مثل علوم الجغرافيا والاجتماع والديمغرافيا والدراسات السكانية مستخدم في مهنة الخدمة الاجتماعية بشكل كبير وبالذات في الآونة الأخيرة أي في مرحلة الثورة الصناعية وما تلاها، فقد تسببت الثورة في هجرة لا بل نزوح الكثيرين من مناطقهم إلى مناطق الصناعة والعمل بحثاً عن الرزق وأملاً في مستقبل أفضل عادة ما تصنف الهجرة إلى هجرة داخلية وأخرى خارجية ويقصد بالهجرة الداخلية (أي حركة أو انتقال بهدف العمل والإقامة داخل مناطق الدولة الواحدة كالانتقال من الريف إلى الحضر أو من الحضر إلى الريف وهو ما يعرف بالهجرة العكسية...الخ) أما الهجرة الخارجية أو الدولية فإنها أي حركة تتجاوز حدود الدولة إلى دولة أخرى بهدف العمل والإقامة ...الخ، هذا ولقد جاء اهتمام مهنة الخدمة الاجتماعية بموضوع الهجرة بسبب ما تحدثه من آثار اقتصادية واجتماعية ونفسانية مثل الخلل في تركيبة السكان وتوزيعهم والمساهمة في تكون جيوب الفقر والانحراف والجريمة بالإضافة إلى الضغط على المرافق والخدمات العامة ...الخ، وهو الأمر الذي عانت منة حتى أمريكا (فحوالي ثلاثة وثلاثين مليون من الذين دخلوا أمريكا في بداية القرن العشرين أقاموا في المدن (ص52، م57) .

Impairment اعتلال

الاعتلال (I) :

شاع استخدامه في العديد من العلوم الاجتماعية وبالذات في التربية الخاصة وعلم النفس والخدمة الاجتماعية، عرفته منظمة الصحة العالمية (W H O) عام 1980 على أنه أي فقدان أو شذوذ في البيئة أو الوظيفة النفسية أو الفسيولوجية أو العضوية.

Individual Interview مقابلة فردية

المقابلة الفردية (I I) :

إحدى أنواع المقابلات التي تستخدمها طريقة خدمة الفرد في التعامل مع العملاء، يقصد بها اللقاء الذي يتم وجهاً لوجه ما بين الأخصائي الاجتماعي والعميل صاحب المشكلة بهدف حل المشكلة وقد يكون اللقاء في المؤسسة الاجتماعية حيث يعمل الأخصائي الاجتماعي وقد يكون في منزل العميل أو مكان عمله أو دراسته أو أي مكان آخر يتم الاتفاق عليه ما بين الطرفين.

Individual Problem مشكلة فردية

المشكلة الفردية (I P) :

إحدى عناصر طريقة خدمة الفرد الرئيسية؛ عبارة عن عجز في قدرات الذات عن مواجهة المواقف المختلفة التي يمر بها الفرد بفاعلية تتناسب مع هذه المواقف مما يؤدي إلى التأثير عليه شخصانياً وعلى دورة نحو المحيطين به، هذا وقد يكون القصور من الشدة المفاجئة بحيث يعجز الفرد عن مواجهة حتى البسيط من المواقف (ص 152 وما بعدها، م22).

وعادة ما تصنف المشكلة الفردية إلى عدة تصنيفات حسب مجالها الوظيفي وحسب مسبباتها ودرجة شدتها.

فردية

Individualization

الفردية (I) :

يشيع استخدامها في الخدمة الاجتماعية وعلم النفس، تؤمن بأن العملاء وإن اشتركوا في بعض الخصائص والمشاكل فإنهم يختلفون عن بعضهم البعض ويحتاجون إلى طرق ووسائل للمساعدة شريطة ان يكون نهج حل مشكلاتهم متوافقا مع طبيعة وتفرد كلاً منهم، بمعنى أنه لا توجد وصفات جاهزة وثابتة توزع على الجميع لمجرد أنهم يتشابهون في المعاناة وإنما لكل فرد الوصفة الخاصة به، إلا أن الإيمان بتفرد وتميز العملاء بعضهم عن البعض الآخر هو إيمان باختلاف القدرات وكيفية استخدامها في مساعدة العملاء وكذلك بطبيعة الظروف المحيطة بهم، ومهما يكن من أمر فإن هذا لا يعني التميز بين العملاء على أساس الدين أو اللون أو العقيدة...الخ.

معدل وفيات الأطفال الرضع

Infant Mortality Rate

معدل وفيات الأطفال الرضع (I M R) :

مؤشر حيوي وتنموي هام، يقصد به (مجموع عدد حالات الوفاة للأطفال ما دون عمر السنة إلى مجموع عدد المواليد الأحياء في نفس العام مضروباً بآلاف)، غالباً ما يستخدم هذا المؤشر من قبل الدول والوكالات الدولية المتخصصة في الصحة والتنمية وبالذات التابعة لهيئة الأمم المتحدة والتي تعمل بها المهنة كدليل على مستوى التنمية الذي وصل إليه المجتمع، بمعنى أنه كلما انخفض المعدل كلما دل ذلك على ارتفاع مستوى الخدمات الصحية وشمولها أكبر عدد ممكن من السكان كما ويدل على ارتفاع مستويات الدخول وعكس ذلك يعني ترديها.

جماعة غير رسمية   Informal Group

الجماعة غير الرسمية (I G) :

لا تتكون بموجب لوائح أو تعليمات أو قوانين وإنما تتشكل وفقاً للرغبات والميـول المشـتركة
التي توجد لدى الأعضاء وبالتالي فإن عملية الدخول في عضويتها أو الخروج منها غالباً ما يكون
طوعياً يعتمد بالدرجة الأولى على شكل التفاعل بين أعضائها من حيث الجذب والنفور والحب
والكراهية، بمعنى آخر فإن الاستمرارية في عضويتها أو الانسحاب منها تعتمـد عـلى قـدرتها في
إشباع ميول ورغبات أعضائها، خصوصاً وأنها لا تملك نظام أساسي ولوائح داخلية رسمية تـنظم
العضوية والتفاعل داخلها، ولعل من أمثلتها جماعات اللعب وجماعات الأصدقاء.

فالأصدقاء على سبيل المثال هم الذين يختارون بعضهم البعض وغالباً ما يكون اختيـارهم
لبعضهم البعض قائماً على وجود الميول والانتماءات والرغبات المشتركة وليس بتوجيه مـن جهـة
من الجهات أو لائحة من اللوائح وعليه فإن طول أو قصر عمر الجماعة غالباً مـا يعتمـد عـلى
تقدير كلاً منهم للفائدة التي يجنيها من عضويته في هذه الجماعة أو تلك.

تنظيم غير رسمي   Informal Organization

التنظيم غير الرسمي (I O) :

أحد المكونات الداخلية لأي منظمة من المنظمات، تولية مهنة الخدمة الاجتماعية اهتماماً
كبيراً سواء في مؤسساتها الأولية أو الثانوية حيث تتواجد فيها (... جماعات العمـل في التنظيم
بما لهم من انطباعات ومشاعر وعلاقات تعتبر منه صوراً من العلاقات التي لا يـنص عليها في
التنظيم الرسمي وتسـمى هـذه العلاقـات بالعلاقات غيـر الرسمية أي غير المنصوص عليهـا
بالتنظيم وإذا توافق الرسمي مع غير الرسمي ارتفعت الروح المعنوية للعاملين حيث يكون
هذا هو الوضع الأمثل للتنظيم) (ص 28، م 20).

Inhibition

ردع

الردع (I):

عقاب ينزل بالمذنب لمنعه عن معاودة الجريمة خوفا من تكرار الألم الذي أنزل بـه عـلى جريمته الأولى، كما يبين للآخرين المصير الذي ينتظرهم لو أنهم خرقوا القـانون بمعنـى آخـر، أنـه إيقـاف الجريمـة أو السـلوك الإجرامـي، فهو القـوة المانعـة لتكرار الجريمـة وتخويـف المستعدين لارتكابها (ص389، م44).

Intelligence

ذكاء

الذكاء (I):

تتعدد العلوم والمهن التـي تهـتم بالـذكاء ودراسـته ألا أن في مقـدمتها البيولوجيا وعلـم النفس والتربية الخاصة والخدمة الاجتماعية، فالخدمة تستفيد من نتائج اختبارات الذكاء في تحديد الفروق الفردية ومشكلات التوافق، يقصد به القدرات الواسعة التي يمتلكها الكـائن وتؤثر على سلوكه ومواقفه تجاه الأشياء (شتيرن) ظهرت له عدة تعريفات أهمها التعريف الذي نص على «أنه القدرة على التكيف العقلي السليم للمشاكل والمواقف الجديدة»، كمـا عرفه (كلفن) بالقدرة على التعلم، فيما عرفه (بتير) بقدرة العقل على التكيف بنجاح مع مـا يستجد في الحياة من علاقات وهو التعريف الـذي تركـز عليـه وتتفق معـه مهنـة الخدمة

الاجتماعية، علماً أننا نستطيع أن نحصل من قياس نسبة الذكاء على نسبة ذكاء لفظي ونسبة ذكاء عملية ونسبة ذكاء عامة.

استراتيجية التفاعل Interaction Strategy

استراتيجية التفاعل (I S) :

شكل من أشكال استراتيجيات التضامن المستخدمة في المهنة بشكل عام وفي طريقة تنظيم المجتمع بشكل خاص يؤمن واضعى هذه النظرية وانصارها بالتفاعل كوسيلة لاتاحة الفرصة لتبادل وجهات النظر في الموضوعات المختلفة مثل تحديد الأولويات وصنع القرارات الأمر الذى من شأنه أن يساعد في نمو قدرات الأفراد .

هجرة داخلية Internal Migration

الهجرة الداخلية (I M) :

شكل رئيسي من أشكال الحركة والانتقال التي عرفها ومارسها الإنسان منذ القدم، توليها العديد من العلوم والمهن جل الاهتمام مثل (الدراسات السكانية – الجغرافيا- علم الاجتماع، الأنثروبولوجيا ... الخ) تربطها بمهنة الخدمة الاجتماعية علاقة فريدة تتمثل في الدور العلاجي الذي تنتهجه المهنة في سبيل الحد من آثارها على المهاجرين بشكل خاص ومناطق الإرسال والاستقبال بشكل عام، تعددت تعاريفها إلا أن من أهمها التعريف الذي يراها على أنها «كل حركة فردية أو جماعية من منطقة إدارية إلى منطقة إدارية أخرى) (بطبيعة الحال داخل حدود الدولة الواحدة) بنية الاستقرار والإقامة في المنطقة الإدارية الجديدة، سواء بمحض إرادتهم حيث تسمى في هذه الحالة هجرة أو غصباً عنهم حيث تسمى نزوحاً بغض النظر عن المسافة التي يقطعها المهاجر بين منطقتي الإرسال والاستقبال» (ص 26- 27، م 28).

International Agency مؤسسة دولية

المؤسسة الدولية (I A) :

إحدى مؤسسات المهنة عند تصنيفها حسب جهة التبعية، عملت على إنشائها وتمويلها هيئة الأمم المتحدة لتكون ذراعها في حل مشاكل المجتمع الدولي وبالذات ما يتعلق منها بالرعاية والرفاة الاجتماعي، عادة ما تمارس فيها مختلف طرق المهنة، ولعل من أبرز أمثلتها منظمة اليونسف (Uncief)، وكالة غوث وتشغيل اللاجئين (U N R W A) ـ اليونسكو (Unsco) ... الخ.

International Social Work خدمة اجتماعية دولية

الخدمة الاجتماعية الدولية (I S W) :

إحدى مجالات الخدمة الاجتماعية ظهرت حديثاً بسبب التطور السريع الذي حدث في مهنة الخدمة الاجتماعية نفسها فقد توسعت ممارسة هذه المهنة بحيث شملت كافة دول العالم صغيرها وكبيرها متخلفها ومتقدمها على السواء، فهي تقترب من أن تكون بفلسفتها وقيمها ومبادئها وطرقها مهنة واحدة في كافة المجتمعات شأنها في ذلك شأن غيرها من المهن الأخرى كالمحاماة والطب والتمريض والصيدلة ... الخ. ناهيك عن وجود هيئات وإدارات تشرف عليها في كافة دول العالم تصل في العديد من الدول إلى مستوى الهيئات العامة والوزارات بالإضافة إلى تنظيماتها الدولية مثل الاتحاد الدولي للأخصائيين الاجتماعيين ووكالات الخدمة الاجتماعية التابعة لهيئة الأمم المتحدة والتي تعمل على المستوى العالمي حيث (تركز منظمات الخدمة الاجتماعية الدولية جهودها على تعليم الأخصائيين الاجتماعيين كيفية مواجهة الاحتياجات والطلبات على الخدمات الاجتماعية، كما تركز الجهود على تبادل المعلومات والمناهج الفعالة بين الدول ولعل من بين المنظمات النشطة في الخدمة الاجتماعية الدولية منظمة اليونيسيف (Unicef) والمؤسسة الدولية

للضمان الاجتماعي ISCO) ، والمنتدى العالمي الرئيسي- للخدمة الاجتماعية وهو المجلس العالمي للرعاية الاجتماعية (I C S W) ...الخ) (ص 322، م 6) .

مقابلة **Interview**

المقابلة (I):

وسيلة من الوسائل التي تستخدمها مهنة الخدمة الاجتماعية وبالذات طريقة خدمة الفرد في تعاملها مع عملائها، فهي لقاء مهني بين شخصين أو أكثر بهدف جمع البيانات والمعلومات من العملاء أو التأثير فيهم في مختلف المواقف فعندما تستخدم في مرحلة الدراسة فإن هدفها الأساسي يكون جمع البيانات والمعلومات وعندما يتم استخدامها في مرحلة العلاج فإن هدفها الأساسي هو إحداث التأثير والتعديل في شخصية العميل والظروف البيئية المحيطة به كيما تنجح خطة العلاج ويعود الفرد إلى ممارسة دوره الطبيعي بكل جدارة واقتدار.

استبطان **Introspection**

الاستبطان (I) :

أحد أدوات البحث في طريقة خدمة الفرد عرفة الدكتور عبد الفتاح عثمان بأنه (أسلوب التأمل الذاتي الشائع في مدرسة التحليل النفسي والذي يقوم على أساس استدعاء الفرد لخبراته الماضية والحاضرة لتتم ما يعرف بتداعي الخواطر الذي يمهد لمرحلة الاستبصار (ص 18، م 33).

معزول **Isolate**

المعزول (I) :

هو ذلك الشخص الذي لا يستقبل اختيارات في الاختبار السوسيومتري بالرغم من كونه عضواً فيزيقياً في الجماعة إلا أنه من الناحية النفسية يعتبر معزولاً عن أعضائها وقد

تأخذ العزلة شكلاً بسيطاً لا يكون فيها الفرد في الجماعة موضـع اختيـار أو نبـذ كمـا أنه لا يختار ولا ينبذ أحداً أو إنه قد يختار أفراداً من خارج جماعته ولكنهم لا يختارونـه أو أنه لا يختار أي أحد من داخل جماعته ولا يختاره أحد أو قد يختار أفرادًا مـن جماعتـه، ولكنـه لا يختار أحداً سواء من داخل جماعته أو من خارجها، أما الشكل الأخير في عملية الاختيار فهـو أنه قد يختار أفراداً من جماعته ولكنهم يتجاهلونه. (ص – 6، م25).

Joint Interview

مقابلة مشتركة

المقابلة المشتركة (J I) :

أحد أنواع المقابلات التي تستخدمها طريقة خدمة الفرد في سعيها لعلاج مشكلة العميل قد (يشترك إلى جانب العميل فيها جميع أفراد الأسرة أو أفـراد معينـين حسـب مـا يقتضيه الموقف الاشكالي وهي مقـابلات يشـيع استخدامها عـادة بالمشكلات العائليـة أو اضطراب العلاقات بين أفراد الأسرة كما تستخدم في الأسر البديلة، حيث يشترك الطفل مع الأم البديلة في المقابلة كما تشيع في بعض حالات الضعف أو المرض العقلي والتي من المفيد فيها وجود الأب أو الأقارب إلى جانب الحالة خـلال المقابلـة ... ويهـدف هـذا النـوع مـن المقـابلات إلى إتاحة الفرصة لأطراف المشكلة للتعبير عن أحاسيسهم وأفكارهم في مواجهة الطرف الآخر في ظل توجيه مهني وقيادة عاقلة تستثمر هذه الأحاسيس وهذه الأفكار رغم احتمال تصارعها وتوجهها وجهة بناءه لحل المشكلة) (ص19، م33).

Journey

رحلة

الرحلة (J) :

الرحلة من أهـم أشـكال الفعاليـات المسـتخدمة في الخدمـة وبالـذات في طريقـة خدمـة الجماعة، فهي وسيلة من وسائل التنفيس عن طاقات الشباب من خلال توفير أجواء

الترويح عن النفس، كما أنها فرصة لاكتشاف المواهب والهوايات لدى أعضاء الجماعات وإمدادهم بالخبرات والتجارب النافعة التي تصقل هذه المواهب، هذا وتعتبر الرحلة وسيلة علاجية لا يقل دورها العلاجي عن الدور التربوي فإذا ما استغلها الأخصائي الاجتماعي أحسن استغلال فإنه يستطيع أن يخلص الأعضاء من بعض العادات والسلوكيات غير المرغوبة كالانعزال والخمول وتعزيز السلوكيات المرغوبة كالتعاون والأخوة والسلام وقد تكون الرحلات من حيث الأمد قصيرة أو طويلة.

تبرير **Justification**

التبرير (J) :

إحدى العمليات النفسية التي تشكل عائقا في طريق تحقيق مبدأ القبول من قبل العميل للأخصائي أو حتى من قبول الأخصائي للعميل يقصد بها (أن يتهرب الإنسان من الاعتراف بأخطاؤه ومواجهة الواقع ويحاول جاهداً أن يبرز من الأسباب والعوامل الكامنة في مناطق بعيدة عن ذاته ما يبرر المظاهر الخاطئة أو سوء التكيف الحادث في موقفه وهذه عملية مرهقة للأخصائي أيضاً إذ عليه أن يجعل العميل يواجه الواقع وأن يكون مستعداً لفهم دوره في حل المشكلة وخير مثال، على ذلك الإنسان سريع الغضب والثورة الذي يوجد المشاكل أينما حل ثم يتفنن في إلقاء اللوم وبإتقان ومنطق مقنع على الآخرين] (ص59- 60، م35) .

حدث منحرف **Juvenile Delinquent**

الحدث المنحرف (J D) :

تعددت تعاريفه بتعدد العلوم والمهن التي تتعامل معه، فقد عرفة الاجتماعيين (علماء الاجتماع والخدمة الاجتماعية) (أنه صغير السن الذي يقع ضحية ظروف سيئة سواء اجتماعية أو اقتصادية أو ثقافية أو حتى حضارية)، أما علماء النفس فيعرفونه بأنه (من

يرتكب فعلاً يخالف أنماط السلوك المتفق عليه للأسوياء في مثل سنة وفي البيئة نتيجة معاناته لصراعات نفسية لا شعورية ثابتة نسبياً تدفعه لا إرادياً لارتكاب فعل شاذ كالسرقة أو العدوان أو الكذب أو التبول اللا إرادي ... الخ).

فيما يرى رجال القانون أنه (الشخص الذي يعتدي على حرمة القانون فيرتكب فعلاً منهي عنه في سن معينة ولو أتاه البالغ لوقع تحت طائلة العقاب سواء كان هذا الفعل مخالفة أو جنحة أو جناية).

محكمة الأحداث المنحرفين **Juvenile Delinquent Court**

محكمة الأحداث المحترفين (J D C) :

جهة قضائية تختص بمحاكمة الأحداث المنحرفين كتميز لهم عن غيرهم من الكبار ممن تزيد أعمارهم عن الثامنة عشرة تربطها بالمهنة علاقة قوية، وبالذات إحدى مجالات المهنة وهو مجال الدفاع الاجتماعي.

فالمهنة تنظر لمحاكم الأحداث على أنها طريقة علاجية وإصلاحية بالدرجة الأولى وليست عقابية أي أن المحكمة كما تراها المهنة لا تصب جهودها على كل ما من شأنه أن يدين الحدث وإنما تبحث مع مكاتب الخدمة الاجتماعية ومراقبي السلوك عن العوامل التي أدت إلى انحراف الأحداث وعن أفضل السبل وأنجعها لمعالجة الانحرافات، لذلك ترى أن الأحكام التي يصدرها قاضي محكمة الأحداث عادة ما لا تخرج عن الحكم بالبراءة أو تسليم الحدث إلى أسرته أو وصيه أوفي إيداعه بإحدى مؤسسات الدفاع الاجتماعي والتي غالباً ما تتبع في العديد من الدول إلى ما يعرف بوزارة الشؤون الاجتماعية وفي بعض الدول إلى وزارة الداخلية.

نيابة الأحداث

Juvenile Delinquent Custody

نيابة الأحداث الجانحين (J D C)

المرحلة القضائية الأولى «التي تتعامل مع الحدث المنحرف بعد تحويله من شرطة الأحداث في الدول التي تتوفر فيها شرطة مختصة في الأحداث وهي قسم من أقسام الشرطة العادية في الدول التي لم تصل بعد إلى مرحلة إنشاء شرطة خاصة بالأحداث. حيث يتم فيها التحقيق مع الأحداث مع الاهتمام الخاص بدراسة الدوافع المختلفة التي أدت إلى الانحراف» (ص 172، م 44) وعادة ما تكون إجراءاتها إما بإطلاق سراح الحدث لعدم ثبوت الأدلة أو عدم كفايتها أو بتسليم الحدث إلى أسرته أو الوصي عليه إلى حين حلول موعد المحاكمة أو الأمر بإيداع الحدث في دار الملاحظة أو ما يعرف لدى البعض بمركز الحجز المؤقت إلى حين تقديمه للمحاكمة.

دار ضيافة الأحداث

Juvenile Hospital House

دار ضيافة الأحداث (J H H) :

إحدى الجهات التي تعمل على توفير الرعاية للأحداث، فهي وسيلة علاجية وتجربة جديدة يمر بها الحدث حيث تتوفر له فيها كل أسباب الإقامة المريحة. أي أنها أفضل حالاً من بيئته الطبيعية وهو المطلوب لأن السبب الرئيسي في إبداعه بالدار هو تردي ظروف إقامته في بيئته الطبيعية لذلك فإن الإقامة فيها تعتبر من قبيل الإقامة المؤقتة. تعددت تعاريفها إلا أن من أبرزها التعريف الذي يراها على أنها «إقامة مؤقتة يهدف علاجي خصوصاً للبيئة الطبيعية للحدث، بمعنى أنها ليست دار حجز أو تحفظ ولكنها بمثابة مضافة اجتماعية أو مضيفة اجتماعية يحكمها نظام محدد يأتي إليها الحدث بأمر من المحكمة أو من قبل وزارة الشؤون الاجتماعية أو المنظمات والهيئات الأخرى ذات العلاقة. شريطة

أن يراعي مكتب المراقبة الاجتماعية صلاحية الحدث للبقاء فيها بسبب سوء بيئته المنزلية» (ص 173، م 44).

دار ملاحظة الأحداث **Juvenile Observation House**

دار ملاحظة الأحداث (J O H) :

جهة رئيسة من الجهات التي تختص برعاية الأحداث الجانحين، فهي مكان للحجز المؤقت عادة ما يحجز فيها الحدث بأمر من النيابة بسبب اقترافه إحدى الجرائم أو تشرده أو مروقه مع عدم وجود أسرة تقوم باستلامه وذلك لحين عرضه على محكمة الأحداث، علماً أن فترة إيداع الحدث في الدار عادة ما لا تكون طويلة.

Kinship

قرابة

قرابة (k) :

جاري التعامل به في المهنة بشكل عام وبطريقة خدمة الفرد بشكل خاص، تعددت تعاريفه سواء في المؤلفات الإنجليزية أو العربية إلا أن من أبرز تعاريفه وأوسعها انتشاراً في الإنجليزية

"Kinship- Relationship, Generally Through Common Ancestry, Also Possibly Through Adoption" (P. 340، R 64).

ومعنى هذا أنها علاقة عادة ما تكون عبر جد أعلى مشترك واحد وقد تكون عبر التبني.

Leader as a Escapegoat

القائد ككبش فداء

القائد ككبش فداء (L E) :

شاع استخدامه في مهنة الخدمة الاجتماعية وبالـذات في طريقـة العمـل مـع الجماعـات، حيث يعتبر أحـد الأدوار الهامـة التـي يتحـتم عـلى قائـد الجماعـة ممارسـتها إذا مـا تطلب الموقف منه ذلك، فكما أن قائد الجماعة يحظى بـاحترام وتقدير ومشـاعر الوفـاء مـن قبل أعضاء الجماعة والأكثر من ذلك بالدعم والتضحية من أجل إنجاح مهمته، فإنه لا يسلم مـن أن يكون موضع نقد وسخط ولوم أعضاء الجماعة أو الأغلبيـة السـاحقة مـنهم، خصوصـاً في الأزمات والظروف العصيبة التي قـد تمـر بهـا الجماعـة وبالـذات إذا مـا تعلـق الأمـر بسـوء التخطيط والتنظيم وفشـل البرامـج، الأمـر الـذي يتطلـب منـه عـدم التهـرب مـن تحمـل مسؤولياته تجاه مواطن الخطأ وتقديم التضحيات من أجل ضمان استمرار واستقرار وتماسك الجماعة حتى ولو تطلب الأمر منه التنحي عن مركزه.

Leadership In Group Work Method

الريادة في طريقة خدمة الجماعة

الريادة في طريقة خدمة الجماعة (L G W M) :

يحضى باهتمام بالغ من قبل علماء وباحثي، الطريقـة وبالـذات منـذ الاعـتراف الرسـمي بالطريقة عام 1936، تعددت تعاريفه، إلا أن من أهمها تعريف تيد (tead) الذي نص عـلى أنها «القـدرة عـلى التـأثير في أي جماعـة مـن الجماعـات كي تتعـاون لتحقيـق هـدف تشـعر بحيويته».

صعوبات التعلم   Learning Disability

صعوبات التعلم (L D) :

ميدان حديث من ميادين التربية الخاصة تهتم به مهنة الخدمة الاجتماعية خصوصاً إحدى مجالاتها المتخصصة في العمل مع المعوقين بالإضافة إلى المجال المدرسي، ولعل ما يميز هذا المجال هو أن الذين يعانون من صعوبات التعلم (لا تبدوا عليهم أعراض جسمية غير عادية، فهم عاديون من حيث القدرة العقلية ولا يعانون من أي إعاقات سمعية أو بصرية أو جسمية أو صحية أو اضطرابات انفعالية أو ظروف أسرية غير عادية إلا أنهم في نفس الوقت غير قادرين على تعلم المهارات الأساسية والموضوعات المدرسية مثل الانتباه والاستماع أو الكلام أو القراءة أو الكتابة ... الخ.

وقد ظهرت عدة تعريفات لصعوبات التعلم من أبرزها التعريف الذي وضعته الجمعية الأمريكية لصعوبات التعلم عام 1984 والذي ينص على أن (صعوبات التعلم الخاصة حالة مزمنة ذات منشأ عصبي تؤثر في نمو أو تكامل أو استخدام المهارات اللفظية أو غير اللفظية، وتظهر صعوبات التعلم الخاصة كصعوبة واضحة لدى الأفراد الذين يتمتعون بدرجات عالية أو متوسطة من الذكاء، وأجهزة حسية وحركية طبيعية، وتتوفر لديهم فرص التعلم المناسبة وتختلف آثار هذه الصعوبات على تقدير الفرد لذاته وعلى نشاطاته التربوية والمهنية والاجتماعية وبنشاطات الحياة الطبيعية باختلاف شدة درجة تلك الصعوبات) (ص ص 229- 230، م18) .

فيما تركز تعريفات أخرى على أنها اضطراب أو اعتلال في واحدة أو أكثر من العمليات، الأساسية التي تتصل أو ترتبط بالإدراك أو استخدام اللغة سواء محادثة أو كتابة (P 240,R 69).

خفض معدل المعاناة **Least Contest**

خفض معدل المعاناة (L C) :

أحد المبادئ المستخدمة في طريقة تنظيم المجتمع يقصد به (رفع بعض الضغوط عن المجتمع وخاصة تلك المصاحبة لقيام المجتمع بمسئولياته في عملية التغير وذلك من منطلق أن خفض معدل المعاناة لدى الجماهير في المجتمع يمكن أن يتحقق من خلال الحد من الصعوبات التي تواجه المجتمع في مسيرته نحو تحقيق الأهداف) (ص80 وما بعدها، م11) .

مستوى المعيشة **Level of Living**

مستوى المعيشة (L L) :

يحضى باهتمام العديد من العلوم والمهن والدول والحكومات، خصوصاً بعد أن اعتبرته هيئة الأمم المتحدة مؤشراً رئيساً لقياس الإنجازات التنموية التي تتحقق على أرض الواقع، هذا مع ضرورة العلم أنه لا يقاس مباشرة وإنما يمكن التعرف عليه من خلال مجموعة من المؤشرات والتي اقترحتها لجنة الإحصاء التابعة لهيئة الأمم المتحدة حيث اعتبرت مستوى المعيشة بمثابة (دليل مؤلف أو مكون من تسعة مؤشرات رئيسة مرضية أو مشبعة لمستويات الحياة وهي : (P. 146., R 66).

1- الصحة

2- استهلاك الطعام مع التركيز على الكمية

3-التغذية مع التركيز على النوعية

4- التعليم

5-التوظيف وظروف العمل

6- الإسكان

7-الضمان الاجتماعي

8-الملابس

9-الترويح

10- الحريات

مجتمع محلي   Local Community

المجتمع المحلي (L C) :

تولية المهنة وبالذات طريقة تنظيم المجتمع جـل اهتمامهـا مـن أشـهر تعاريفـه مـا ورد بالإنجليزية والذي ينص على أنه

…"community, is defined as a sense of identity between individuals (even though, in some cases, their mutual identification may never have resulted from any personal contact) " (p.57 –R. 56).

وترجمة هذا النص تعني أنه تطابق او تماثل بين الأفراد في المجتمـع ينشـأ عنـه ارتبـاط عاطفي وشعور متبادل حتى وإن كان الرباط المشترك في بعض الحالات لا يتم نتيجة لاتصال أو احتكاك شخصي مباشر، أي أنه يتم بطريقة غير مباشرة.

تنمية المجتمع المحلي   Local Community Development

تنمية المجتمع المحلي (L C D) :

بدأ الاهتمام الواضح به أول ما بدأ بعـد الحـرب العالميـة الثانيـة وبالـذات بعـد حصـول العديد من الدول النامية على اسـتقلالها، أي أنـه تبلـور بهـذا المسـمى لأول مـرة في مـؤتمر الشروج عام 1945 ثم تم تبنيه من قبل مؤتمر كامبروج عـام 1948 ومـا تـلاه مـن مـؤتمرات دولية. إلا أنه وبالرغم من عملية البلورة التي حصلت له فقد ظل الكثيرين يخلطون بينـه وبين تنظيم المجتمع وما يزال البعض منهم على هذا الحال من الخلط حتـى وقتنـا الحـاضر مع

أن تنمية المجتمع المحلي تعتبر مجال من المجالات التي تساهم فيها طريقة تنظيم المجتمع كواحدة من طرق المهنة إلى جانب مهن أخرى عديدة، كالطب والتعليم والزراعة... الخ.

تعددت تعاريفه إلا أن من أبرزها تعريف الدكتور عبد الباسط حسن الذي يرى تنمية المجتمع على أنها «تلك العملية التي تهدف إلى إحداث تغيرات اقتصادية واجتماعية وثقافية مقصودة عن طريق الاستفادة من الطاقات والإمكانات المتوافرة في المجتمع والاعتماد على الجهود المحلية والتعاون بينها وبين الجهود الحكومية في تنفيذ البرامج الموجهة نحو تحسين المعيشة للأفراد شريطة أن يكون هذا نابعاً عن فهم واقتناع من قبلهم» (ص 24 - 25، م 7).

خدمة ذات مدى طويل   Long Term Service

الخدمة ذات المدى الطويل (L T S) :

نموذج آخر من النماذج التي تقوم على أساس المدة الزمنية التي تستغرقها عملية تقديم الخدمة للعملاء من المرضى وبالذات عملاء طريقة خدمة الفرد فمنذ بداية مقابلة الاستقبال وحتى نهاية المقابلة الختامية عادة ما تستغرق مدة زمنية أطول من نموذج الخدمة القصيرة حيث يرى بعض الاختصاصيين أنها (النموذج الذي يستغرق تقديم الخدمة في ضوئه مدى أطول من الثلاثة أشهر أو عددا من المقابلات أكثر من (12) مقابلة أو أكثر من (10) ساعات عمل من وقت الاختصاصي) (ص - ، م 14).

وعادة ما يستخدم هذا النموذج مع الحالات الصعبة أو المستعصية كما يستخدم مع الحالات التي يزداد فيها تشابك العوامل وتتعدد الجهات المعنية بتقديم الخدمة ومن أمثلة ذلك حالات الإدمان على الكحول والمخدرات ومشاكل التوافق الزواجي وجنوح الأحداث .... الخ.

Love Match زواج الحب

زواج الحب (LM):

شكل من أشكال الاختيار للزواج، يحضى باهتمام علم الاجتماع وبالذات على الاجتماع العائلي والمهنة خصوصاً المجال الأسري يقصد به أن يكون اختيار كلاً من المقدمين على الزواج لبعضهم البعض اختياراً حراً قائماً على الرغبة والمشاعر المشتركة والمتبادلة بعيداً عن المصلحة أو المنفعة، كما هو الحال في زواج المصلحة الذي غالباً ما يكون مرتبًا ترتيباً مسبقاً وبالكامل من قبل أهالي العروسين.

Mailed Questionnaire

استبيان بريدي

الاستبيان البريدي (M Q) :

وسيلة من وسائل جمع البيانات تستخدم بشكل رئيس في المسوح الاجتماعية سواء كانت بالحصر الشامل أو بالعينة، يتكون من مجموعة الأسئلة المنظمة والمتسلسلة بشكل منطقي لتحقيق هدف أو أهداف البحث، عادة ما يرسل إلى عينة البحث من أجل الإجابة عليه، هذا ولقد حدث تطور كبير عليه إذ لم يعد البريد وحده هو واسطة توزيعه وإعادته الوحيدة، فقد أصبح الفاكس والإنترنت وسائل حديثة من وسائل ارسالة وتلقي الإجابات عليه، عادة ما يتم اللجوء إلى هذا الأسلوب في جمع البيانات عند تعذر مقابلة المبحوثين وجهاً لوجه أو الوصول إليهم وتسليمهم الاستبانات باليد.

Maintanance Status Quo

Strategy إستراتيجية المحافظة على الوضع القائم

إستراتيجية المحافظة على الوضع القائم (M S Q S) :

إحدى الاستراتيجيات المستخدمة في طريقة تنظيم المجتمع قام بوضعها العالم سبيرجل Spergel تعد من بين أهم الاستراتيجيات المحافظة فهي لا تؤمن بالتغيير وبالذات التغيير المفاجئ أو الثوري للأوضاع القائمة في المجتمع وإنما تؤمن بأن نسق الرعاية والخدمات القائمة في أي مجتمع من المجتمعات هما الأفضل لأنهما ينسجمان مع واقع هذه المجتمعات وابنيتها وبالتالي يجب استمرارهما لا بل المحافظة عليهما بشتى الوسائل وإن كل ما يمكن أن نفعله إيزائهما هو العمل على صيانتهما بين الحين والآخر وتحسين الجوانب غير الفاعلة فيهما وقد يصل الأمر إلى حد توسيع نطاقهما بحيث يلبيان الحاجات الجديدة للأهالي، وبناء عليه، فإن هذه الإستراتيجية هي إحدى الاستراتيجيات التي تعبر عن وجهات نظر الصفوة ومن لهم مصلحة في استمرارية الوضع القائم على ما هو عليه لأنهم وحدهم الذين يخشون من التغيير لماذا ؟ لأن فيه إضرار بمصالحهم وإنصاف للغالبية العظمى من السكان.

Marriage زواج

الزواج (M):

ظاهرة اجتماعية قديمة قدم الإنسان نفسه تناولتها مختلف العلوم الاجتماعية بالبحث والدراسة خصوصاً علم الاجتماع ومهنة الخدمة الاجتماعية وعلوم الدين وبالنظر إلى أهمية الظاهرة فقد تعددت تعاريفها بتعدد العلوم التي تناولتها، حيث يعرف الزواج من الناحية اللغوية أنه الازدواج والاقتران والارتباط كما أنه يعني اقتران أحد الشيئين بالآخر وازدواجهما أي صيرورتهما زوجاً بعد أن كان كلاً منهما منفرداً، أما في القانون فإنه (ميثاق

شرعي يقوم على أسس من المودة والرحمة والسكينة تحل به العلاقة بين رجل وامرأة ليس أحدهما محرم على الآخر) كما يعرف الزواج على أنه رابطة تقوم بين رجل وامرأة تنظمها ويحل بموجبها للرجل أن يطأ المرأة ليستولدها وينشأ عن هذه الرابطة أسره يترتب بموجبها حقوق وواجبات تتعلق بالزوجين والأولاد.

هذا ولقد حدد علماء الاجتماع العائلي معايير لتفسير هذه الظاهرة منها المعيار الاجتماعي التقليدي الذي ينظر للزواج كظاهرة مقدسة والمعيار التقليدي الذي يضع سلطة اتخاذ القرار في يد الشخص المتزوج أما المعيار الثالث فهو الذي يؤمن أن الزواج مصلحة شخصية لإرضاء الذات وليس لإرضاء الأسرة أو المجتمع (للمزيد حول هذه المعايير أنظر الوحيشى في مؤلفه الأسرة والزواج) أما في التراث السوسيولوجي الغربي وبالذات الإنجليزي فقد أولى اهتمام كبير للزواج إلى درجة أن المجتمع الانجليزي لا يخلع صفة الرجولة على الرجل إلا إذا تزوج وما دام لم يرتبط بهذا الرباط المقدس فإنه يبقى في نظرهم ولد بغض النظر عن سنه) (P 100, R 66) .

خدمة اجتماعية عمالية   Materialism Labor social work

الخدمة الاجتماعية العمالية (M L S W) :

مكون أساسي من مكونات الخدمة في المجال العمالي حيث يحلو للعديد من العلماء والممارسين في الميدان العمالي تقسيم المهنة في هذا الحقل الى قسمين رئيسيين أولاهما الخدمة العمالية المادية وثانيهما الخدمة العمالية الإنسانية أو النفسية، إما الأول موضع اهتمامنا في هذا الجزء فينقسم بدورة الى :

أ- خدمات مادية: إجبارية عادة ما يوجدها ويكفل استمرارها القانون مثل مستويات الأجور وبالذات تحديد الحد الأدنى للأجور وتحديد ساعات العمل اليومية أو الأسبوعية والتأمينات ضد الشيخوخة والعجز والوفاة وإصابات العمل وأمراض المهنة وخلافها من التأمينات.

ب- خدمات مادية طوعية لا تفرض عادة بتشريع كما هو الحال في الخدمات الإجبارية وإنما تحض على تقديمها التعليمات واللوائح والتنظيمات العمالية كالجمعيات والنقابات، أي أنها تقدم للعاملين بمحض إرادة المؤسسة أو الشركة أو المنشأة القائمة ... الخ خصوصاً في مواقع العمل مثل المطاعم والاستراحات ودور العبادة وأماكن ممارسة بعض الألعاب الرياضية ووسائل النقل من وإلى مركز العمل والرحلات الداخلية والخارجية.... الخ والتي عادة ما ينظمها ويشرف عليها مكتب الخدمة الاجتماعية العمالية ممثلا بالأخصائيين الاجتماعيين العماليين في كل منشأة.

وجبات غذائية فوق العجلات   **Meals On Wheels**

الوجبات الغذائية فوق العجلات (M W):

شكل من أشكال الرعاية التي تقدم للمسنين بدأت فكرتها في الولايات المتحدة الأمريكية على شكل مشروع لطهي الطعام وبثلاث وجبات يومية وتوزيعها على المسنين غير القادرين على طهي الطعام في منازلهم بدلاً من انتقال المسنين إلى دور الرعاية مقابل اشتراك شهري سواء دفع من قبل المسنين أنفسهم أو من جهات أخرى بما في ذلك جميع التبرعات لتغطية تكاليفه (للمزيد انظر الدكاترة يحيى الدين السيد، محمد عويس، في مؤلف التدريب العملي في الخدمة الاجتماعية ، 1999 – 2000).

دور الوسيط   **Mediator Role**

دور الوسيط (M R) :

أحد أدوار المنظم الاجتماعى فى طريقة تنظيم المجتمع، يقصد به أن يقوم الممارس بتوجية الفقراء تجاة الخدمات القائمة في المجتمع، بكلمات أخرى أكثر وضوحًا فهو(أى الممارس الوسيط) ما هو إلا حلقة وصل واتصال بين العملاء والمنظمات فى المجتمع الذى يعيشون فيه أو بين الاحتياجات والموارد.

Medical Cuasal Metafore ميتافور سببي

الميتافور السببي (M C M) :

استندت إليه ماري ريتشموند Mary Richmond في .... مؤلفها الأول التشخيص الاجتماعي عام 1871 وهو يعني استعارة النموذج الطبي وتطبيقه في معالجة المشكلات الاجتماعية (بمعنى آخر أن لا علاج للمرضي بدون تشخيص ولا تشخيص بدون دراسة وقد افترضت أن علاج العلة مرتبط بمعرفة عواملها ولكن عوامل المشكلة الاجتماعية تكمن في الظروف الاجتماعية والبيئة الخارجية مثل الأسرة، الوضع الاقتصادي، العمل...الخ) (ص17، م14).

Medical Organization مؤسسة طبية

المؤسسة الطبية (M O) :

ذات صلة قوية بمهنة الخدمة الاجتماعية وبالذات ما يعرف بالخدمة الاجتماعية الطبية والتي تتمثل جهودها في المستشفيات والمصحات على شكل أقسام أو وحدات لا تقل أهميتها عن الأقسام الرئيسية المنصبة على علاج المرضى على اعتبار أن الحالة الاجتماعية والنفسية تؤثر بشكل أو بأخر على صحة المريض.

يقصد بها كل هيئة طبية تهدف تقديم الرعاية الصحية للأفراد سواء كانت هذه الرعاية علاجية أو وقائية أو إنشائية وسواء كانت عامة أو رعاية متخصصة تقدم لأفراد يعيشون في منطقة جغرافية معينة وقد يتبعون لقطاع مهني أو حتى فئوي وعنصري.

أو تقديم خدماتها للجميع بلا استثناء ومن أمثلتها المستشفيات العامة أو المتخصصة ومكاتب الصحة ومراكز رعاية الطفولة والأمومة والصحة المدرسية ومصلحة الطب الوقائي ... الخ (ص- ، م 13).

خدمة الفرد الطبية النفسية — **Medical psychological social Casework**

خدمة الفرد الطبية النفسية (M P S C) :

إحدى الممارسات المهنية التي تقوم بها المهنة خصوصاً طريقة خدمة الفرد في تعاملها مع عملاءها، يقصد بها ذلك النوع من خدمة الفرد المرتبط بالعلاج النفسي- والصحة العقلية ويندمج في برامج المؤسسات التي يكون هدفها الرئيسي دراسة وعلاج الاضطرابات النفسية والعقلية والوقاية منها.

خدمة اجتماعية طبية — **Medical Social Work**

الخدمة الاجتماعية الطبية (M S W) :

إحدى المجالات المتخصصة التي تعمل فيها الخدمة الاجتماعية بطرقها الثلاثة الرئيسة (طريقة خدمة الفرد، والجماعة ثم تنظيم المجتمع) ظهرت أول ما ظهرت في إنجلترا عام 1907 ثم ما لبثت أن انتشرت بعد ذلك في مختلف بلدان العالم بما فيها البلدان العربية، حيثٍ تعتبر جمهورية مصر العربية رائدة الدول العربية في دخول هذا المجال، هذا و تعمل الخدمة في المؤسسات الطبية سواء كانت على شكل مستشفيات أو مراكز صحية أو عيادات...الخ (أساسها العمل المشترك بين الطبيب وهيئة التمريض والأخصائي الاجتماعي تهدف إلى الوصول بالمريض للاستفادة الكاملة بالعلاج الطبي والتكيف في بيئته الاجتماعية) عرفها آخرون بأنها (مجموعة المجهودات الاجتماعية الموجهة لمساعدة الطبيب في تشخيص الحالات الغامضة ورسم خطة العلاج وبما يمكن المريض من الانتفاع بالعلاج المقدم له واسترداد وظائفه الاجتماعية وذلك بإزالة العوائق التي تعترض طريق انتفاعه من الفرص العلاجية المهيأة له وتمهيد الظروف لانسجامه مع المجتمع بعد شفائه).

أخصائي اجتماعي طبي **Medical Social Worker**

أخصائي اجتماعي طبي (M S W) :

ممارس مهني أعد إعداداً نظرياً وعملياً ملائماً في مدارس أو كليات الخدمة الاجتماعية علماً أنها تختلف عن بعضها البعض في مستوى إعداد الأخصائيين فيها تبعاً لإمكانياتها المادية والفنية، ففي حين تخرج الولايات المتحدة الأمريكية والهند الأخصائيون الاجتماعيون بمستوى الماجستير فإن دولاً أخرى تكتفي بمستوى البكالوريوس فيما دولاً عديدة وبالذات في العالم الثالث تكتفي بمستوى الدبلوم المتوسط (سنتان بعد الثانوية العامة).

هذا ولعل أهم ما يميز الأخصائي الاجتماعي الطبي عن غيره من الأخصائيون الاجتماعيون هو اكتسابه خبرات ومعارف في المجال الطبي وذلك من خلال التدريب الميداني في العيادات والمؤسسات الطبية كما يتمتع في العديد من الصفات المظهرية والعقلية والنفسية والمهنية ويقوم بالعديد من الأدوار منها التثقيفية للمريض وأسرته والتنموية والوقائية والعلاجية ويعمل على تشخيص المرض من الناحية الاجتماعية والنفسانية ويقدم المساعدة لهم ولأسرهم قبل الدخول إلى المشفى ويستمر هذا الدور في المساعدة بعد الدخول للمشفي والخروج منه فما يعرف بالرعاية اللاحقة، خصوصاً للمرضى المعرضين للانتكاسة من جديد.

تخلف عقلي **Mental Retardation**

التخلف العقلي (M R) :

قديم قدم الإنسان على هذا الكوكب إلا أن الاهتمام بهذا المرض هو الذي مر بالعديد من المحطات الهامة من التعذيب والقتل للمعاقين المصابين بهذا المرض في العصور القديمة والوسطى إلى الإهمال مع بعض أوجة التأهيل في مراحل لاحقة ثم بداية الاعتراف بحقوقهم وتقديم بعض أوجه الرعاية لهم منذ نهاية القرن الثامن عشر وبداية القرن التاسع

عشر، حيث توجت هذه الجهود بالإعلان العالمي لحقوق المعوقين في عـام 1971 ومـا تلاهـا من مؤتمرات وبيانات ووثائق صدرت عن الجمعية العامة للأمم المتحدة.

هذا وتتعدد تعريفات الإعاقة العقلية بتعدد المهن والعلوم التـي تتنـاول هـذه الظـاهرة بالدراسة والبحث من بينها مهنة الخدمة الاجتماعية ولعل التعريف الذي يقترب من طبيعة الخدمة الاجتماعية وبالذات أحد مجالاتها المتخصصة في التعامل مـع المعـوقين هـو تعريـف الجمعية الأمريكية للتخلف العقلي الذي اقترحه جروسمان gross man 1983 وجاء نصـه (التخلف العقلي يشير إلى حالة من الانخفاض الدال في الوظائف العقلية العامة تظهـر أثنـاء فترة النمو ينتج عنها أو يصاحبها قصور في السلوك والتكيف (ص 72 -73، م 48)

مراهقة متوسطة **Middle Adolescence**

المراهقة المتوسطة (M A):

إحدى مراحل النمو التي يمر بها الحدث ذات تأثير بـالغ عـلى سـلوكه وشخصـيته بشـكل عام، حددها العلماء بالفئة العمرية التي تقع بين (14-18) سـنة وهـى الفئـة التـي تتميـز بشعور المراهق بالنضج والنزعة الى الاستقلال والاعتماد على الذات بالإضـافة إلى الحاجـة إلى الحرية كما وتعتبر بداية تحمل الحدث لمسؤولية سلوكه وتصرفاته حتى من الناحية المدنية.

علاج بالمحيط الاجتماعي **Milieu Therapy**

العلاج بالمحيط الاجتماعي (M T) :

ساد المهنة في الآونة الأخيرة خصوصًـا في المجتمـع الأمـريكي الـذي شـكل انطلاقتـه الأولى حيث ظهر في أعمال الكثيرين أمثال (Polsky 1968) ثم انتقل بعـد ذلـك إلى الكثـير مـن المجتمعات (مطبقاً العمل الجماعي الديناميكي النفسي مع العملاء وبالذات مع الشباب غـير المتوافقين اجتماعياً مستخدماً أفكار Lewinosi عن العلاج الميداني والمجال الحياتي

كطريقة لفهم التفاعلات بين الأفراد وداخل الجماعات وخاصة المقيمين في المراكز والبيوت الداخلية أو ما تعرف بمنازل الطلبة (ص 104، م 42).

خدمة اجتماعية عسكرية **Military Social Work**

الخدمة الاجتماعية العسكرية (M S W) :

إحدى مجالات الخدمة الاجتماعية العاملة مع الجنود وأسرهم، ظهرت حديثاً أي خلال الحرب العالمية الثانية وزادت الحاجة إليها بعد الحرب الثانية وما تلاها من أزمات وصراعات فقد نما هذا المجال وترعرع في أحضان القوات المسلحة الأمريكية أصبح واقعاً لا يمكن تجاهله أو الاستغناء عنه حيث يقوم الأخصائيون الاجتماعيون العسكريون ببعض الخدمات مثل تقييم وعلاج الاضطرابات الانفعالية للعسكريين وأفراد أسرهم وإيجاد وتطوير الموارد الاجتماعية وتيسير الاتصالات ليس بين الأفراد العسكريين بعضهم بالبعض الآخر فقط وإنما بين الأفراد في الجيش وأقربائهم الذين يعيشون في مواقع أخرى (ص322، م6).

تكتيك توسيع الأفق **Mind Stretching Technique**

تكتيك توسيع الأفق (M S T) :

أسلوب بموجبه (إكساب أعضاء المجتمع المحلي مجموعة من المعلومات التي تساهم في تعديل الاتجاهات المعوقة لجهود التنمية) (ص55 م 40)

هذا ويراه المؤلف على أنه أسلوب فني يتم اللجوء إليه من أجل تزويد أعضاء المجتمع المحلي بكل البيانات والمعلومات المؤيدة أو الداعمة للمشاريع التنموية المراد إقامتها، أو تطوير ما هو قائم منها من أجل قبولها من المعنيين والتوقف عن معارضتها والوقوف حجر عثرة في سبيل تنفيذها وغالباً ما يتم اللجوء له في حالة زيادة نسبة الجهل في المجتمع وظهور جماعات نفعية من مصلحتها استمرار الوضع القائم على ما هو عليه، أو عند التشكيك في

أهداف وجدوى المشاريع التنموية، علماً أن القائمون عليه يعتمـدون في إقناعهم للأعضـاء والقادة الشعبيين على المقابلات والزيارات والحوارات والسينما والمسرح ... الخ.

Modification Ego

ذات متكيفة

الذات المتكيفة (M E) :

على العكس من الذات المتمردة فهي الجزء من الذات شـديدة الالتـزام شـديدة الحـرص والنظام والقادرة على التكيف مع مواقف الحياة المختلفـة مـع الرغبـة الشـديدة في التملك والسيطرة (ص، 27- 277، م 14).

Monogamy

زواج أحادي

زواج أحادي (M) :

أحد أشكال الزواج الشائعة وبالـذات في المجتمعـات الغربيـة تسـتخدمه مهنـة الخدمـة الاجتماعية بشكل واسع، يقصد به أن يتزوج الرجل أو تتزوج المرأة مرة واحدة مـن شخص واحد في الوقت ذاته بمعنى عـدم السماح للرجـل بالجمع بين أكـثر مـن زوجـة أو للزوجـة بالجمع بين أكثر من زوج.

Moral Panic

ذعر أخلاقي

الذعر الأخلاقي (M P) :

زاد اهتمام المهنة به وبالـذات في الآونة الأخيرة بسبب زيادة معدلات الانحراف والجريمة ومن اجل تقوية عمليـة تصنيف وحصر الناس وفقا للتوقعـات بانحرافهم مستقبلا ، فهـو شكل من أشكال الانحرافات السلوكية، حيـث يعتبر العالم كوهن (Cohen 1972) مـن أوائل من تناولوه على أنه نوعاً مـن أنواع الانحـراف كأعمال الشـغب (Hooliganism) والعنف خصوصاً في المناسبات واللقاءات العامة مثل المناسبات العامة والمسابقات والألعاب الرياضية (ص 201- 202، م 42).

متعددي الإعاقة   Multi – Handicapped

متعددي الإعاقة (M H) :

فئة الأفراد الذين يعانون من أكثر من إعاقة واحدة في نفس الوقت كأن يكون الفرد مشلول ومتخلف عقلياً أو لديه إعاقة حركية وفي نفس الوقت سمعية أو الصم والبكم أو التخلف العقلي مع عيوب الكلام أو ضعيفي السمع والبصر معًا... الخ.

وبالرغم من أن هذه الفئة من اختصاص التربية الخاصة إلا أن المهنة تهتم بهذه الفئة وبالذات ما يعرف بالخدمة الاجتماعية في مجال المعوقين(ص 133، م 29).

Narcotic

مخدر

المخدر (N) :

تأتي صلة المهنة به من كونها تعمل على الحد من إثارة على المتعاطين، كما وتقوم بدور وقائي للحد من أعداد المتعاطين له، تعددت تعاريفه ومنها التعريف الذي يراه على أنه (مادة تؤخذ كي تغير من وظائف الجسم ومن السلوك والعواطف والأفكار والمشاعر، أما من الناحية الطبية فيقصد به (كل مادة تؤثر على الجهاز العصبي وتضعف وظيفته أو تفقده هذه الوظيفة مؤقتاً).

أسلوب قصصي   Narrative

الأسلوب القصصي (N) :

أحد أصناف التسجيل الثلاثة حسب النوع وهي(القصصي- التلخيصي- الموضوعي) يستخدم في طريقة خدمة الفرد، يقصد به (أسلوب أو طريقة لتصوير الحوار اللفظي والنفسي الذي يدور بين الأخصائي والعميل عادة ما يهدف إلى الكشف عن طبيعة وشكل

التفاعل المهني الذي يتم بينهما بالإضافة إلى ما تحتويه المقابلة من ممارسات مهنية في تسلسلها وتعاقبها الزمني لتكون في النهاية صورة حية لتركيب المقابلة).

ومن مزاياه الكشف عن سمات العميل الشخصية وطبيعة المشكلة كما أنه يتيح الفرصة للأخصائي الاجتماعي كيما ينقد ذاته ... الخ.

جماعة طبيعية   **Natural Group**

الجماعة الطبيعية (N G) :

لا غنى للفرد عن الانضمام إليها وبشكل طبيعي تلقائي أي غير مرسوم أو موجه من أي جهة خارجية فالانتماء إليها يتفق مع الفطرة الإنسانية ونزعتها إلى الاجتماع فالانتماء إلى الأسرة على سبيل المثال أمر فطري غير مصطنع لا يحتاج إلى أي قوى خارجية لتحث الفرد عليه وهو نفس الشيء الذي يمكن أن يقال عن الجماعة الدينية، فالمسلم غالباً ما يجد نفسه وبشكل تلقائي وغير مصطنع عضواً في الجماعة الإسلامية.

مجتمع الحاجة   **Need Society**

مجتمع الحاجة (N S) :

يكثر تعاطيه في مهنة الخدمة الاجتماعية بشكل عام وفي طريقة تنظيم المجتمع بشكل خاص، فهو وحدة العمل الأساسية في طريقة تنظيم المجتمع، يقصد به مجموع الناس الذين يعيشون في منطقة جغرافية ما أو حتى عدداً من المناطق الجغرافية، المهم في الأمر أن يكونوا من الذين يعانون من نفس المشكلة أو المشاكل التي تواجههم أو أن لهم نفس الحاجة أو الحاجات وبالتالي فإن طريقة تنظيم المجتمع تعمل معهم على تلبية هذه الحاجات أو مواجهة المشكلات التي تعترض سبيلهم.

Negative Punishment

عقاب سلبي

العقاب السلبي (N P) :

شائع في مهنة الخدمة الاجتماعية وبالذات في طريقة خدمة الفرد فهو يعني حرمان إنسان ما من شيء يحبه ويجلب له السعادة إذا لم يقم بأداء واجباته والمسؤوليات المنوطة به مثل حرمان موظف من علاوة استثنائية إذا لم يشترك في برنامج تدريبي ما أو حرمان طالب من الاشتراك في رحلة أو معسكر شبابي إذا ما أخفق في امتحاناته.

Negativism

سلبية

السلبية (N) :

أحد المصطلحات المستخدمة أصلاً في علم النفس الاجتماعي استعارته مهنة الخدمة الاجتماعية وبالذات طريقة خدمة الفرد وطريقة خدمة الجماعة حيث أصبحت من بين أهم أنواع السلوكيات التكيفية التي يلجأ إليها الأفراد وبالذات إذا ما واجهوا ما يحبطهم في تحقيق الأهداف التي يرغبون في تحقيقها وعادة ما يكون رد فعلهم على المثبطات التي يواجهون بها عدم مزاولة أي عمل أو حتى مشاركة الآخرين بأي دور قد يسند لهم، ولعل من الأمثلة على هذا النوع من أنواع التكيف رفض عضو الجماعة الذي لم يحظى بالفوز بمنصب قائد الجماعة استلام أي منصب آخر يعرض عليه داخل الجماعة أو حتى أداء أي مهمة توكل إليه.

Neurotic Family

أسرة عصابية

الأسرة العصابية (N F) :

إحدى تصنيفات الأسرة المتعددة تحضى باهتمام ورعاية المهنة بشكل عام وطريقة خدمة الفرد ومؤسسات الطريقة بشكل خاص، يقصد بها الأسرة التي تعاني من الشعور بعدم

السعادة والاستقرار، فهي متعددة الأدوار والنشـاطات ولكنهـا تعـاني مـن صـعوبة كبـيرة في الاتفاق على واحدة منها بسبب ما تواجهه من أزمات (ص 163، م 23).

منظمة غير حكومية Non- Governmental Organization

المنظمات غير الحكومية (N G O S) :

مؤسسات أهلية يقوم أبناء المجتمع المنتمين والمهتمين بقضاياه بتأسيسها مساهمة منهم في خدمة المجتمع الذي ينتمون له وذلك بتقديم خدمات لأفراده وجماعاته بشـكل طـوعي. بمعنى آخر أكثر وضوحاً أنها هيئات غير حكومية لا تهدف إلى تحقيق الربح المادي بقـدر مـا تسعى إلى تقديم خدمات للمحتاجين لها، حيث تدار من قبل مجالس إدارة منتخبـة انتخابـاً مباشراً من قبل أعضائها ووفقاً لأنظمتها الأساسية التي غالباً ما تكون في العديـد مـن الـدول مستمدة من قوانين مصادق عليها من قبل مجالس شعبية فـيما توجـد دولاً اخـرى في العـالم تسمح بتكوين مثل هذه المنظمات بدون التقيد بأي قـوانين أو أنظمـة رسـمية ومـن أمثلـة المنظمات غير الحكومية الجمعيات الخيرية والاتحادات النوعية والعامة ... الخ.

معيار Norm

معيار (N) :

درج استخدامه في العديد من العلوم والمهن مثل علـم الاجـتماع والأنثروبولوجيـا ومهنـة الخدمة الاجتماعية ...الخ كمقياس أو حكم على سلوك أعضاء الجماعة وأفعالهم.

تعددت تعاريفه ألا أن من أبرزها تعريف براون (1965) Brown والذي ينص على أنه:

"Anorm Is، In Its Most Fundamental Sense، Ashard Rule Or Guid To Behaviour That Is Appropriate Of Inappropriate" (P. 82، R 76)

وترجمة هذا تعني أنه شعور أو إدراك أساسي أو جـوهري مشـترك للأكثريـة وأنـه بمثابـة حكم مشترك أو توجيه للسلوك من حيث مـدى ملاءمتـه أو عـدم ملاءمتـه لعـادات وأعـراف الجماعة.

أسرة نواة   Nuclear Family

أسرة نواة (N F) :

شكل من أشكال الأسرة زاد الاهتمام بـه بعـد الثـورة الصـناعية ومـا تلاهـا مـن أحـداث اقتصادية واجتماعية وسياسية سـاهمت في أحـداث تحـول شـامل وسـريع عـلى بنـاء الأسرة بشكل عام، تعددت تعاريفها في المؤلفـات العربيـة والانجليزيـة إلا أن مـن أوجزهـا مـا ورد بالانجليزية والذي ينص على إنها :

..."The Type of Family recognized to the exclusion of all others in our own society ; Is made up of a married man and woman with their off spring" (p221-R79).

وترجمـة هـذا التعريـف إلى العربيـة تعنـي أنهـا شكـل مـن أشـكال الأسرة المعـترف بـه اجتماعياً والمكون على نحو مصمم أو مخطط لـه من زوج وزوجة مع ما ينجبون من ذرية.

Objectivity In Social Group Work

موضوعية في خدمة الجماعة

الموضوعية في خدمة الجماعة (O S G W) :

يقصد بها التزام أخصائي خدمة الجماعة الحياد التـام في تعاملـه مـع الجماعـة وأعضائها وذلك من خلال عدم التمييز أو المحاباة لأي عضو من أعضاء الجماعة على حساب الآخـرين أو التحيز لجماعة على حساب غيرها من الجماعات لمجرد وجود صلة قربى تربطه

بأي عضو من أعضاء الجماعة أو على أساس فئوي أو عنصري أو حتى لمجرد القرب الجغرافي ... الخ.

بمعنى آخر فإن على أخصائي خدمة الجماعة أن يطبق في تعامله مع أعضاء الجماعة أو مع الجماعات مبادئ مهنة الخدمة الاجتماعية بشكل عام وطريقة خدمة الجماعة بشكل خاص.

ملاحظة   Observation

الملاحظة (O) :

وسيلة هامة من وسائل الحصول على البيانات تستخدمها مهنة الخدمة الاجتماعية شأنها شأن غيرها من المهن والعلوم المختلفة، يعرفها البعض على أنها (المشاهدة الدقيقة لظاهرة ما مع الاستعانة بأساليب البحث، المختلفة علماً بأن للملاحظة العديد من الأساليب التي تستخدمها في عملية المشاهدة منها (الملاحظة البسيطة، الملاحظة بدون مشاركة ثم الملاحظة بالمشاركة).

ملاحظة بالمشاركة   Observation By Participation

الملاحظة بالمشاركة (O P) :

نوع من أنواع الملاحظة البسيطة تستخدم في العديد من العلوم الاجتماعية وبالذات في الأنثربولوجيا وكذلك في مهنة الخدمة الاجتماعية وعلم الاجتماع يقصد بها (اشتراك الباحث فعلياً في حياة الأفراد أو الجماعات التي يدرسها وذلك بغية الحصول على أكبر قدر من البيانات والمعلومات اللازمة للدراسة) (ص 257- 59 2، م3) هذا وقد تتم عملية الملاحظة بدون علم الأفراد والجماعات بأن أحداً ما يلاحظهم، كما هو الحال في دراسة العصابات الإجرامية وجماعات التسول والبغاء والقمار ... الخ وقد تكون بعلم مجتمع البحث المسبق بوجود من يلاحظ حياتهم وتصرفاتهم كما يحدث عند دراسة جماعات العمل

في المصنع أو المزرعة أو المرضى أو عند دراسة الأنثربولجيين الاجتماعيين أو الثقافيين لأسلوب حياة الجماعات القبلية والإثنية ... الخ.

ملاحظة بدون المشاركة **Observation Without Participation**

الملاحظة بدون المشاركة (O W P) :

إحدى أنواع الملاحظة البسيطة يقصد بها الملاحظة التي يجريها الأخصائي الاجتماعي لما تقوم به الجماعة من أنشطة وممارسات عادة ما تكون موضع الملاحظة ولعل من بين أهم مزاياها أنها تتيح للباحث أن يلاحظ سلوك الأفراد أو الجماعات أو أي شيء آخر يلاحظه على سجيته دونما تكلف أو تصنع أو حتى شعور الطرف الملاحظ ان أحداً ما يراقبه أو يلاحظ تصرفاته انطلاقاً من أنه إذا كانت الحيوانات تعدل من سلوكها وتصرفاتها إذا ما شعرت أنها تحت المراقبة فما بالك بالإنسان الذي يعتبر أرقى المخلوقات وإكرامها على وجه البسيطة، فهو يتمتع بدرجة عالية من الحساسية تجاه كل ما هو غير مألوف واعتيادي.

نادي المسنين **Old Ages Club**

نادي المسنين (OAC) :

شكل من أشكال الرعاية الاجتماعية التي تقدمها المهنة لكبار السن وبالذات الخدمة في مجال رعاية المسنين والخدمة في مجال الترويج.. الخ، يقصد بها الأماكن محدودة المساحة والمعدة إعدادًا خاصاً يتناسب مع فئة المسنين بحيث يجتمعون بها من أجل مزاولة الهوايات والأنشطة المختلفة التي تتناسب مع أعمارهم وقدراتهم وميولهم بشكل عادة ما يكون جماعياً.

جماعة مفتوحة **Open Group**

الجماعة المفتوحة (O G) :

إحدى أنواع الجماعات التي توليها المهنة جل عنايتها خصوصاً طريقة خدمة الجماعة ، يقصد بها الجماعة ذات البناء والوظائف المرنة، بمعنى عدم اختصارها من ناحية العضوية على المؤسس فقط وإنما قبولها لأعضاء جدد بعد تكوينها وفي أي مرحلة زمنية من مراحل عملها وهى إلى جانب أنها مفتوحة العضوية وذات اجتماعات مستمرة فإنها تسمح في الوقت نفسه لأي عضو من أعضائها بالانسحاب منها في أي مرحلة زمنية من مراحلها ولأي سبب يراة دون أن يؤثر الانسحاب على عملها الجماعي أو استمراريتها أو تحقيق أهدافها التي قامت من أجلها ولعل خير مثال عليها جماعات التوعية المستمرة في المؤسسات والجمعيات وجماعات الحلقات والوعظ الديني .... الخ. (ص 231، م 36).

تعريف إجرائي **Operational Definition**

التعريف الإجرائي (O D) :

أكثر وضوحا من المجرد عادة ما يتم اللجوء له عندما تتعدد التعاريف المجردة لمشكلة أو ظاهرة ما . . . الخ مستخدم في العلوم الاجتماعية ومنها الخدمة الاجتماعية وبالذات في البحوث التي تجريها هذه العلوم والمهن من أجل توضيح المفاهيم بشكل يتوافق مع طبيعة وأهداف الدراسة، أي الخروج عن نطاق العمومية والدخول في خصوصية وظروف البحث، فلو أخذنا على سبيل المثال كلمة دار فهي مفهوم مجرد ولكن عندما نقول دار رعاية الأطفال تصبح أكثر خصوصية وعندما نقول دار رعاية الأطفال الأيتام فإنها تصبح أكثر فاكثر خصوصية وهكذا نستمر في التحديد إلى أن نصل إلى درجة عالية من الوضوح كأن نقول دار رعاية الأطفال الأيتام دون سن الثانية عشرة من العمر والواقعة في مدينة كذا.

باختصار فإن التعريف الإجرائي هـو تعريـف للمفهـوم بصـفات تسـمح بقياسـة، بمعنـى استخدام التفاصيل الدقيقة التي تؤدي إلى تحويل هـذا المفهـوم إلى وحـدات مفصـلة يمكـن تحديدها وقياسها.

قائد رأي **Opinion Leader**

قائد الرأي (O L) :

إحد أصناف القيادة المتعارف عليها في علم الإدارة شاع استخدامه من قبل مهنة الخدمـة وبالذات من قبل طريقتي خدمة الجماعة وتنظيم المجتمع، فهو يشـير إلى الشـخوص الـذين يمتلكون السمات والخصائص التـي تكسـبهم القـدرة عـلى التـأثير في المحيطـين بهـم بشـكل واضح، فهم يتمتعون بخصائص وصفات فريدة مثـل الـذكاء، القـدرة عـلى المبـادرة، الحـوار، الصدق، الأمانة، سعة الاطلاع والمعرفة، بالإضافة إلى الرغبـة والقـدرة عـلى التجديـد في كافـة الميادين، هذا ويصنف قادة الرأي إلى قادة محليين وقادة على مستوى الوطن ثم إلى قـادة على المستوى العالمي وعادة ما يتم اللجوء إلى هؤلاء القادة في المسائل والقضايا الصـعبة وفي الظروف الاستثنائية.

إدمان العميل على عدم قبول الآخر **Client Addiction On Refused Other**

ادمان العميل على عدم قبول الأخر (C A R O) :

مستخدم في المهنة بشكل عام وفى طريقة خدمة الفرد بشكل خاص، يعتبر من بـين أهـم الأساليب التي تعطل عملية قبول العميل للأخصائي الاجتماعي، بمعنى أن بعض العملاء قـد اعتادوا على ممارسة العداء في تعاملهم مع الآخرين وفى كافة الشؤون والمراحل لا بـل وصـل بهم الأمر، إلى حد التشكيك في نوايـاهم بحيـث أصـبحت حيـاتهم مليئـة بصـور مـن الشـك والريبة حتى للذين يسعون إلى مساعدتهم والأخذ بيدهم لتحقيق تكيفهم مع الآخرين مـن جديد بما فيهم الأخصائيون الاجتماعيون حيث يرفضون التجاوب مع خطط

العلاج التي يضعونها بهدف حل مشاكلهم، علماً أن رفضهم للأخصائيين يتم سواء في الظاهر أو الباطن.

عضوية شرف   Ownership

عضوية الشرف (O) :

لا تقل أهمية عن العضوية العاملة لأنها تسعى إلى تعزيز وجود وفاعلية عمل المنظمات وبالـذات المـنظمات التطوعيـة والجمعيـات الخيريـة عـن طريـق كسـب ود ودعـم القـادة الشعبيين والرسميين والمهنيين وكل من يمتلك القدرة عـلى التـأثير في مجريـات الأمور داخل المجتمع خصوصاً المهتمين منهم بمجالات ونشاطات عمل المنظمة مثل إسناد رئاسـة شرف الاتحاد النسائي في أي مجتمع من المجتمعات إلى عقيلة الرجل الأول في الدولة.

Parental Ego

ذات أبويه

الذات الأبوية (P E) :

شاع استخدامها في المهنة وبالـذات في طريقـة العمـل مـع الحـالات الفرديـة وعلى وجـة الخصوص في العيادات النفسية المدرسية وخدمة الفرد الطبية النفسية ... الخ يقصد بهـا الشخصية التي تتكون وتنمو أساساً من تقليد الطفل لوالديـه وكـل مـا يمثل لـه سـلطة ثم تتطور مع تعدد مظاهر السلطة التي يواجهها الفـرد وتميـل إلى إصـدار الأوامـر والتعليـمات والنزعة للتملك والتشبث بالرأي والتزمت في الأحكام مع الميل إلى استخدام عبـارات يجـب، مفروض، من غير الممكن ... الخ.وعادة ما تنقسـم إلى ذات ناقـدة وأخـرى ودودة (ص 276-277، م 14).

قصاص | Penility

القصاص (P) :

دارج في العديد من العلوم والمهن ومنها الشريعة والقانون وعلم الاجتماع، تستخدمه المهنة بشكل عام وبالذات في مجال الدفاع الاجتماعي، يقصد به، إن الخطيئة لا تمحى إلا إذا نال الجاني جزاءه الحق (مبدأ العين بالعين والسن بالسن) لأنه ما لم ينل هذا الجزاء الذي يستحقه فإن المجني عليه سيحاول الانتقام الفردي وفي هذه الحالة يحدث انتهاك لحرمة القانون، كما قد يرفض المجني عليه التقدم بشكواه إلى العدالة وفي هذا اضطراب وإخفاق لسلطة الدولة حيث ينبغي أن تكون سلطتها أهلاً للثقة وملاذاً للأمن يلجأ إليها جميع المواطنين) (ص-، م44) .

علم إدارة السجون | Penology

علم إدارة السجون (P) :

فرع من فروع علم الإجرام تهتم به مهنة الخدمة الاجتماعية كثيراً وبالذات إحدى مجالاتها المتخصصة في الدفاع الاجتماعي وإصلاح المنحرفين حيث يتم دراسة وتطبيق ما توصل إليه العلم في مجال التعامل مع الجانحين والمنحرفين. فعلم إدارة السجون إلى جانب أنه يركز على إدارة السجون وتنظيمها إلا أنه يبحث في كيفية معاملة المجرمين متخذاً من الدراسة العلمية أساساً للتعامل معهم ومعاقبتهم و بما يتفق مع التطور الهائل الذي حدث على معاملة المجرمين فقد تبدل الحال من التركيز على العقاب كوسيلة وغاية إلى التركيز على الإصلاح والتأهيل في الدرجة الأولى.

جماعة دائمة **Permanent Group**

جماعة دائمة (P G) :

إحدى أصناف الجماعة في طريقة الجماعة حسب معيار الاستمرارية، عادة ما تتكون لتحقيق هدف بعيد المدى لذا فإن العضوية فيها تستمر حتى تحقيق هذه الأهداف البعيدة المدى أي أن عضويتها دائمة أو طويلة المدى لذا فهي تتطلب درجة عالية من التنظيم بسبب دوام استمرارها وخير مثال عليها الجمعيات الثقافية والهيئات الاجتماعية والجمعيات الخيرية.

مؤتمر دورى **Perodic Conference**

مؤتمر دورى (P C) :

أحد أنواع المؤتمرات عند تصنيفها حسب المدة الزمنية، عادة ما يقصد بة العلماء والممارسين تلك اللقاءات التى تتكرر وتاخذ صفة الانتظام والاستمرارية فى فترات زمنية محددة قد تكون شهرية أو نصف سنوية أو حتى سنوية ولها أمانات ومجالس إدارة ولجان تحضيرية دائمة .

إعاقة حركية **Physical Handicapped**

إعاقة حركية (P H) :

نوع من أنواع الإعاقة التي تشكل تحدياً رئيساً لمجتمعات اليوم التي تشهد نمواً متزايداً في نسبة الحوادث وضحايا الإرهاب ومختلف أشكال النزاعات المسلحة، حيث تقوم المهنة بجهود رعائية كبيرة لأحداث التكيف المطلوب والملائم مع الإعاقة بالإضافة إلى تعويض القصور الناتج عنها لدى ضحاياها. هذا ويعرف المعوق حركياً بأنه «كل من يعاني من قصور أو عجز صحي أو حركي يؤثر على فرص تعليمه أو عمله أو انتقاله من مكان لآخر مما يستدعي إدخال تعديلات تربوية أو بيئية على نطاق حركته وتوفير أجهزة ووسائل مساعدة

له ليتمكن من التعلم والعمل والعيش الكريم وعادة ما يشمل هـذا النـوع مـن الإعاقـة عـلى حالات الشلل المختلفة وبتر الأطراف وضمور العضلات» (ص 170، م 49).

تعدد الأزواج **Polyandry**

تعدد الأزواج (P) :

أحد أشكال الزواج الذي كان سائداً في الماضي، ويندر وجوده حالياً إلا لدى القبائـل التـي تعيش عيشة شبه بدائية مثل بعض قبائل هضبة التبت ، من تعاريفه بالإنجليزية.

..."Polyandry . «In The Polyandrous Form Of Marringe Two Or More Husbands Establish a single Conjugal Group By Sharing One Wife. Such Afamily Is Generally Of The Fraternal Type Like That Of tibet. Though It May Be Nonfraternal " (P. 18., R 60).

ولغير الناطقين بالإنجليزية فإن ترجمة النص تعني أنه في هـذا الشـكل المتعـدد لـلأزواج يقوم زوجين أو أكثر بتأسيس جماعة زواجية واحدة وذلك بالاشـتراك في زوجـة واحـدة مثـل هذه الجماعة الزواجية (الأسرة) عادة ما تكون أخوية الطابع كـما هـو موجـود (عنـد قبائـل التبت وقد لا تأخذ الطابع الأخوي.

تعدد الزوجات **Polyggny**

تعدد الزوجات (P) :

شكل من أشكال الزواج واسع الانتشار وبالذات في المجتمعـات الشرقيـة وبـين المسـلمين بغض النظر عن أماكن تواجدهم من أبرز تعاريفه مـا ورد في الإنجليزيـة والـذي يـنص عـلى أنه:

... "Marriage Of One Husband To Two Or More Wives Exists In Many Preliterate Societies And, Until Recently In Most Oriental Societies" (P. 17, R 60) .

وترجمة هذا النص تعني، أنه زواج الرجل من امرأتين أو أكثر في وقت واحد ـ انتشر ـ هـذا الشكل في معظم المجتمعـات البدائيـة أو الأميـة القديمـة وما يـزال قائمًـا حتـى وقتنا هـذا وبالذات في المجتمعات الشرقية.

قانون الفقراء   Poor's Law

قانون الفقراء (P L) :

اشتهر هذا القانون باسم قانون إليزابيث لأنه سن في عهدها فقد جـاء بعـد سلسلـة مـن التشريعات التي ظهـرت في بريطانيا لتنظيم رعايـة الفقـراء فقد أخفقت العديـد مـن التشريعات التي سبقته في مواجهة احتياجات الفقراء مـما أدى إلى زيـادة أعـدادهم بشكل كبير جداً دفع بهم إلى التسول في الشوارع والأماكن العامة من أجل الحصـول عـلى مـا يسـد رمقهم، الأمـر الـذي أدى الى استياء النبلاء والأغنيـاء (أو مـا كـانوا يعرفون بـذوي الـدماء الزرقاء) من ملاحقة المتسولين لهم في كل مكان. طمعاً في الحصـول عـلى مسـاعدتهم فجـاء هذا القانون من أجل الحد من المتسولين وتنظيف الأمـاكن العامـة مـنهم وذلك مـن خـلال توفير العمل لكل من تسمح له حالته الصحية بالعمل ومعاقبة كـلاً مـن يتسـول في الأمـاكن العامة وذلك بإيداعه في بيوت العمل علماً أن كل مـن كـان يـرفض العمـل كـان يعاقـب بالسجن .

تربية سكانية
Population Education

التربية السكانية (P E) :

ذات ارتباط كبير ومباشر بمهنة الخدمة الاجتماعية وبالذات الخدمة الاجتماعية في المجال البيئي والخدمة في المجال التربوي .... الخ حيث يقصد بها (دراسة السكان من حيث كيف يؤثرون ويتأثرون بجوانب الحياة المختلفة الطبيعية والاجتماعية والثقافية والسياسية والاقتصادية والبيئية، في حين يرى آخرون أنها الجهد التربوي الموجه.

عن قصد لتنمية وعي الأفراد وفهمهم للظواهر السكانية من حيث أهدافها والعوامل إلى تتحكم فيها والآثار المترتبة عليها والعلاقات التي تربطها مع توجيه هذا الفهم لتكوين وعي واتجاهات إيجابية تؤثر في سلوك الأفراد وتشكله وبما يرفع من مستوى معيشتهم ويوفر لهم نوعية أفضل من الحياة عن طريق اتخاذ القرار الصائب بشأن حجم الأسرة الذي يتناسب مع ظروفهم وظروف مجتمعهم البيئية (ص –، م 45).

سياسة سكانية
Population Policy

السياسات السكانية (P P) :

بالرغم من أنها جزء أساسي من علم الدراسات السكانية إلا أنها موضع تأثير وتأثر بالعديد من العلوم والمهن الأخرى ومن بينها مهنة الخدمة الاجتماعية خصوصاً إذا ما عرفنا أن للسياسات السكانية آثار كبيرة وواضحة على المشكلات الاجتماعية والخدمات الاجتماعية سواء من حيث الكم أو النوع أو التوزيع وبما ينعكس في النهاية على الرفاه الاقتصادي والاجتماعي للناس، مما جعل منها موضع اهتمام دائم بالنسبة للمهنة، هذا ولقد ظهرت عدة تعريفات للسياسة السكانية فقد عرفها البعض بأنها كل ما يتعلق بالتغيرات الكمية والنوعية للسكان وتوزيعاتهم الجغرافية ومستويات تعليمهم ومستويات خصوبتهم

ووفياتهم وتوزيعهم على الريف والحضر) أما برنارد برسون فقد عرفها بأنها (الإجراءات الحكومية التي تسعى إلى تغير الوقائع السكانية أو التي غيرتها فعلاً).

إلا أنه وبالرغم من أهميتها فإن العديد من بلدان العالم الثالث لا تملك سياسات سكانية واضحة ومكتوبة فيما هناك دولاً أخرى تتخبط في سياساتها السكانية ما بين المكتوبة والضمنية إلا أن من أصرم السياسات السكانية وأوضحها على المستوى العالمي السياسة الصينية وبالذات ما يتعلق بالحد من النسل.

ثقافة الفقر **Poverty Culture**

ثقافة الفقر (P C) :

شاع استخدامه في العديد من العلوم والمهن ومن بينها مهنة الخدمة الاجتماعية وبالذات في الآونة الأخيرة، يقصد به أن الفقر ظاهرة اجتماعية ثقافية تتعلق ببيئة الفقراء الثقافية التي تطبع سلوكهم واتجاهاتهم وقيمهم بطابع يميزهم عن غيرهم من الشرائح، إلى الحد الذي يجعل منهم طبقة ذات خصائص مشتركة يتوارثونها جيلاً بعد جيل لها نمط وثقافة فرعية داخل الثقافة العامة للمجتمع، وعليه فإننا مهما قدمنا لهم من إعانات مادية أو أجرينا من تحسينات واصلاحات على واقعهم المعاش فإننا لن نستطيع أن نغير من نمط حياتهم.

فجوة الفقر **Poverty Gap**

فجوة الفقر (P G) :

شاع استخدامه في العديد من العلوم والمهن وعلى رأسها مهنة الخدمة الاجتماعية، خصوصاً طريقتي خدمة الفرد وتنظيم المجتمع، هذا ويختلف حجم الفجوة من بلد إلى بلد آخر وحتى داخل البلد الواحد ما بين الريف والحضر، عادة ما يقصد به حجم الفجوة الإجمالية مقدراً بمبالغ نقدية بين دخل الطبقة الفقيرة وخط الفقر لأي بلد من البلدان،

بكلمات أخرى أكثر وضوحاً، فإنه حجم الدخل أو مقدار الدخل اللازم لتحويل الفرد أو العائلة الواحدة من حالة الفقر إلى حالة اللا فقر.

تدبير وقائي   Pre – Cautionary Measure

التدابير الوقائية (P M) :

مستخدم بكثرة في الخدمة الاجتماعية وبالذات في مجال الدفاع الاجتماعي يركز على منع حدوث انحراف الأحداث أصلاً، يقصد به مجموعة المجهودات والبرامج التي تبذل من أجل نشر الوعي الاجتماعي والقانوني بأهمية توفير البيئة الأسرية والمجتمعية التي تقي الصغار من الوقوع في ميادين الانحراف والجريمة وذلك بأبعادهم عن مناطق الخطر وتجنيبهم الوقوع تحت وطأة الحاجة التي قد تدفعهم إلى الانحراف مثل الحيلولة دون اختلاطهم بالمدمنين والمنحرفين وأماكن اللهو غير البرئ وغرس قيم الإيمان والفضيلة وكل ما من شأنه أن يعزز التمسك بالأخلاق الحميدة وحسن السيرة والسلوك.

وقاية في الخدمة الاجتماعية   Prevention In Social Work

الوقاية في الخدمة الاجتماعية (P S W) :

إحدى أغراض أو أهداف المهنة الرئيسية الثلاثة حيث تكرس المهنة جهودها من أجل تحقيقها. بالرغم من أن مفهومها على مستوى المهنة واحد إلا أن المفهوم ما يلبث إلا أن يتلون بلون المجال الذي يستخدم به سواء كان طبي أو نفسي أو تعليمي أو ريفي ... الخ، عادة ما يقصد به بشكل عام، مجموعة الأنشطة المنظمة التي تقوم بها المهنة من ذاتها أو بالتعاون مع الآخرين لتجنب حدوث المشكلات أو التقليل من نسبة انتشارها بشتى الوسائل المتاحة سواء كانت على شكل محاضرات أو ندوات أو ورش عمل أو زيارات منزلية أو مقابلات أو لجان توعية ... الخ، بمعنى آخر أكثر وضوحاً، أنها تدخل مبكر أو

ضربات استباقية لتجفيف منابع العلل والأمراض الاجتماعية بشتى الوسائل المتاحة قبل أن تستفحل وتفتك بالسلام والأمن الاجتماعي للأفراد والجماعات والمجتمعات.

مدخل وقائي وتأهيلي في طريقة خدمة الجماعة

Preventive And Rehabilitation
Approach In Social Group Work
Method

المدخل الوقائي والتأهيلي في طريقة خدمة الجماعة (P R A S G W M):

(يسعى أخصائيو خدمة الجماعة من وراء استخدام هذا المدخل كما جاء على يد (روبرت) إلى إحداث تغيرات من شأنها تقليل العوق لدى الأفراد عند قيامهم بوظائفهم الاجتماعية في المجتمع فهو يركز على الفرد حيث يحاول أخصائي خدمة الجماعة توفير المناخ الملائم الذي يساعد الأفراد على تحقيق الأهداف الخاصة بهم، علماً أن الأهداف التأهيلية وفقاً لهذه الرؤية يجب أن تتحقق بشكل عملي ودقيق وأن تحظى بقبول الأخصائي، لذلك على الأخصائي أن يقوم بدور الرائد للجماعة لكي يحقق الأهداف العلاجية والوقائية.

مؤسسة أولية

Primary Agency

المؤسسات الأولية (P A) :

مقار أساسية منظمة لتقديم الخدمات والأنشطة الاجتماعية التي تقدمها المهنة للعملاء المحتاجين لها سواء أكانوا أفراداً أو جماعات أو حتى مجتمعات، بكلمات أخرى أكثر وضوحاً، هي الاماكن التي تتحمل فيها الخدمة الاجتماعية ممثلة بالأخصائيين الاجتماعيين كامل السلطة والمسؤولية في كافة النواحي وتطبق فيها طرق الخدمة الاجتماعية الرئيسة الثلاثة (الفرد- الجماعة- تنظيم المجتمع) والطرق الأخرى المساعدة (كالإدارة والبحث الاجتماعي) ولعل من أبرز الخدمات التي تقدم في مثل هذه المؤسسات خدمات النصح والإرشاد والخدمات النفسانية والمادية والتشغيلية والتأهيلية .... الخ ومن أبرز أمثلتها

صناديق الضمان الاجتماعي ومراكز رعاية وتأهيل الأحداث الجانحين ومكاتب خدمة نـزلاء السجون وأسرهم ... الخ.

Primiry Agency In Social Group
Work Method

مؤسسة أولية في طريقة خدمة الجماعة

مؤسسة أولية في طريقة خدمة الجماعة (P A S G W M) :

عبارة عن التنظيمات التي تنشأ خصيصاً لممارسة مبادئ وقيم وفلسفة وعمليات ... الخ الطريقة أي التي تحرص بالدرجة الأولى على كـل مـا يتعلـق بنمـو وتوجيـه وتنشـئة أعضـاء الجماعة وإشباع احتياجاتهم وحل مشكلاتهم ولعل من أمثلتها الأنديـة والمراكـز الاجتماعيـة ومراكز الشباب وبيوت الحوار. (ص و 8، م 8).

Principle

مبدأ

المبدأ (P) :

شاع استخدامه في العصور القديمة والوسطى، فقد استخدمه كونفو شيس حكيم الصـين وسقراط وأرسطو حكماء اليونان وخلافهم من الفلاسفة والحكماء الذين جاءوا من بعـدهم، تعددت تعاريفه إلا أن التعريف الذي يلتقي مع مهنـة الخدمـة الاجتماعيـة هـو التعريـف الذي يرى أن المبدأ ما هو إلا (مضمون لفظي يعبر عـن قيمـة إنسانية مطلقـة يلتـزم بهـا الممارس في المهنة بشكل عام والطريقة خدمة الفرد بشكل خاص تأكيداً لإنسانية الإنسـان والتزاماً بالتعاليم الدينية والأخلاقية السائدة) (ص 85، م 33).

Problem

مشكلة

المشكلة (P) :

تنظر لها المهنة بشكل عام على أنها موقف أو قضية تواجه الوحدة التي يتم التعامل معهـا سواء كانت هذه الوحـدة فـرداً أو جماعـة أو مجتمع تعجـز فيه قدرات وإمكانات وموارد

العميل على مواجهتها بمفرده، (لذا فهو يحتاج لمن يعينه على التغلب عليها) أما في طريقة خدمة الفرد التي تشيع فيها استخدامات المشكلة، فهي أحد عناصر طريقة خدمة الفرد أو مكوناتها الأساسية يقصد بها كل قصور أو عجز قد يكون جزئي أو كلي، مؤقت أو دائم يصيب قدرات الفرد وإمكاناته بحيث تصبح هذه القدرات والإمكانات غير قادرة على مواجهتها بمفردها، الأمر الذي يضطر العميل إلى البحث عمن يعينه ويقدم له الدعم من أجل مواجهتها بشكل فعال.

Problem History

تاريخ المشكلة

تاريخ المشكلة (P H) :

يستخدم أكثر ما يستخدم في طريقة خدمة الفرد له عدة صور وإشكال هي (التاريخ الاجتماعي للمشكلة والتاريخ المهني والتاريخ التطوري)، يقصد بالشكل الأول نشأة أو تاريخ ظهورها وبالشكل الثاني لماذا ارتبطت بمرض معين وبالشكل الثالث مدى ارتباطها بالجوانب النفسية والسلوكية.

وهو نفس الشيء الذي يمكن أن يقال في حالة المتعسرين من المدرسة أو التحصيل الدراسي فالتركيز في هذه الحالة عادة ما تكون على البيئة المدرسية بأسرها.

Problem Solving Approach

مدخل حل المشكلة

مدخل حل المشكلة (P S A) :

أحد المداخل الهامة المستخدمة في المهنة بشكل عام وبطريقة خدمة الفرد بشكل خاص. وظفته المهنة أول ما وظفته في مطلع الخمسينات من القرن الماضي على يد إحدى رائدات مهنة الخدمة الاجتماعية والمدعوة بي هيلين برلمان Helen Perlmean فقد رأت في تعريفها للمدخل أنه عملية تتضمن مجموعة من الخطوات بين عناصر نشطة في تفاعل متبادل فهي تشمل أخصائي خدمة الفرد والعميل والأشخاص ومواقف الحياة التي

تجمعهم...منذ ولادة الشخص وحتى نهاية حياته حيث يندمج الإنسان في عملية حل المشكلة سواء بشكل شعوري أو لا شعوري حتى يتمكن من المحافظة على تواصل حركته أو لاستعادة توازن حركته أو تحقيق هذا التوازن، بمعنى آخر فإن مدخل حل المشكلة يتضمن تحديد المشكلة الجاري العمل للمساعدة على حلها وتقسيمها إلى أجزاء يمكن التغلب عليها وإيجاد حل لها بوضع أهداف محددة للعميل وبالاشتراك معه في عملية تحقيقها ولعل من أبرز تعريفات المدخل في اللغة الإنجليزية التعريف الذي ينص على أنها...

"The Proplem – Solving Method Includes The Process Of Building foundation Of Rapport Defining Problems Selection Alternative Solution Reaching Acommitment To Action And Evaluating Progress" (P. 52، R 68).

وترجمة ذلك تعني أن مدخل حل المشكلة يتضمن عمليات التأسيس أو البناء التدريجي لعلاقة أو صلة الوئام التي عادة ما تكون مقطوعة بالإضافة إلى تحديد المشكلة تحديداً دقيقاً واختيار الحلول البديلة والبلوغ إلى مرحلة الفعل أو العمل والتي تأتي بعدها عملية التقويم لمعرفة مدى النجاح الذي تحقق.

أسرة منتجة Productive Family

الأسر المنتجة (P F) :

أحد أنواع المشاريع المولدة للدخل، تقدمها المؤسسات التي تعنى بشؤون الأسرة بهدف زيادة دخل الأسرة التي لديها دخل ولكن غير كاف لتلبية احتياجاتها بحيث يكون المشروع هو دخلها الوحيد من أجل رفع مستوى معيشتها وإشباع احتياجاتها الأساسية سواء كانت غذائية أو غير غذائية بالإضافة إلى شغل أوقات فراغها وتوفير فرص عمل للمتعطلين من أعضائها وبالذات للمرأة في المناطق الريفية التي يندر فيها إيجاد فرص عمل لها خارج

القطاع الزراعي وهو القطاع الذي وإن وجدت فيه المرأة العمل فهو في معظم الحالات بدون أجر. كما ويهدف البرنامج إلى توفير الخدمات الريفية للريفيين في مناطقهم وزيادة إنتاجية الريف بشكل عام. هذا وتختلف آلية تقديم مثل هذه المشاريع من دولة الى أخرى ففي بعض الدول ومنها الأردن تقدم على شكل مستلزمات مشروع وليس نقدا مثل مزارع دواجن وطيور وزراعة الأعشاب الطبية .... الخ وبمبلغ يقدر بحوالي (1400) دولار.

مؤتمر مهنى **Professional Conference**

مؤتمر مهني (P C):

أحد أنواع الموتمرات عند تقسيمها أو تصنيفها حسب الغرض يحضى. باهتمام المهنة بشكل عام وطريقة تنظيم المجتمع بشكل خاص، يقصد بة الوسيلة التى يلجا إليها المتخصصين في أى مهنة من أجل تبادل الرأى والفكر بما فى ذلك بحث ودراسة المشاكل التى تواجة عملاء المهنة بشكل عام ولعل من امثلة المهن التى تستخدم هذا النوع من الموتمرات الطب والتمريض والخدمة الاجتماعية...الخ.

قائد مهني **Professional Leader**

القائد المهني (P L) :

شائع في مهنة الخدمة الاجتماعية بشكل عام وفي طريقتي خدمة الجماعة وتنظيم المجتمع بشكل خاص، يقصد به إعداد وتدريب الأخصائيين قبل ممارسة المهنة فعلياً في مختلف المؤسسات التي تتواجد فيها المهنة سواء كانت حكومية أو خاصة أو تطوعية، ففي حالة العمل مع الجماعات فإن علينا أن نهيء الممارس المهني على ألا يتدخل تدخلاً مباشراً في نشاطات الجماعات وان يترك المجال إلى القادة الطبيعيين الذين يتم انتخابهم من قبل الجماعة وأن يكون تركيزه على دور الرائد والموجه والقدوة والمثل.

علاقة مهنية **Professional Relationship**

العلاقة المهنية (P R) :

روح الخدمة الاجتماعية وبالذات في طريقة خدمة الفرد تعددت وجهات النظر حولها فمنهم من وصفها بأنها الأساس المهني في عملية تقديم الخدمة أو العون للعميل ومنهم من اعتبرها من مبادئ خدمة الفرد فيما وصفها آخرون بأنها عنصر أو مكون أساسي من مكونات خدمة الفرد، فيما يرى المؤلف كمتخصص في الخدمة الاجتماعية أنها الروح التي تسري في كافة مكونات خدمة الفرد وتبعث فيها الحياة والحركة فبدون هذه الروح لن تنتقل أو تصل محاولات وجهود الأخصائي الاجتماعي المهني إلى العملاء وبدونها لن يتفاعل العملاء تفاعلاً شديداً مع طروحات الأخصائي الاجتماعي وحلوله كما ولن يتفاعل الأخصائي الاجتماعي هو الآخر مع أحاسيس ومعاناة وآراء العملاء من أجل تحقيق الغاية من عمليات خدمة الفرد الثلاثة، فهي إذا عملية متبادلة التأثير بين طرفين أحدهما يسعى إلى تقديم العون والآخر يتلهف للحصول عليها ونظرًا للأهمية البالغة التي تحضى بها هذه العلاقة فقد تعددت الخصائص التي تميزها عن غيرها من العلاقات منها أنها اختيارية، مؤقتة، مؤسسية، علاجية .... الخ.

إسقاط **Projection**

الإسقاط (P) :

عملية من العمليات النفسية اللاشعورية ظهرت أول ما ظهرت على يد العلامة فرويد في المقال الذي نشره عن عصاب القلق عام 1894 حيث اعتبره فرويد عملية دفاعية تسير وفق مبدأ اللذة تعزو بمقتضاها الأنا الرغبات والأفكار اللاشعورية إلى العالم الخارجي تلك الرغبات والأفكار التي لو سمح لها بالدخول الى مسرح الشعور لأدى إلى إحداث الألم للذات (ص-، م26) يستخدمها العديد من العملاء إثناء تعاملهم مع الأخصائي

الاجتماعي بحيث يسقطون خصائصهم الشخصية على الأخصائي الاجتماعي، بمعنى أنه إذا كان العميل لا يتسم بالصدق ظن أن الأخصائي يكذب عليه وان كان يكره الناس ظن أن الأخصائي يسلك معه مثل هذا السلوك الأمر الذي يؤدي الى تعطل عملية القبول ويكلف الأخصائي مشقة الصبر حتى يتنازل العميل عن هذا الاسلوب اللاشعوري ويتأكد من أن الأخصائي ليس كذلك وانه ابعد مما يضن .

تلقين Prompting

التلقين (P):

موضع اهتمام كلاً من علم النفس ومهنة الخدمة الاجتماعية وبالذات طريقة خدمة الفرد، يقصد به حث الفرد على أن يسلك أو يتصرف على نحو ما مع التلميح له انه سوف يثاب على ذلك السلوك إذا ما بسلكه . هذا ويقسم علماء السلوك التلقين إلى ثلاثة أشكال أو أنواع هي اللفظي والإيحائي والجسدي.

علاج نفسي Psycho Therapy

العلاج النفسي (P T) :

تربطه بمهنة الخدمة الاجتماعية بشكل عام وطريقة خدمة الفرد بشكل خاص علاقة وثيقة وقديمة، فقد تأثر أخصائيو خدمة الفرد به تأثراً كبيراً، بحيث أصبح التركيز على العلاج النفسي منذ بداية القرن العشرين هو السمة البارزة للمهنة وخاصة في الولايات المتحدة الأمريكية، عرفه البعض من علماء النفس الإكلينيكي أنه نشاط مخطط يقوم به السيكولوجي وجهاً لوجه مع المريض لفترة من الزمن بهدف تحقيق تغير في الفرد من شأنه أن يجعل حياة المريض أكثر سعادة وبنائية أو كليهما معاً.

عقار نفسي **Psychological Drug**

العقاقير النفسية (P D) :

تعرف على أنها (مجموعة العقاقير التي تنتمي إلى مجموعة مواد طبيعية أو مصنعة والتي عند استعمالها تؤثر على الجهاز العصبي المركزي عند الإنسان وعادة ما تستخدم هذه العقاقير في علاج الاضطرابات النفسية والذهنية وانحراف السلوك كالفصام والقلق المرضي والاكتئاب وخاصة الذهان (ص326 - 327، م24).

معونة نفسية **Psychological Help**

المعونة النفسية (P H) :

وسيلة (لتخفيف حدة المشاعر المصاحبة للمشكلة أو إزالتها إلا أنها ليست مواجهة متعمدة لأي مشاعر عصابية أو شبه عصابية، فهي أساليب تزيل أو تخفف حدة القلق أو الذنب أو الغضب الواضحة والمكظومة والتي نشأت نتيجة المشكلة فأفقدت الذات مؤقتاً قدراتها على التماسك والاستقرار وبإزالتها تعود الذات إلى استقرارها ومباشرة وظائفها، كما كانت علية من قبل، والمعونة النفسية وأساليبها ليست لازمة في جميع الحالات دونما تميز وإنما تمارس عندما تتطلبها الحاجة فقط، فالأخصائي الاجتماعي لا يتطوع لممارسة أسلوب ليس في حاجة له أو يواجه مشكلة استطاع العميل حلها بنفسه ولعل من بين أهم وسائل المعونة النفسية (العلاقة المهنية، التأكيد، التعاطف، المبادرة ثم الإفراغ الوجداني).

علم النفس **Psychology**

علم النفس (P) :

أحد العلوم السلوكية التي تعتمد عليها مهنة الخدمة الاجتماعية وبالذات طريقة خدمة الفرد في التعامل مع عملائها فنظريات علم النفس وقوانينه هامة بالنسبة للمهنة في التعرف على دوافع السلوك واضطراباته ومراحل النمو وخاصة في فترة الطفولة. هذا ولقد تعددت

تعاريف علم النفس بتعدد المدارس والمراحل التي مر بها العلم من القديم إلى الحديث فمصطلح سيكولوجي بالإنجليزية يتكون من مقطعين لهما أصل يوناني هما (Psycho) وتعني النفس البشرية أما المقطع الثاني فهو (Logos) ويعني المهنة أو العلم وبذلك أصبح علم دراسة النفس، ولعل من التعاريف التي وضعت له التعريف الذي يراه على (أنه الدراسة العلمية للسلوك الإنساني ومدى توافقه مع البيئة) (ص 615، م 46). كما عرف على أنه العلم الذي يدرس سلوك الكائنات العضوية.

أزمة نفسية **Psychology Crisis**

الأزمة النفسية (P C) :

نالت اهتمام العديد من العلماء أمثال هنز هارتمان **Henz Hartman** صاحب الفضل في ظهور نظرية الأزمة ثم ما لبث الاهتمام بها أن انتقل إلى علوم ومهن أخرى مثل مهنة الخدمة الاجتماعية التي استطاعت أن توظفها أحسن توظيف في التدخل، خصوصاً في الكوارث والأزمات التي يتعرض لها عملائها سواء على المستوى الفردي أو الجماعي أو المجتمعي بغض النظر عما إذا نشأت هذه الأزمات والكوارث بشكل طبيعي نتيجة للأمراض والأوبئة والانحرافات وانهدام المباني والزلازل والبراكين .... الخ أو كانت من صنع الإنسان مثل الحروب والتهجير والحرائق والسجن والإدمان والطلاق ... الخ.

وبسبب خطورتها واهتمام العلماء والممارسين بها في أكثر من مهنة فقد تعددت التعريفات التي وضعت لها .

فقد عرفت بأنها «حالة انفعالية تحول دون استجابة الفرد لصوت العقل والمنطق». ولكي يستطيع الفرد أن يقوم بدوره الاجتماعي مستنداً إلى أحكام المنطق والعقل كان لزاماً عليه إزالة الضغوط الناجمة عن هذه الأزمة والكوارث الطارئة عليه كما عرفها رابوبورت **Rapoport** على أنها موقف مشكل يتطلب رد فعل من الكائن الحي لاستعادة مكانته الثابتة وبالتالي يتم استعادة التوازن». (ص ص 276 - 277، م 14).

خدمة اجتماعية عمالية نفسانية   Psychosocial Labor Social Work

الخدمة الاجتماعية العمالية النفسانية (P L S W) :

تمثل القسم الثاني من أقسام الخدمة الاجتماعية العمالية، يغلب عليها الطابع الإنساني سواء في أدائها أو النشاطات التي تقدمها، فهي غير مفروضة بأية تشريعات أو قوانين وإنما تؤدي بشكل حر ومباشر ينطلق من إيمان الخدمة بإنسانية الإنسان وتميزه عن غيره من الكائنات، لذا فهي تحرص على حث الإدارات وأصحاب الأعمال على تفهم طبيعة الإنسان وسلوكه ..... وتصرفاته ومزاجه وميوله وحاجاته النفسانية التي قد تفوق في أهميتها بالنسبة له وللعملية الإنتاجية برمتها الحاجات والخدمات المادية التي تقدم له سواء كانت على شكل مأكل أو ملبس أو غذاء أو فيزيقية تتعلق في بيئة العمل كالتهوية والإضاءة والوقاية من الأمراض وأخطار الآلات ... الخ، هذا، وتعمل الخدمة الاجتماعية العمالية الإنسانية ممثلة بأخصائيها على خلق جو من الثقة والاحترام والتعاون بين العاملين وأصحاب العمل والمسؤولين على مختلف المستويات وتوفير حالة من الرضا وجو من الطمأنينة بين العمال من جهة وبينهم وبين أصحاب ومدراء العمل من جهة أخرى من أجل رفع الكفاية الإنتاجية وتعميق الانتماء الصادق للمنشأة والحرص على استمراريتها.

دراسة نفسية اجتماعية   Psychosocial Study

الدراسة النفسية الاجتماعية (P S) :

إحدى العمليات الرئيسة في طريقة خدمة الفرد اصطلح على تسميتها بهذا الاسم لأنها تركز على دراسة شخصية العميل وواقعه الداخلي الذي يعيش فيه حيث توجد به الكثير من المؤثرات والظروف التي تلعب دوراً في التأثير على شخصيته، بمعنى آخر أكثر وضوحاً فإنها بحث في الضغوط الداخلية التي يواجهها العميل في تفاعلها مع الضغوط الخارجية، وبالتالي فإنها عملية قد تطول أو تقصر تبعاً لطبيعة ظروف العميل الداخلية والخارجية

وشدة أو ضعف التفاعل فيها، إلا أن ما يلاحظ عليها أنها عملية مستمرة تمر بعدة مراحل تبدأ أولاها من لحظة لجوء العميل للمؤسسة أو تحويله إليها من قبل مؤسسات أو جهات أخرى وتستمر حتى يتمكن الممارس المهني أو الأخصائي من تشخيص الحالة تشخيصاً علمياً دقيقاً، هذا ولقد عرفها الدكتور عبد الفتاح عثمان على أنها «عملية مشتركة تهدف إلى وضع كلاً من العميل والاختصاصي الاجتماعي على علاقة إيجابية بالخصائص الاجتماعية والنفسية بهدف تشخيص المشكلة ووضع خطة العلاج لها».(ص149، م33).

Psychosocial Study As a Dynamic
Process

دراسة نفسية اجتماعية كعملية ديناميكية

الدراسة النفسية الاجتماعية كعملية ديناميكية (P S D P) :

إحدى خصائص الدراسة النفسية الاجتماعية يقصد بها (التحرك بالعميل من موقف الجهل بعوامل الموقف الإشكالي إلى موقف الوضوح والفهم للعوامل التي تداخلت في هذا الموقف الإشكالي الذي يعاني منه سواء كانت على شكل عوامل نفسية أو اجتماعية أو بيئية) (ص50 وما بعدها، م14) علماً أن للديناميكية وجهان في هذا المجال أولاهما أنها لا تسير بشكل محدد وبقوالب ثابتة وإنما فيها نوعاً من التفاعل والحيوية والمرونة.

بمعنى أن عملية جمع البيانات الخاصة بالعميل وظروفه لا تتم بوساطة استمارة مصممة مسبقاً وما على الأخصائي إلا ملئها بشكل أشبه ما يكون بالتحقيق الاجتماعي وإنما تتم بشكل مرن يؤمن بأن لكل موقف إشكالي خصوصيته والعوامل المؤدية له وبالتالي فإن كل معلومة يتم الحصول عليها قد تؤدي إلى معلومة أخرى، الأمر الذي لا تنفع معه الأساليب الجامدة والمحددة مسبقاً وثانيهما متعلق إلى حد ما بأولاهما وهو أن الديناميكية تتيح للأخصائي أن يغير ويبدل في الفروض التشخيصية التي يريد أن يتحقق منها، فما قد يحصل عليه من بيانات ومعلومات خلال عملية الدراسة تجعله يعيد النظر في مثل هذه الفروض التشخيصية، فلو أن العملية بقيت على ما هي عليه من الجمود لما تمكن الأخصائي من

الاستفادة منها أو تهيئه أوضاع وظروف قد تساعد على إجراء التعديلات اللازمة على الفروض التشخيصية.

Psychosocial Study as a Participation Process دراسة نفسية اجتماعية كعملية مشتركة

الدراسة النفسية الاجتماعية كعملية مشتركة (P S P P)

إحدى خصائص الدراسة النفسية الاجتماعية التي يجريها أخصائي خدمة الفرد للعميل وعندما نقول أنها عملية مشتركة فإننا نقصد بذلك أنها (ليست كما في البحوث الميدانية أو التحقيقات التي تجريها الشرطة وخلافها من الأجهزة الأمنية حيث يستحوذ جانب واحد على العملية.

بمعنى أن المحقق هو الذي يسأل وعلى المتهم أن يجيب، بعبارات أخرى أكثر وضوحاً، أنها ليست مجرد عملية جمع بيانات عن العميل وظروفه وإنما هي تفاعل ومشاركة بين الطرفين حيث يقوم كلاً من العميل والأخصائي بدراسة جوانب الموقف الإشكالي وقد يتطلب الموقف الإشكالي إشراك آخرون وبالذات ممن لهم صلة بالموقف الإشكالي الذي يمر به العميل، خلاصة القول، إنها عملية مشتركة تتم بين طرفين رئيسين هما الأخصائي والعميل تتسم بخاصية الأخذ والعطاء من قبل كل طرف من أطرافها.

Psychosocial Study Comes From The Top To The Bottom الدراسة النفسية الاجتماعية عملية تتجه من الأعلى إلى الأسفل

الدراسة النفسية الاجتماعية عملية تتجه من الأعلى إلى الأسفل (P S C F T B) :

خاصية من خصائص الدراسة النفسية الاجتماعية يقصد بها أن نقطة الانطلاق في التعامل مع الموقف الإشكالي الذي يعاني منه العميل (تبدأ من الموقف الحاضر لتصل

تدريجياً للماضي بمعنى أننا نتحرك من المستوى الأفقي (الحاضر) إلى المستوى الرأسي (الماضي) وليس العكس .

علاقات عامة Public Relatiens

العلاقات العامة (P R) :

إحدى الوظائف الإدارية الهامة، استعارته المهنة من الإدارة، وبالذات إحدى طرقها المساعدة وهي إدارة المؤسسات الاجتماعية يقصد به القدرات والوسائل والأساليب التي تتم بوساطتها عملية الربط والانفتاح والتفاعل ما بين المنظمة والبيئة سواء كانت هذه البيئة قريبة منها أو بعيدة عنها فهي نافذة المؤسسات على المجتمع ونافذة المجتمع على المؤسسة حيث يتم من خلالها تعريف المجتمع بأهداف المؤسسة وخدماتها وبرامجها وتعريف المؤسسة بعادات وتقاليد وقيم وأعراف المجتمع الذي تعمل فيه بالإضافة إلى التعريف بما فيه من مزايا مستغلة أو غير مستغلة .

جزاء Punishment

الجزاءات (P) :

أحد مفاهيم نظرية الدور التي تعتبر قاعدة نظرية ومعرفية تستند إليها المهنة بشكل عام وطريقة خدمة الفرد بشكل خاص، حيث تعتبر نظرية الدور موجه نظري لدراسة وتحليل السلوك بأشكاله المختلفة وبالذات السلوك المشكل، تعددت معاني الجزاءات إلا أن من أبرزها (أنها سلوك يقوم به فرد ما أو مجتمع بهدف أحداث تعديل في سلوك فرد آخر وإرغامه على أن يغير سلوكه في اتجاه أكثر تواؤما مع المجتمع، وهي أمر لازم لتحقيق قيام الأفراد بأدوارهم (ص 4، م 22).

عينة عمدية **Purposive Sample**

العينة العمدية أو الغرضية (P S) :

أسلوب من أساليب المعاينة غير الاحتمالية، مستخدم في مهنة الخدمة الاجتماعية كثيراً، خصوصاً في الحالات التي لا يمكن فيها إخضاع العينة للقوانين الإحصائية إلا بشكل جزئي، بمعنى عدم وجود إطار يحدد مجتمع البحث، أي أن مجتمع البحث لا يمكن حصره في قائمة أو قوائم، إما لعدم وجود جهة ما متخصصة في عملية حصره أو لتوقع رفض الكثير من مفردات مجتمع البحث الاستجابة حتى وإن كان مجتمع البحث معروفاً، بسبب خوف مجتمع البحث من المشاركة لأسباب قد تتعلق في العادات والتقاليد أو لنواحي أمنية كما هو الحال في مجتمع المرضى بالأمراض الجنسية كالإيدز والزهري والسيلان أو في حالة مجتمع المدمنين أو المتسولين أو المرتشين أو حالات البغاء والاغتصاب ... الخ بحيث لو تم سحب عينة بالطريقة الاحتمالية فإن كل أو حتى معظم مفرداتها لن تقبل أو قد تخشى الدخول في البحث لذلك فإن الأسلوب الاحتمالي يصبح غير ذي نفع في مثل هذه الحالات مما يفرض على الباحث أن يضع شروطاً للمفردات التي تدخل في بحثه ويتحرى عن أماكن وجودها ثم يقصدها على أمل أن يجد فيها من يقبل أن يطبق عليه البحث.

Questionnaire

استبيان

الاستبيان (Q) :

أداة رئيسة من أدوات جمع البيانات تستخدم من قبل العديد من العلوم الإنسانية والاجتماعية ومن بينها مهنة الخدمة الاجتماعية بكل طرقها، والاستبيان هو ترجمة للكلمة الإنجليزية Questionnaire، علماً بأن لها أكثر من مدلول ومعنى في اللغة العربية فهناك من يترجم المصطلح الإنجليزي للاستبيان بقوله (استفتاء) وهناك من يترجمه إلى

(استقصاء) فيما يترجمه آخرون إلى (استبيان)، إلا أنـه ومهـما تعـددت الـترجمات للاستبيان فإنها تشير إلى نفس المعنى تقريباً.

هذا ويعرف الاستبيان بأنه (مجموعة من الأسئلة تصـمم للحصـول عـلى معلومـات عـن مشكلة أو قضية أو ظاهرة ما أو حتى موضوع يكتنفه الغموض.

Quota Sampling

معاينة حصصية

المعاينة الحصصية (Q S) :

إحدى أنواع المعاينة غير الاحتمالية تستخدمها إحـدى طرق الخدمـة الاجتماعيـة المسـاعدة وهي طريقـة الخدمـة الاجتماعيـة في البحـث الاجتماعـي غالبـاً مـا تتـداخل (خطأ مـع العينة الاحتمالية الطبقية وذلك بسبب أن العينة الحصصية تركـز عـلى محاولـة اختيار عينـات فرعيـة محددة الحجم من جماعات أكبر محددة المعالم ولكن الفرق بـين العينتين أنـه في الحصصية لا يوجد إطار معاينة يمكن سحب العينة منه بينما في الاحتمالية يوجد مثل هذا الإطار، فضلاً عـن ذلك فإن الجماعات محددة والأحجام محددة أيضاً بجانب أن الأفراد الذين يلائمـون مواصـفات الدراسة عادة ما يتم اختيارهم في حصصهم بغض النظر عن أماكن تواجدهم، هذا ولقد سـمية بالحصصية لان الباحث يقسم العينة الى سمات أو شرائح أو فئات ويضع حصة أو نصـيب لكـل فئة من الفئات بحيث تتوافق مع حجمها (ص ص339- 340، م43).

Random Error

خطأ عشوائي

الخطأ العشوائي (R E) :

أحد أنواع أخطاء المعاينة التي لا تعود للباحث ..... وإنما إلى الفروق الطفيفة في الأرقـام نتيجة المعاملات الإحصائية وتحليلاتها، التي عادة ما تنتج فروق لا دخـل للباحـث بهـا عـلى الإطلاق، أي أنها أخطاء خارجة عن إرادته ومتعارف عليها.

معدل الانتشار Rate of Prevalence

معدل الانتشار (R P) :

يستخدم في البحوث بشكل عام بما فيها بحوث الخدمة الاجتماعية لمعرفة معدل حدوث أو حتى انتشار ظاهرة أو سلوك ما مقترنا بوحدة جغرافية أو بشرية مثل معدل انتشار البغاء أو الإدمان أو الفقر أو الطلاق ... الخ في مجتمع ما.

واقعية **Reality**

الواقعية (R):

شاع استخدامه في الكثير من العلوم الاجتماعية والإنسانية وعلى رأسها علم النفس وبالذات من قبل مدرسة التحليل النفسي وكذلك من قبل مهنة الخدمة الاجتماعية خصوصاً طريقة خدمة الفرد حيث يقصد به (التعامل الموضوعي أو المواجهة المباشرة والصريحة للمشكلة التي يعاني منها العميل أو العملاء كما هي عليه لا كما يتصورها ويتخيلها العميل نفسه سواء كان ذلك بالتهويل والمبالغة في حجمها وخطورتها أو بالتهوين والتقليل من شأنها).

استدعاء Re-call

الاستدعاء (R) :

أحد أساليب العلاج التي يتبعها الأخصائي الاجتماعي وبالذات أخصائي خدمة الفرد لمساعدة العميل على استبطان نفسه دون تأويل لكي تشاهد الذات الواعية ما يحتويه الذهن من الخبرات والمشاعر وتذكر الأحداث والخبرات المختزنة في الماضي القريب والبعيد خصوصاً وإن العميل وبسبب حساسية الخبرات المستدعاة في حياته الماضية غالباً ما يلجأ إلى مقاومة الاستدعاء ومحاولة الإنكار والإخفاء ما لم تتوفر له أجواء من الثقة والاطمئنان على ما يبوح به من مشاعر، وعليه فإن خلق أجواء الثقة هذه يصعب تحقيقه إلا إذا شعر

العميل بأن العلاقة المهنية التي تربطه بالأخصائي في أحسن أوضاعها لأن من شأن العلاقة المتميزة أن تساعد على انطلاقة العميل الحرة والتأمل الذاتي والتذكر دون مقاطعة من أي شيء لتيار تفكيره أو توارد خواطره التي تستدعي بشكل واضح دونما أي تحريف أو تبديل.

إصلاح إجتماعي **Reconstruction**

الإصلاح الاجتماعي (R):

عملية هامة من عمليات استقرار المجتمع وإعادة التوازن له خصوصاً في وقت الأزمات وذلك من خلال العمل على مساعدة النظام الاجتماعي العام على أداء وظائفه بشكل فعال ومن أجل تحقيق مثل هذا الأمر فلابد من التصدي للمشكلات والظواهر الاجتماعية التي تعمل على تقطيع أواصر البناء الاجتماعي وتفسد نظمه الرئيسة من خلال العديد من الآليات والوسائل التغيرية سواء كانت رسمية أو غير رسمية، فالرسمية غالباً ما تتم من خلال التشريعات والسياسات أما غير الرسمية فإنها تتم عادة عن طريق التأثير في العادات والتقاليد والأعراف أو ما يعرف بنسق القيم والعادات الذي يعيق حركة المجتمع وتطوره شريطة أن يكتفي الإصلاح بلمس المشكلات والمعضلات لمساً خارجياً وذلك بصرف المطريات والمسكنات لها وإنما بمواجهتها مواجهة حقيقية ومعمقة وذلك بالدراسة و والتشخيص والعلاج ثم المتابعة والتقييم في إطار من التشريعات التي تكفل لها الشرعية والقواه والعدالة في المواجهة..

تسجيل في خدمة الجماعة **Record In Social Group Work**

التسجيل في خدمة الجماعة (R S G W) :

عملية من العمليات التي تستخدم في طريقة خدمة الجماعة يتم بموجبها تدوين كافة المعلومات والبيانات والحقائق بالإضافة إلى المواقف المختلفة التي تمر بها الجماعة سواء

كانت هذه المواقف لفظية أو إحصائية، تتعلق بالأرقام والرسوم البيانية أو بغيرها مما يخص الجماعة بشتى الوسائل والأساليب المتاحة التي تضمن حفظها لفترات قد تطول أو تقصر حسب الغرض منها، من أجل إعادة استخدامها من قبل الجماعة أو أعضائها أو من قبل رائد الجماعة أو قائدها أو حتى من قبل مؤسسة خدمة الجماعة في مختلف المجالات التي تساعد على نموها ونضجها، وذلك بشتى أساليب التقنيات المتاحة سواء كانت كتابية أو سينمائية أو مسرحية أو أجهزة التسجيل الصوتية أو الفيديو أو أجهزة الكمبيوتر أو الإنترنت وخلافها من الوسائل التكنولوجية المنتشرة حالياً حتى في المناطق الريفية .

ترويح **Recreation**

الترويح (R):

أحد الأنشطة التي نالت اهتمام أخصائيو المهنة بشكل كبير خاصة طريقة خدمة الجماعة إلى الحد الذي حدا في الكثيرين وخاصة من خارج المهنة إلى الظن بأن الطريقة ما هي إلا لعب ولهو ليس إلا، مع أن حقيقة الأمر غير ذلك، فاللعب واللهو جزء من الترويح والترويح جزء من طريقة خدمة الجماعة وليس كل الطريقة، وعليه فإن المقصود بالترويح، مجموعة الأنشطة الاختيارية التي يمارسها الفرد سواء كان ذلك بمفرده أو مع آخرين خارج إطار العمل بهدف إشباع رغبة أو تحقيق مسرة أو توسيع المدارك أو صقل الشخصية بمعنى آخر، فهي وسيلة من وسائل التنشئة وتعزيز التكيف والتوافق مع عادات وتقاليد ونظم المجتمع.

جماعة مرجعية **Reference Group**

الجماعة المرجعية (R G):

شكل من أشكال الجماعات، سميت بالأولية لأن التفاعل بين أفرادها قوياً وتلقائياً فلا تصنع أو تكلف، بمعنى آخر أنه تفاعل مباشر من جهة وعاطفي من جهة أخرى

فالعلاقات التي تسودها تتأثر بطبيعة الروابط التي تربط بين أعضائها سواء كانت على شكل قربى أو حتى جوار مما يؤدي إلى سيادة شعور التراحم والاتحاد والتماسك والرغبة في الاستمرار كأعضاء في الجماعة بغض النظر عن المكاسب الشخصية التي يحققونها من عضوية كهذه، فهي تشكل إطاراً لتفكير الفرد يسترشد به في سلوكه وقيمه وعاداته وتقاليده وحتى في دوافعه واتجاهاته وتطلعاته.

بيت الإصلاح **Reform House**

بيوت الإصلاح (R H) :

إحدى أهم السياسات الاجتماعية الإصلاحية التي تبنتها إنجلترا في العصور الوسطى وبالذات بعد صدور قانون (1536) الذي أقر لمواجهة التشرد والبطالة والفقر بعد أن استفحلت هذه الشرور في المجتمع بشكل فاضح فكانت بمثابة أول تنظيم للرعاية الاجتماعية الشعبية تحت إشراف الحكومة والذي تم بموجبه إنشاء مصانع ومعامل أشبه ما تكون بالسجون، فقد كان يلحق بها المتشردون والمتسولون من الرجال والنساء القادرون على العمل بدلاً من التسول في الأماكن العامة، حيث كانوا يعملون لساعات طويلة وتحت ظروف صحية واجتماعية سيئة جداً مما دفع الكثيرين منهم للهرب أو حتى تفضيل مواجهة الموت عن الاستمرار في مثل هذه البيوت لأنهم يعيشون تحت وطأة ظروف فيزيقية بالغة التردي.

تدعيم **Reinforcement**

التدعيم (R) :

الجهود المبذولة لتعزيز أو تقوية سلوك معين مرغوب به من قبل العميل، حيث تتعدد وسائل وأساليب التدعيم وفقاً لدرجة نضح العميل وطبيعة الاستجابة التي تصدر عنه تجاه أي موقف من المواقف، بمعنى آخر فقد يكون التدعيم على شكل مديح وثناء وقد يكون

بالإظهار الدائم للآثار الإيجابية التي نجمت عن استجابة معينة وقد يكون بتقديم بعض الحوافز المادية كالنقود والطعام ... الخ هذا مع ضرورة التأكيد على أن ثواب الاستجابة قد يكون مادياً بحتاً أو معنوياً خالصاً وقد يجمع بين الجانبين المادي واللامادي).

استراتيجية التعزيز

Reinforcement Strategy

إستراتيجية التعزيز (R S) :

إحدى أنواع الاستراتيجيات المستخدمة في طريقة تنظيم المجتمع تسعى إلى تحقيق مشاركة المواطنين في أي منظمة من منظمات المجتمع للمساهمة في التغلب على بعض الصعوبات المتوقعة وفي ضوء ذلك فإن المواطنين لا يمكن اعتبارهم أدوات والاعتماد عليهم للوصول إلى أنسب الأهداف التخطيطية للمنظمة أو المساهمة في تحقيق الأهداف فقط ولكنهم عناصر أساسية من شأنها إعاقة العمل أو إفشاله (في حالة عدم مشاركتهم) وإن تعاونهم وإسهامهم أمر ضروري للتغلب على العقبات، بكلمات أخرى أكثر وضوحاً أنها (عملية عن طريقها يمكن توفير عناصر قيادية تسهم في تحقيق سياسة المنظمة وضمان عدم وجود ما يهدد استقرارها واستمراريتها) .

إلتزام ديني

Religious Commitment

الالتزام الديني (R C) :

أحد المبادئ الإنسانية في خدمة الفرد يقصد به (الإيمان المطلق بالشرائع السماوية، أوامرها ونواهيها خلال عملية المساعدة تحديداً لحقوق العملاء وواجباتهم في نطاق الشرعية الواجبة) (ص85، م33).

وبالتالي فإن الالتزام بهذا المبدأ من قبل مهنة الخدمة الاجتماعية يعني إيمانها بأهمية الدين في تهذيب السلوك وحماية الأفراد والجماعات والمجتمعات من الانحراف وإقامة نوع من التوازن بين القيم المادية والروحية لأن فقدان مثل هذا التوازن من شأنه أن يؤدي إلى طغيان

جانب على الجانب الأخر، الأمر الذي قد يتسبب إما في التزمت والتشدد والتطرف وإما في الانغماس بالشهوات والانحلال.

علاج ديني **Religious Therapy**

العلاج الديني (R T) :

أحد أنواع العلاج المتبعة في طريقة خدمة الفرد يقوم على أسلوب توجيه وإرشاد وتربية وتعليم العملاء الذين يعانون من مختلف المشكلات والاضطرابات وذلك بزيادة فهمهم وإدراكهم لذواتهم وللعبادات والمبادئ الروحية التي تقربهم من خالقهم، بكلمات أخرى أكثر وضوحاً، فهو أسلوب لتحرير العميل ... من مشاعر الخطيئة والإثم والعدوان التي تعكر صفو طمأنينته وأمنه النفسي، وبالتالي مساعدته على نقد ذاته كخطوة أولى على طريق إشباع حاجته إلى الأمن والسلام النفسي، علما أن هذا النوع من العلاج يسير في خطوات تمهد كلا منها للأخرى وهذه الخطوات هي (الاعتراف، التوبة، الاستبصار، والتعلم، واكتساب اتجاهات وقيم جديدة ثم الدعاء وذكر الله.

تصميم البحث **Research Design**

تصميم البحث (R D) :

عملية هامة لابد لأي بحث سواء في مجال الخدمة الاجتماعية أو العلوم الأخرى أن تمر بها فهي الخطة التي يتم بموجبها البحث بما في ذلك تنفيذه عادة ما يتم تلخيصها في ثلاثة أسئلة هامة هي ما هو نمط البحث ؟ما هو المنهج أو المناهج المستخدمة فيه ؟ ثم بماذا علينا جمع البيانات الخاصة بالبحث ؟).

بعبارات أخرى أكثر وضوحاً فإن تصميم البحث يتضمن جميع المراحل والخطوات التي يمر بها البحث للإجابة على تساؤلاته أو اختبار فروضة.

كلفة الاستجابة   **Response Cost**

كلفة الاستجابة (RC):

مستخدم أكثر ما هو مستخدم في علم النفس وبطريقة خدمة الفرد وبالذات فيما يتعلق بالسلوك وكيفية تعديله، تعددت تعاريفه ألا أن من أبرزها التعرف الذي يراه على انه «الإجراء السلوكي الذي يشتمل على فقدان الفرد لجزء من المعززات التي لديه نتيجة تجاوزه للسلوك غير المقبول مما سيؤدي إلى تقليل أو إيقاف ذلك السلوك، لماذا!!؟

لان تأدية الفرد للسلوك غير المقبول سوف يؤدي إلى تغريمه» (للمزيد انظر الدكتور جمال الخطيب، تعديل السلوك القوانين والإجراءات).

تقاعد   **Retairment**

التقاعد (R) :

تولية المهنة اهتمامًا كبيرًا وبالذات الخدمة في مجال الضمان الاجتماعي والخدمة في المجال العمالي، تعددت تعاريفة إلا أن من أبرزها التعريف الذي يراه على أنه نهاية النشاط الذي يسهم به الفرد ما عدا الأنشطة الروتينية، وعادة ما يأخذ التقاعد أحد شكلين عند تصنيفة حسب القرار فهو أما أن يكون اجباريًا أو اختياريًا.

نادي ريفي   **Rural Club**

نادي ريفي (R C) :

إحدى مؤسسات طريقة خدمة الجماعة كما أنها موضع اهتمام الخدمة الاجتماعية في المجال الريفي، يقصد به المؤسسة الترويحية التي تنشأ في القرى والأرياف وتدار بمعرفة الأهالي وبما يتفق مع واقعهم وتحقيق تطلعاتهم، فهو وسيلة ومن وسائل مواجهة احتياجاتهم الترويحية والاجتماعية والرياضية والثقافية خصوصاً في أوقات فراغهم حيث

تقـوم الأنديـة بتنظيـم الاحتفـالات بالأعيـاد والمبـاريات وإقامـة الحفـلات وبالـذات السـمر والتمثيليات المسرحية بالإضافة إلى المساهمة في تنفيذ المشاريع الاقتصادية، باختصـار فهـي وسيلة اكتساب مهارات جديدة وتنمية ميولهم وهواياتهم ومساعدتهم على تكوين علاقـات سليمة وتحمل المسئولية.

Rural Development

تنمية ريفية

التنمية الريفية (R D):

شكل من أشـكال التنميـة التـي تتبعهـا العديـد مـن الـدول وبالـذات الناميـة منهـا، زاد الاهتمام بها في الآونة الأخيرة. فقد بلغ من اهتمام المهنة بها أن خصصت لها مجالاً مستقلاً يعرف بالخدمة الاجتماعية في المجال الريفي. تعددت تعاريفها بتعدد المفكرين والبـاحثين والمنظمات الدولية المهتمة بها. حيث عرفها البنـك الـدولي «بإستراتيجية نمـو موجهة نحـو مجموعة سكانية محددة هم الفقراء الريفيون من المعدمين وصغار الحائزين» فيما يعرفها المؤلف بأنها (عملية يتم من خلالها التعرف على موارد الريف سواء كانت طبيعية أو بشرية واستثارتها بشتى الوسائل المتاحة من أجل الوصول بها إلى أقصى معدلات النمو كما ويـتم في نفس الوقت التعرف على احتياجاته بما في ذلك أولويات فقرائة ومهمشية من أجل إشباعها منتهجين في سبيل تحقيق ذلك المشاركة الأهلية الفاعلة في كافة خطواتها ومراحلها) (ص55، م 28).

Rural Social Work

خدمة اجتماعية ريفية

الخدمة الاجتماعية الريفية (R S W) :

تعتبر القرية والمراكز الريفية من بين المجالات التي تعمل فيها مهنة الخدمة الاجتماعيـة سواء مـن خـلال مؤسسـاتها الأوليـة أو المؤسسـات الثانويـة الموجودة في هـذه المجتمعـات وبالذات الفلاحية منها والشبابية والصحية والتعليمية والفنية ... الخ حيث تعمل المهنة

على بث الحماس والرغبة لدى المواطنين في تحسين أحوالهم المعيشية وإصلاح مجتمعاتهم من كافة النواحي، بالإضافة إلى محاولة تثبيتهم في مناطقهم والحد من هجرتهم إلى المراكز الحضرية ما أمكن، فالأخصائي ومن خلال المراكز الاجتماعية الريفية والجمعيات التعاونية والخيرية والوسائل السمعية والبصرية يعمل على إثارة الرغبة في نفوس القرويين لإصلاح أنفسهم أولاً وإخراجهم من عزلتهم ثانياً ليكونوا عناصر فاعلة في مجتمعهم، بكلمات أخرى أكثر وضوحاً، فإن الخدمة الاجتماعية الريفية وسيلة الريف في التغلب على مشاكله وزيادة إنتاجيته وتحسين معيشته ورفع مستوى مشاركته في كل ما يخصه من شؤون.

Sampling

معاينة

المعاينة (S) :

تستخدم في البحوث التطبيقية التي تجريها مهنة الخدمة الاجتماعية حيث يقصد بها (عملية سحب العينة من المجتمع وتتضمن تحديد المجتمع الأصلي وإطار هذا المجتمع ويقصد بالإطار القائمة التي تضم كل مفردات هذا المجتمع كما يتضمن سحب عينة ممثلة للمجتمع أي أن تماثل في خصائصها خصائص المجتمع الذي تسحب منه).

أسلوب تلخيصي **Schedule Style**

الأسلوب التلخيصي (S S) :

أحد تصنيفات التسجيل حسب النوع تستخدمه مهنة الخدمة الاجتماعية وبالذات طريقة خدمة الفرد، يقصد به (التسجيل المركز والموحد الذي لا يتقيد بالتسجيل الحرفي لكل ما دار في المقابلة كما أنه لا يتقيد بالتسلسل الزمني لإحداثها وما جرى ويجري بها، لذا فهو صياغة تلخيصية للمقابلة أو العملية المهنية بكل ما احتوتها من مواقف وأحداث في مضمون عام يبرز أهم ما حققتها وما انتهت إليه) وتتعدد صور هذا الأسلوب في طريقة

خدمة الفرد فهناك الملخص الدوري والملخص الختامي للحالة سواء في حالة تقديم المساعدة للحالة أو حفظ ملفها أو حتى في حالة تحويلها إلى مؤسسة أخرى أو إغلاق ملفها لأي سبب من الأسباب كما أن هناك ما يعرف بالملخص التحويلي.

إرشاد مدرسي School Guidance

الإرشاد المدرسي (S G) :

ممارس بكثرة في مهنتي التربية (الإرشاد التربوي) وفي الخدمة خصوصاً في المجال المدرسي، تعددت تعاريفه إلا أن من أبرزها (أنه برنامج منفذ بواسطة أخصائيين مهنيين ضمن النظام المدرسي صاحب المهنة في تطبيق المهارات والمعارف النظرية المستمدة من السلوك المعرفي أو العلمي وتطبيق هذه المهارات بشكل أساسي وملائم لإنجاز الأغراض المرتبطة بالميدان بفاعلية) (P. 10, R 71) .

مشكلة فردية مدرسية School Individual Problem

المشكلة الفردية المدرسية (S I P) :

موضع اهتمام المهنة بشكل عام وبؤرة اهتمام طريقة خدمة الفرد في المجال المدرسي بشكل خاص ، لا يقتصر الاهتمام بها على جانب واحد وإنما تتعدد جوانب الاهتمام بها، كما أنها في تعددها تتداخل مع بعضها البعض، تعددت تعاريفها إلا أن من أبرزها «أنها موقف معقد تعجز فيه قدرات الطالب على التصدي له بفعالية مناسبة مما يعوق أدائه الاجتماعي ويحد من توافقه الدراسي) (ص 127، م 15).

عيادة نفسية مدرسية School Psychological Clinic

العيادات النفسية المدرسية (S P C) :

مؤسسات اجتماعية نفسية متخصصة في دراسة وتشخيص وعلاج المشكلات النفسانية للأفراد وذلك من خلال تتبع حالاتهم عبر جميع مراحلها أي من الماضي حتى الحاضر بهدف

توجيهها للمستقبل، وفهم هذه العمليات يتم بتعاون المختصين الـذين يعملـون بالعيـادة النفسية والذين عادة ما يعملون على شكل فريق تشمل مجالات تخصصـهم علـى المكونـات الجسمية والنفسية والعقلية والخلقية والاجتماعية حيث يسود التعاون بيـنهم أثنـاء بحـث وتشخيص كل حالة لضمان أن يكون توجيـه وعلاج كـل حالـة مـن الحـالات المـترددة علـى العيادة على أساس علمي متكامل (ص115، م42).

أخصائي اجتماعي مدرسي

School Social Worker

الأخصائي الاجتماعي المدرسي (S S W) :

شخص مهني تم إعداده في مدارس وكليات الخدمة الاجتماعية من كافة الوجوه المهنيـة كيما يكون القدوة المهنية لغيرة في كافة المجالات، إلا أن ما يميزه عن غـيره مـن الأخصـائيين الاجتماعيين هو تلقيه مساقات في الخدمة الاجتماعية المدرسـية أو علـى الأقـل تـوفر الخـبرة لديه بعد التخرج في تربية وبناء الأجيال الطلابية في المدارس خصوصاً مـا يتعلـق بالتحصيل وسـوء التكيـف بالإضافة إلى كافة مشـاكل الطلاب وبالـذات الاجتماعيـة والسـلوكية التـي تواجههم.

بطالة موسمية

Seasonal Unemployment

بطالة موسمية (S U) :

انقطاع عن العمـل يحـدث في بعـض القطاعـات بسـبب التغـيرات الموسـمية في النشـاط الاقتصادي نتيجة للظروف المناخية أو التغيرات الدوريـة حيـث تعمـل هـذه الصـناعات في بعض الفصول وتتوقف في فصول أخرى أو قد يزيد عليها الطلب في مواسم ويقل في مواسـم أخرى عادة ما تكون معالجة آثارها موضع اهتمام المهنة وبالذات الخدمة في المجال الريفي والخدمة في مجال رعاية العمال ... الخ (ص 190، م 5).

Secondary Agency

وكالة ثانوية

الوكالة الثانوية (S A) :

إحدى المؤسسات العاملة في المجتمع سواء كانت تتبع للحكومة أو أهلية أو خاصة...الخ تقوم بأنشطة عديدة قد تكون اقتصادية أو تعليمية أو صحية أو شبابية...الخ تتعلق بالرعاية الاجتماعية بمفهومها الواسع وعليه فإن وجود مهنة الخدمة بها ليس الأوحد والأساسي وإنما المساعد والمعين لها على تأدية وظائفها وتحقيق أهدافها، سواء اقتصر ـ هذا الوجود على أخصائي اجتماعي واحد أو أخذ وضع القسم أو المكتب، بمعنى آخر فهي جهات تستفيد من جهود المهنة وخلافها من المهن لمساعدتها على تحقيق رسالتها، ولعل من أمثلتها (المدارس المستشفيات، المصانع، مراكز رعاية الشباب، وحدات التطوير الحضري...الخ.

Secondary Agency In Social Group Work Method

مؤسسة ثانوية في طريقة خدمة الجماعة

مؤسسة ثانوية في طريقة خدمة الجماعة (S A S G W M) :

أماكن لتقديم خدمات جماعية لأعضائها في نطاق خدمات أخرى تسعى هذه المؤسسات إلى تحقيقها بمعنى آخر فهي مؤسسات مضيفة تستعين بطريقة خدمة الجماعة لمساعدتها في تحقيق أهدافها المؤسسية التي قامت من أجلها، فالمستشفى على سبيل المثال مؤسسة علاجية.

إلا أنه يستعين بالطريقة من أجل العمل مع جماعات المرضى خصوصاً مرضى السرطان والإيدز والدرن ... الخ التي يحتاج مريضها للإقامة في المستشفى فترة طويلة ورعاية وعلاج من نوع خاص.

تكتيك المساعدة الذاتية

Self – Help Tactic

تكتيك المساعدة الذاتية (S H T):

نوع من أنواع التكتيكات المتعددة والمستخدمة في المهنة وبالذات في طريقتي خدمة الفرد وتنظيم المجتمع حيث يقوم هذا التكتيك على افتراض ان صاحب المشكلة هو الأقدر والاكفاء على حل مشكلتة سواء كان فردًا أو جماعة أو مجتمع محلي .

حق تقرير المصير

Self- Determination

حق تقرير المصير (S D) :

مبدأ من المبادئ الهامة التي تؤمن بها مهنة الخدمة الاجتماعية فهي تؤمن بالعمل مع الأفراد لا بالنيابة عنهم، على اعتبار أن للفرد أهميته وجدواه وقيمته كإنسان لديه قدرات كبيرة يمكن استثمارها مهما بدت محدودة لأن محدوديتها قد جاءت بفعل الكثير من العوامل التي قد تكون في جانب كبير منها مؤقتة، أي أن حق تقرير المصير ما هو إلا إعطاء العميل فرصته الكاملة في المشاركة في تقرير مصيره وتحمل مسؤولياته ليس فقط تجاه نفسه وإنما تجاه غيره ممن تربطهم به روابط اجتماعية ما وكذلك تجاه مجتمعه الذي يحيا فيه.

فالوصاية بالإكراه وحمل الناس على اتباع حلول معدة سلفاً تتنافى مع الإيمان بالشراكة والعمل على تنمية وتطوير القدرات مهما كانت، إلا أن الإيمان في هذا المبدأ لا يعني أن على الأخصائي الاجتماعي أن يعطي هذا الحق للعميل بشكل مطلق، فهو حق للعميل ما دام العميل (سواء كان شخصاً أو جماعة أو مجتمع) قادراً على المشاركة في تقرير مصيره فالواقع يشير إلى أن هناك العديد من الحالات غير القادرة على إدارة شؤون حياتها اليومية بنفسها لا بل فإنها لا تدرك ما هي احتياجاتها ولا كيفية الحصول عليها أصلاً كالمرضى العقليين والمصابين بأمراض نفسانية مزمنة والأطفال من صغار السن ... الخ.

Self- Survey Technique

تكتيك المسح الذاتي

تكتيك المسح الذاتي (S S T) :

أسلوب يدعو إلى (إشراك قيادات المجتمع المحلي في إجراء الدراسات والمسوح المحلية التي تهدف إلى الوقوف على عوامل المشكلات الاجتماعية القائمة أي أنه يهتم بالدرجة الأولى في تعريف هذه القيادات على مشكلات النسق من جانب ومن جانب آخر التقليل من مقاومتهم لخطة العلاج) (ص 52، م 40) .

Self Therapy

علاج ذاتي

العلاج الذاتي (S T) :

أحد أساليب العلاج المتبعة في طريقة خدمة الفرد والموجه نحو شخصية العميل أو ذاته يقصد به (العمليات التأثيرية التي تهدف إلى إحداث تعديل إيجابي مقصود في الشخصية (أو في الذات) سواء في مجال العادات الأساسية (الانفعالية أو العقلية أو السلوكية) أو في مجال الاستجابات لمواقف معينة بعبارة أخرى أما إحداث تعديل جذري في بناء الشخصية أو تعديل نسبي في بعض جوانبها العارضة) (ص17 وما بعدها، م33) ولعل من أبرز أساليب العلاج الذاتي المتبعة في الطريقة (المعونة النفسية، تعديل الاستجابات، تعديل السمات).

Semi – Governmental- Agency

مؤسسة شبه حكومية

المؤسسة شبه الحكومية (S G A) :

إحدى أنماط المؤسسات الاجتماعية التي تعمل من خلالها مهنة الخدمة الاجتماعية، حيث درجة المهنة على تصنيف المؤسسات حسب تبعيتها إلى حكومية وأهلية وشبه حكومية، يقصد بها (أي شبه الحكومية) (المؤسسات التي تتقاسم فيها كل من الدولة والتنظيمات الأهلية وينسب معينة المسؤولية سواء في إدارتها أو تمويلها أو الإشراف الفني

عليها وهو أسلوب اتبع أخيراً ليجمع بين المزايا التي تملكها الأجهزة الحكومية من إمكانيات مادية وفنية وبين مزايا الإدارة الأهلية المتحررة من التعقيدات الروتينية والبيروقراطية المريضة والهرمية المعقدة) (ص72، م33).

شفافية حسية **Sensitivity**

الشفافية الحسية (S) :

أحد عناصر التفاعل الوجداني الذي تمت الإشارة له في أحد أجزاء هذا المؤلف غالباً ما تستخدم من قبل أخصائي خدمة الفرد في تعامله مع العملاء، يقصد بها (القدرة على الإحساس بمشاعر العملاء الظاهرة وغير الظاهرة، فالفرد العادي قد يدرك في سهولة ويسر مشاعر الآخرين سواء أكانت غضباً أو خوفاً طالما كانت من الوضوح الكافي بحيث تظهر لها علامات خارجية ظاهرة، إلا أن هذا ليس كافياً في حالة الأخصائي الاجتماعي عند التقائه بعملائه حيث يتوجب عليه أن يستشف مشاعرهم الحقيقية المختبئة خلف الحيل الدفاعية المختلفة وأن لا يكتفي بما هو ظاهر من علامات خارجية) (ص 127، م33).

اعاقة سمعية شديدة **Severe Hearing Impairment**

الاعاقة السمعية الشديدة (S H I):

تولية المهنة جل عنايتها وبالذات طريقة خدمة الفرد والخدمة الاجتماعية فى مجال رعاية المعوقين وكذللك التاهيل سواء المهنى او الجسمانى، يقصد بة مقدار او كمية الخسارة او العطب الذى يحصل فى الجهاز السمعى لدى المعاق فيفقدة جزء كبير من قدراتة أي أن مقدار الفقد يزيد عن (92 db Loss) وحدة على مقياس ديسبل الأمر الذى يوكد شدة الإلتهاب في الأذن مما يترتب علية خلل فى طرق التوصيل السمعى .

Severe Mental Retardation إعاقة عقلية شديدة

الإعاقة العقلية الشديدة (S M R) :

يحضى هذا النوع من أنواع الإعاقة الذهنية برعاية المهنة وبالذات الخدمة في مجال رعاية وتأهيل المعوقين، يقصد به الأفراد الذين تقل نسبة ذكائهم عن (25) درجة على مقياس الذكاء ولا يزيد عمرهم العقلي عن (3) سنوات فهم عديمي القدرة على التعلم أو حتى التدريب لأنهم يفتقدون إلى القدرة على التفكير وبالتالي فهم معتمدين تماماً على رعاية الآخرين لهم، علماً أنهم لا يعمرون طويلاً ونسبتهم لا تزيد عن (5%) من مجموع الإعاقات العقلية. (ص 37، م 2).

Sheltered Workshop ورشة محمية

الورش المحمية (S W) :

تتعامل مهنة الخدمة الاجتماعية مع هذا الصنف من التدريب وبالذات مجالاتها المتخصصة في رعاية وتأهيل وتدريب المعوقين وعادة ما يقام هذا النوع من أنواع مراكز التدريب والتأهيل للمعوقين إعاقة شديدة Severely Handicapped فهؤلاء لا يمكن لنا أن نوجد لهم عملاً مناسباً في المجال المهني والصناعي والتجاري والخدمي العادي، لذا فان علينا أن نوفر لهم مثل هذه الورش وان نزودها بكافة الوسائل الفنية والمهنية اللازمة كي تتلاءم وطبيعة إعاقة هؤلاء وقدراتهم المحدودة جداً على كافة الصعد، وعادة ما تركز مثل هذه المراكز على الأنشطة الخفيفة مثل الجلديات والخزفيات كالحقائب والأحذية والأشياء التراثية.

خدمة ذات مدى قصير **Short Term Service**

الخدمة ذات المدى القصير (S T S) :

أحد أنواع النماذج المهنية المتعددة التي تبنى على أساس الـزمن الـذي تسـتغرقه عمليـة تقديم الخدمة للعميل سواء كان فـرد أو جماعـة أو مجتمـع منـذ بدايـة مقابلـة الاسـتقبال وحتى نهاية المقابلة الختامية وحسب رأي بعض الأخصائيين فإن هذا المـدى في حـدود (12) أسـبوع أو ثلاثـة أشـهر مـا بـين المقابلـة الأولى والمقابلـة الختاميـة أو (12) مقابلـة مـا بـين الاختصـاصي الاجتماعـي وأطـراف الحالـة أو مـا مجموعـه (10) سـاعات عمـل مـن وقـت الاختصاصي الاجتماعي (ص –، م14).

هذا ويرى المؤلـف أن زمـن تقديـم الخدمـة للعمـلاء يعتمـد عـلى عوامـل عديـدة مثـل (طبيعة المشكلة وخصائص العميل وقدرات الممارس المهني وبالـذات الاتصاليـة وإمكانيـات ومـوارد المجتمـع ودرجـة الـتلاحم الاجتماعـي .... الـخ فهنـاك مشـكلات يقـل فيهـا الـزمن المستغرق لتقديم الخدمة كثيراً عما يقدره بعض الاختصاصـيين كـما هـو الحـال في الحصـول على فرصة عمل أو العودة إلى العمل ثانية أو الالتحـاق بمؤسسـات التعليم أو التـدريب أو العودة إليها ثانية.

قبول مبني على الحب **Significant Other System**

القبول المبني على الحب (S O S) :

مستخدم في مهنة الخدمة الاجتماعية بشكل عام وطريقة خدمة الفرد بشكل خاص، يشير إلى مجموعة الجهود والممارسات التي يتم بذلها وبالذات من قبل المهنيين لتقبـل حـال وواقـع وقيم الآخرين وتجاربهم مهما كانت بعيدة أو متعارضة مع شخصياتنا وتجاربنـا، بمعنـى آخـر، فإن على مهنة الخدمة الاجتماعية ممثلة بأخصائيها أن تساعد العملاء على تنمية

علاقات طيبة مع الآخرين بالرغم من وجود التعارض القائم ما بين شخصيات وواقع كلاً من الطرفين من جهة وبغض النظر عن حجم الألم والمعاناة الذي يتسبب به قبول كهذا.

اعاقة سمعية بسيطة **Simple Hearing Impairment**

الاعاقة السمعية البسيطة (S H I):

موضع اهتمام المهنة بشكل عام وطريقة خدمة الفرد والخدمة فى مجال الاعاقات والتاهيل المهنى والجسمانى بشكل خاص، هذا وتسمى بالبسيطة لان مقدار الخسارة أو النقص فى السمع الذى يعانى منة المعوق عادة ما تكون قليلة أى أنها تتراوح ما بين (20- uodb. Loss) وحدة على مقياس ديسبل .

إعاقة عقلية بسيطة **Simple Mental Retardation**

الإعاقة العقلية البسيطة (S M R) :

جزء لا يتجزأ من مصطلحات التربية الخاصة الأساسية شاع استخدامه والتعامل معه في مهنة الخدمة الاجتماعية وبالذات الخدمة في مجال المعوقين .

يقصد به الأفراد الذين تتراوح نسبة ذكائهم ما بين (70- 50) درجة على مقياس الذكاء وعمرهم العقلي ما بين (10- 7) سنوات مما يجعلهم بحاجة إلى خدمات التربية الخاصة ومهنة الخدمة الاجتماعية لأنهم لا يستطيعون وحدهم الدراسة في الصفوف العادية مع أنهم قادرون على التعلم ببطء في مدارس خاصة بهم علماً أن نسبة هذه الفئة مرتفعة حيث تشكل حوالي (75)% من مجموع المتخلفين عقلياً (ص، 665 ، م 29).

ملاحظة بسيطة   Simple Observation

الملاحظة البسيطة (S O) :

وسيلة هامة من وسائل جمع البيانات والمعلومات سواء عن فرد أو جماعة أو مجتمع
أو أي شيء قابل للملاحظة وبالذات عندما يتعذر أو لا يفيد استخدام الأدوات البحثية
الأخرى، هذا وتعتبر الملاحظة البسيطة إحدى أنواع الملاحظة العلمية يقصد بها (ملاحظة
الظواهر والسلوكيات المختلفة وهي تحدث بشكل عفوي وتلقائي أي بشكل طبيعي
واعتيادي ودونما اللجوء إلى الضبط العلمي لها أو حتى الاستعانة بأية أدوات أو وسائل
للقياس من أجل التأكد من مدى دقتها أو موضوعيتها أما استخدامها في طريقة خدمة
الجماعة فغالباً ما يتم بوساطتها ملاحظة التفاعل الذي يتم بين أعضاء الجماعة وأنماط
العلاقات التي تسود داخل الجماعة، كما تساهم في التعرف على ميول ورغبات الطلبة
المشاركين في رحلة أو معسكر ما.

عينة عشوائية بسيطة   Simple Random Sample

عينة عشوائية بسيطة (S R S) :

إحدى أنواع العينات الاحتمالية وقد سميت بالبسيطة لأن إجراءات سحبها غير معقدة،
أي أنها عادة ما تتم بوساطة القرعة أو ما يعرف باليانصيب lottery حيث تكتب كل
مفردة من مفردات المجتمع في ورقة صغيرة ثم تخلط الأوراق جيداً ويسحب منها في كل
مرة ورقة الى أن نصل إلى حجم العينة المراد وبهذه الطريقة فإن شرط التمثيل يتحقق لأننا
نعطي لكل مفردة فرصة الظهور في العينة.

التواء **Skewness**

الالتواء (S):

مقياس إحصائي، تهتم به المهنة وبالذات إحدى طرقها المساعدة إلا وهي طريقه الخدمة في البحث الاجتماعي ، عرفه علماء الإحصاء والبحث على انه (انحراف أو ميل التوزيع التكراري عن المتوسط بشكل يبعده عن التماثل أو الاتزان .

طفل محجم **Slow - To - Worm**

الطفل المحجم (S T W) :

نموذج هام من النماذج الثلاثة التي قامت بوضعها الباحثة (CHESS) للطفولة حيث رأت أن خصائصها ذات تأثير كبير على حياة الأسرة واستمراريتها، هذا ولقد قصدت بهم الأطفال الذين يتميزون باستجابات سليمة للمواقف الجديدة، كما ويأتي التوافق من قبلهم تدريجياً للتغيرات المشتركة وعادة ما يشعر الطفل بالسعادة للتوافق السريع مع الميل للانسحاب، علماً أنها لا ترجع هذه الاختلافات ما بين التوافق والانسحاب إلى سلوك سيء لدى الطفل وإنما لمشكلات نفسانية تحدث لهم نتيجة للعلاقات المتوترة داخل الأسرة خصوصاً بين الوالدين (ص 353، م 22).

أحياء الفقراء المتخلفة **Slums**

أحياء الفقراء المتخلفة (S) :

مصطلح متداول في العديد من العلوم والمهن مثل مهنة الخدمة الاجتماعية، خصوصاً طريقة تنظيم المجتمع وهو قديم وليس كما يعتقد البعض أنه قد جاء نتيجة للآثار السلبية للثورة الصناعية وما تلاها من أحداث، فقد ورد في أحد المراجع الإنجليزية ما يشير إلى أنه قديم.

"... The First Compulsory Segregation Of Jews Within، The Ghetto Occurred In Spain And Portugal At The End Of The Fourteenth Centery، And، In 1516" (P 23، R 70).

وترجمة هذا تعني أنه صاحب الإنسانية لعدة قرون أي منذ القرن الرابع عشر والخامس عشر على الأقل حيث فرض بداية على اليهود في كل من إسبانيا والبرتغال ثم انتقل إلى غيرهم من المجتمعات سواء في أوروبا أو آسيا أو أفريقيا بمعنى أنه، ليس حكراً على الدول المتخلفة فقط وإنما تفاقم أمره وتعاظم خطره بعد الثورة الصناعية وبالذات في مدن العالم المتخلف.

هذا ولقد تعددت تعاريفه، إلا أن من أسلسها وأكثرها شمولاً ما جاء به المؤلف استناداً للعديد من التعاريف خصوصاً التعريف الذي ورد في مؤلف (مارشال Marlhall B.Clinard وعليه، فإن المقصود به مناطق سكن الفقراء في المدن بكل ما يميزها عن غيرها من الأحياء الأخرى من ازدحام وعدم كفاية المساكن والصرف الصحي والمياه النظيفة والغذاء الصحي وكافة التسهيلات والخدمات الأخرى وعلى وجه الخصوص ما يتعلق بالرعاية الصحية والاجتماعية وانتشار البطالة والانحراف والجريمة، بمعنى آخر، فإن هذه الأحياء تتميز بأنماط عامة تكاد أن تكون عالمية أما من الناحية الاجتماعية فإنها تمثل طريقة أو نمط في الحياة يجعل منها وكأنها جزر معزولة عن محيطها لها ثقافتها الفرعية التي تتكون من القيم والعادات والمعايير التي تسهم في تسير حياتها وتجعل منها شيئاً مختلفاً.

ضبط اجتماعي Social Control

ضبط اجتماعي (S C) :

صاحب المجتمعات الإنسانية منذ القدم، فقد مورس في الحضارة الفرعونية والصينية والإغريقية والرومانية كما تعرض له ابن خلدون في مقدمته في الفترة 1332- 1406 حيث أطلق عليه (كافة الجهود والإجراءات التي يتخذها المجتمع أو جزء من هذا المجتمع لحمل

الأفراد على السير بالمستوى العادي المألوف المتفق عليه من قبل الجماعة دون انحراف أو اعتداء)، كما يرى روس ROSS أن الضبط الاجتماعي يعني كل ما (يمارسه المجتمع للمحافظة على نظامه وذلك عن طريق مختلف النظم والعلاقات الاجتماعية تلك النظم التي يثير الخروج عليها سخط الجماعة، ذلك السخط الذي يتدرج من مجرد السخرية والاحتقار والاشمئزاز إلى القطيعة والتجنب والنبذ إلى إنزال الضرر بالمخالف وإيذائه (ص677، م44) .

طريقة خدمة الفرد كفن **Social Casework As Art**

طريقة خدمة الفرد كفن (S C A) :

لا يقصد بالفن هنا التعبير الجمالي الذي يبديه الفنان للطبيعة اعتماداً على أحاسيسه ومشاعره الذاتية، كما أنه لا يعني الفنون الجمالية المطلقة كالموسيقى والرسم والنحت مهني فنون إبداعية ..... الخ .

وإنما يقصد به الممارسة والمهارة في تطبيق المعارف والنظريات الاجتماعية والنفسية وعليه، فإن الخدمة الاجتماعية بشكل عام وطريقة خدمة الفرد بشكل خاص تعتبر من العلوم التطبيقية أو الفنون التي تحتاج إلى دقة وبراعة في الممارسة شأنها في ذلك شأن الإعلام والجراحة والإدارة ... الخ والتي عادة ما يطلق عليها (فن الإعلام) (وفن الجراحة) (وفن الإدارة).

طريقة خدمة الفرد **Social Casework Method**

طريقة خدمة الفرد (S C M) :

بالرغم من أن جذورها ضاربة في أعماق التاريخ الإنساني، إلا أنها كطريقة علمية تعود إلى القرن التاسع عشر وبالذات عندما ظهرت الحاجة إلى تعيين الممرضات الزائرات (visiting nurses) والمدرسين الزائرين (visiting teachers) ، يعود الفضل الأول

في ظهورها كطريقة مهنية إلى ماري ريتشموند (mary Richmond) رائدة خدمة الفرد الأولى وصاحبت مؤلف التشخيص الاجتماعي الذي صدرت أولى طبعاته عام 1915.

تعددت تعاريف الطريقة، فمنذ أن وضعت ماري التعريف الأول للطريقة والتعاريف تنهال عليها من كل صوب وحدب حتى بلغت العشرات، إلا أن من أبرزها وأهمها في نظر المؤلف تعريف (هيلين برلمان) الذي يراها على أنها «عملية تمارس في مؤسسات اجتماعية لمساعدة الأفراد على المواجهة الفعالة للمشكلات التي تعوق أدائهم لوظائفهم الاجتماعية».

فئة اجتماعية
Social category

الفئة الاجتماعية (S C) :

شاع استخدامه في العديد من المهن والعلوم الاجتماعية والإنسانية ومن بينها الخدمة الاجتماعية. فهو يشير إلى عدد من الأفراد الذين يشتركون في صفة أو أكثر. إلا أنهم يفتقدون إلى التفاعل فيما بينهم، بكلمات أخرى أكثر وضوحاً فهم يشتركون في بعض الخصائص مثل النوع، السن، المستوى التعليمي، الدخل، المهنة، ولكنهم يفتقدون إلى التفاعل خصوصاً التفاعل المباشر. فالموظفون على سبيل المثال يقسمون إلى فئات حسب الدخل أو الدرجة أو التعليم ولكن ليس بالضرورة أن يشكل أفراد كل فئة من فئات الدخل أو الدرجة جماعة واحدة. كما هو حال الجماعة في طريقة خدمة الجماعة. أو حتى حالها بالمفهوم السوسيولوجي أو السيكولوجي للجماعة حيث يشترط في مثل هذه المفاهيم التفاعل المباشر بين الأفراد ووضوح الهدف أو الأهداف المشتركة بينهم، كما يتطلب وجود الدور أو الأدوار وآلية أو آليات لتوزيعها عليهم. إلى آخر ذلك من الشروط الواجب توافرها.

تربية اجتماعية **Social Education**

التربية الاجتماعية (S E) :

شاع استخدامه في مهنة الخدمة الاجتماعية وبالذات في المجال التربوي حيث يقصد به العملية التي يكتسب بمقتضاها التلاميذ الشعور بالاندماج في مجتمعهم أو تنمية المشاركة التي تدعو الحاجة إليها لحل المشاكل الاجتماعية فهي التربية التي تهتم بإعداد أفراد قادرون على المساهمة في نشاط أو أنشطة المجتمع الذي ينتمون إليه مساهمة فعالة تؤمن بالحقوق كما تؤمن بالواجبات المترتبة عليها.

دور الخبير الاجتماعي **Social Expert Role**

دور الخبير (S E R) :

يعتبر هذا الدور من بين أهم أدوار المنظم الاجتماعي لأنه يقوم على العلمية والموضوعية في مواجهة المشكلات، كما أنه لازم لأي عملية تخطيطية يقصد به (تزويد المجتمع بالبيانات المستمدة من البحوث أو الخبرات المهنية والتوجيه المبني على نظريات علمية تحتاجها المنظمات الموجودة في المجتمع .. كما تتضمن مسؤولية إعطاء المجتمع بعض المعلومات عن المجتمعات الأخرى خصوصاً التي تشترك مع المجتمع الذي يعمل فيه الممارس ببعض المشكلات) (ص95، م11) كما يعمل الممارس أيضاً على تعريف الأفراد والجماعات بالمنظمات المختلفة التي من شأنها أن تشبع احتياجاتهم سواء كانت داخلية أو على المستوى الوطني أو حتى على المستوى الدولي.

طريقة خدمة الجماعة **Social Group Work Method**

طريقة خدمة الجماعة (S G W M) :

ثاني طرق مهنة الخدمة الرئيسية من حيث زمن الاعتراف الرسمي بها، فهي وإن امتدت جذورها إلى ما قبل تأسيس جمعيات الشبان والشابات المسيحية في كلا من بريطانيا

والولايات المتحدة الأمريكية، إلا أن الاعتراف بها كطريقة أخرى من طرق الخدمة قد تم في المؤتمر القومي للخدمة الاجتماعية الذي انعقد في أمريكا عام 1925 وحضره لفيف من العلماء والباحثين، ومنذ ذلك التاريخ والتعاريف تنهال عليها من كل حدب وصوب، إلا أن أكثرها وضوحاً وإيجازاً تعريف الدكتور أنيس عبد الملك الذي نص على أنها «طريقة للعمل مع الأفراد في جماعات داخل مؤسسة اجتماعية وبتوجيه رائد وعن طريق برنامج يتفق وحاجات وقدرات وميول أعضاء الجماعة».

عمليات خدمة الجماعة   Social Group Work Processes

عمليات خدمة الجماعة (S G W P) :

عبارة عن سلسلة من الخطوات المترابطة التي يتبعها الممارسين المهنيين المعنيين بطريقة خدمة الجماعة (كطريقة رئيسية من طرق المهنة) من أجل تحقيق أهداف الطريقة وعادة ما تشمل هذه العمليات على الدراسة والتحليل والتخطيط، ففي الدراسة يتم التركيز على معرفة الاحتياجات والأهداف وفي التحليل يتم التركيز على معرفة استجابات الأعضاء وتغيير سلوكهم. أما في التخطيط فيتم التركيز على كيفية معالجة المشكلات.

ذكاء اجتماعي   Social Intelligence

الذكاء الاجتماعي (S I) :

أحد عناصر المهارة التأثيرية المستخدمة في خدمة الفرد والتي تعتبر بحق حجز الزاوية في عملية المساعدة المقترحة للعميل، وعليه فإن الذكاء الاجتماعي الذي نقصده ليس بالذكاء المقاس على أساس اختبارات الذكاء المقننة وإنما هو (القدرة الاجتماعية على فهم الآخرين وفهم كيفية معاملتهم بنفس الدرجة التي تمكن من فهم الأخصائي وفهم كيفية التعامل معه، فهو (أي الذكاء الاجتماعي) ليس عبقرية غامضة ولكنه حيوية اجتماعية تحسن الإدراك كما تحسن الاستجابة) (ص25، م33).

Social Organization Budgetary

ميزانية المؤسسة الاجتماعية

ميزانية المؤسسة الاجتماعية (S O B) :

لا تختلف كثيراً عن ميزانية أي مؤسسة أخرى فهي (بيان لتقدير الإيرادات والمصروفات خلال فترة زمنية محددة عادة ما تكون سنة) وعليه فإنها تعتبر من أهم نشاطات المؤسسة الاجتماعية وأهم بند من بنود جدول الأعمال الـذي يعرض عـلى مجلـس الإدارة في اجتماع الجمعية العمومية السنوي.

ولعل ما يميز ميزانية المؤسسة الاجتماعية عن غيرها من المؤسسات هـو بنـود الإيـرادات ففي الوقت الذي نرى فيه أن التبرعات والهبـات والوصـايا واشـتراكات الأعضـاء تمثل أهـم الإيرادات بالنسبة للمؤسسـات الاجتماعيـة فإننـا لا نجـد أثـراً لهـذه البنـود في إيرادات المؤسسات الإنتاجية لأن إيراداتها تأتي من قيمة ما تنتجه أو تبيعه من سلع ومواد أو تكسبه لقاء تقديم خدمة ما لعملائها.

Social Phenomeno

ظاهرة اجتماعية

الظاهرة الاجتماعية (S P) :

قديمة قدم الإنسان نفسه ، عادة ما تتصف بعدد مـن الخصـائص منهـا «خاصية القهر والإلزام التي تمارسها على كل من يحاول التفلت من نطاق أو مـدى تأثيرها أو التقليـل مـن حدة سطوتها، تعددت تعاريفها بتعدد العلماء والمدارس النظرية إلا أن من أشهرها تعريف دور كايم الذي يراها على أنها «كل ضرب من السلوك ثابتاً كان أم متغيراً يمكن أن يباشر نوعا من القهر الخارجي على الأفراد – أو هي كل سلوك يعم المجتمع بأسره وكـان ذا وجـود خاص مستقلا عن الصورة التي يتشكل بها السلوك في الحالات الذاتية».

هذا ويأتي اهتمام المهنة بها كونها حالة من التفاعل بين شخصين أو أكثر عـادة مـا ينجم عنه ناتج ما أو يؤدي وظيفة ما، وعليه فإن أي خلل أو اضطراب في عملية التفاعل من شأنه

أن يؤثر على الوظائف أو الأدوار مما يستدعي المهنة القيام بعملية إصلاح أو معالجة لما حدث حتى يعود الحال إلى ما كان عليه.

نظرية العلاج المجتمعي Social Provision Theory

نظرية العلاج المجتمعي (S P T) :

تستند لها مهنة الخدمة الاجتماعية أثناء عملية التدخل والممارسة المهنية مع الحالات التي تتعامل معها سواء كانت هذه الحالات فردية أو جماعية أو حتى مجتمعية تنطلق النظرية من إيمان راسخ بأن حاجات الناس ومشكلاتهم على اختلاف أنواعها هي (بالضرورة إما نتيجة افتقار لموارد المجتمع أو قصور واضح في إمكاناتها أو عدم سلاسة إجراءاتها وبيروقراطية خدماتها أو عدم وجود هذه الموارد أصلاً، فالمشكلة إذا هي في شبكة العلاقات بين موارد المجتمع خارج الفرد وليس داخله، وعليه فإن الممارس المهني هو الخبير والمخطط والمدافع والمنسق الذي يبحث عن حل لمشاكل عملائه اعتماداً على إمكانيات البيئة السائدة لتقديم الخدمات المتاحة وتوفيرها وتيسيرها ويرى (ماكفلين) أنه علاج Macro وقائي شمولي عملي زهيد النفقات رغم عطائه الوافر، فالنظرية بشكل مختصر. تنطلق من ثلاث أسس رئيسية هي توفير الخدمات البيئية إرشاد العملاء إلى خدمات البيئة تيسير الحصول على خدمات البيئة). (ص -، م14).

إن هذه النظرية من النظريات التي يعطي الاستناد إليها في توفير الحاجات للناس وحل مشاكلهم أعظم عائد ولكن في المجتمعات المتقدمة والغنية كالمجتمعات الخليجية خصوصاً في هذه الأيام التي تشهد ارتفاعاً كبيراً في عائداتها من النفط، الأمر الذي جعلها تسلك كل ما من شأنه أن يساهم في رفاهية المواطنين وتحسين أحوال الفقراء، أما في المجتمعات الفقيرة فإن الاعتماد على مبادئ هذه النظرية في الممارسة يكاد يكون معدوم.

فما يحدث على ارض الواقع عكس منطلقات هذه النظرية تماما، حيث نجد قصور كمي وكيفي في خدمات البيئة المتاحة للناس الأمر الذي يعتبر بمثابة تطفيش متعمد للذين

يعانون من النقص في الموارد ويواجهون مختلف المشاكل من خلال التشدد في معايير وإجراءات الحصول على الخدمات والمعونات بالإضافة إلى المماطلة في تقديمها.

علم النفس الاجتماعي
Social Psychology

علم النفس الاجتماعي (S P) :

أحد العلوم السلوكية حديثة النشأة يركز على المنطقة المشتركة والمتداخلة بين الجوانب النفسية والاجتماعية من الظاهرة، هذا ويعتبر علم النفس الاجتماعي قاعدة علمية من القواعد التي تقوم عليها مهنة الخدمة الاجتماعية وبالذات طريقة خدمة الجماعة لتحديد تأثير الجماعة على الفرد والعكس وديناميكية الجماعات الصغيرة بشكل عام بما في ذلك أنماط القيادة، ظهرت له عدة تعاريف إلا أن من أوجزها التعريف الذي يراه على أنه العلم الذي يدرس سلوك الفرد كما يتشكل من خلال المواقف الاجتماعية المختلفة.

مسؤولية اجتماعية
Social Responsibility

المسؤولية الاجتماعية (S R):

أساس من الأسس المهنية التي تسود في المهنة وبالذات في طريقة تنظيم المجتمع، فهي تعني أن تساهم الوحدة التي يتم التعامل معها في الجهود المبذولة للتصدي لما تعاني منه، أي أن لا تكون سلبية أو حتى محايدة تجاه ما يقدم لها من عون إما في طريقة تنظيم المجتمع فهي تعني أن يتحمل الناس المسؤولية تجاه أنفسهم ومجتمعاتهم بحيث لا تقع عملية إشباع الاحتياجات أو إصلاح الأحوال داخل مجتمعاتهم على الممارسين المهنيين أو خلافهم من الأخصائيين وحدهم وإنما تتوزع المسؤوليات على الجميع كلاً بقدر ما يستطيع أن يساهم به، فالمجتمع الذي لا يتحمل مسؤولية نفسه أو على الأقل لا يشارك في تحملها مجتمع اتكالي غير قادر على العطاء ولا على ابتكار الحلول لقضاياه.

دور اجتماعي **Social Role**

الدور الاجتماعي (S R) :

لعج برقه في المهنة خصوصاً في الآونة الأخيرة، الأمر الذي ساهم بتعدد تعاريفه إلا أن من أبرزها التعريف الذي يراه على أنه نمط منظم من المعايير فيما يختص بسلوك فرد يقوم بوظيفة معينة في الجماعة أما لنتون linton فقد عرفه بأنه الجانب الديناميكي لمركز الفرد أو وضعه أو مكانته في الجماعة، فيما يرى آخرون أنه جملة الأفعال والواجبات التي يتوقعها المجتمع من أفراده وهيئاته ممن يشغلون أوضاعاً اجتماعية أو مراكز في مواقف معينة).

ضمان اجتماعي **Social Security**

الضمان الاجتماعي (S S) :

ميدان هام من ميادين الرعاية الاجتماعية، تلعب المهنة ممثلة بأخصائيوها دوراً أساسياً فيه، حتى أن مكاتب الضمان تعتبر من مؤسسات المهنة الأولية، تعددت مفاهيمه بتعدد الأيديولوجيات والجهات المهتمة به وبالذات بعد أن أصبح لغة ونهجاً عالمياً انتشر حتى في البلدان الفقيرة فهو البلسم الذي قدمه بسمارك لجماهير القوى العاملة في نهاية القرن التاسع عشر ثم ما لبث أن توزع على العديد من الدول هذا ويعتبر صدور قانون الضمان الاجتماعي الأمريكي عام 1935 والذي صدر بعد مخاض عسير بمثابة الدفعة القوية الثانية لمسار الضمان الاجتماعي حيث اعتبر أول تشريع شامل سارت على نهجة معظم الدول فيما بعد.

تعددت تعاريفه إلا أن من أهمها تعريف منظمة العمل الدولية الذي يراه على أنه «نظام تشريعي يقوم على أساس توفير دخل أساسي في الحالات التي تنتج عن العجز وعدم القدرة على ممارسة أي عمل يدر دخلاً للفرد أو الأسرة التي يعولها (بما في ذلك بلوغ سن الشيخوخة) وعند عدم القدرة على الوصول إلى عمل مربح، أو الوفاة،

وكذلك توفير المساعدة للأطفال فضلاً عن توفير خدمات الرعاية الطبية لأفراد المجتمع» (ص 311، م37).

أما المؤلف فيعرفه على أنه مجال من مجالات الخدمة الأساسية تمارس فيه طرقها ومهاراتها وبالذات طريقة خدمة الفرد يكتسب صفة الشرعية والإلزام من جماعية الوعد والتعهد بالالتزام في توقيره عند الضرورة أو الحاجة، عادة ما يأخذ صفة التشريع الذي يقوم على شكل رزمة من المعاشات والمنافع والمزايا والخدمات التي تقدم أما على شكل تأمينات اجتماعية تتطلب مشاركة مسبقة من المشتركين فيه من القوى العاملين أو على شكل مساعدات اجتماعية لمن تثبت حاجته للعون دونما أي مساهمة مباشرة من قبله لا مسبقة ولا آنية المهم في الأمر أن يوفي بشروطه .

الخدمة حق وليست منحة **Social Service Right Nor Gifts**

الخدمة حق وليست منحة (S S R N G) :

شاع استخدامه في مهنة الخدمة الاجتماعية وبالذات في العصر الحديث، الذي تعالت وتتعالى فيه الأصوات المدافعة عن حقوق الناس وحفظ آدميتهم، خصوصاً وإن الخدمة الاجتماعية كمهنة تؤكد على الإعلاء من شأن الفرد والمحافظة على كرامته وبالتالي فهي تؤمن بأن ما تقدمه المنظمات والهيئات من الخدمات والمساعدات للعملاء ما هو إلا حق من حقوقهم الآدمية التي يجب أن يتمتع بها كل فرد من أفراد المجتمع وبالذات المستحقين لها بعبارات أخرى أكثر وضوحاً، فإن المهنة تقوم على فلسفة أن ما يقدمه المجتمع ممثلاً بمختلف مؤسساته للعملاء هو من باب المساعدة والواجب وليس من قبيل الصدقة والإحسان نقدمها لهم متى ما تشاء ونحرمهم منها وقت ما نشاء.

Social Settlements Movement حركة المحلات الاجتماعية

حركة المحلات الاجتماعية (S S M) :

ظهرت أول ما ظهرت في بريطانيا العظمى مع نهاية القرن التاسع عشر ـ حيث تأسست أول محلة اجتماعية في مدينة لندن عام 1884 عرفت باسم محلة توينبي ثم انتقلت إلى الولايات المتحدة الأمريكية حيث قامت أول محلة اجتماعية في مدينة نيويورك عام 1887 انتشرت بعدها في أقطار عديدة من أوروبا وبعض الدول الأخرى، أما على المستوى العربي فقد أنشئت أول محلة اجتماعية في حوالي الثلث الأول من القرن العشرين في مصر.

هذا ولقد جاءت فكرتها بشكل عام عندما تأسست في بريطانيا على يد المصلحين الاجتماعيين الذين نادوا بضرورة تغير الأساليب التقليدية وغير الفعالة في مكافحة التسول والفقر وتردى أوضاع العديد من الشرائح الاجتماعية حيث كانت تحمل الفقراء مسؤولية فقرهم وتتخذ أشد الإجراءات ضدهم قبل تقديم العون لهم إلى الدعوة لإقامة علاقات وصلات وثيقة بهم من أجل التعرف على مشاكلهم عن قرب.

مستخدمين منهج جديد في التعامل معهم وهو معايشتهم والإقامة بينهم ومحاولة توجيههم عن طريق محاربة جذور الفقر والمتمثلة في الجهل والمرض والاستغلال ونتيجة للنجاحات التي حققتها هذه المحلات في كل البلدان التي تأسست فيها فإن جموع من المتطوعين قد انضمت إلى مؤسس هذه الحركة مما ساهم في التقليل من البؤس والحرمان الذي كان يواجهه الفقراء في الماضي.

Social Support مساندة اجتماعية

مساندة اجتماعية (S S) :

شاع استخدامه في علم النفس الاجتماعي والصحة النفسية تهتم به مهنة الخدمة الاجتماعية وبالذات طريقة خدمة الفرد يشير إلى (الجهود التي يتلقاها الفرد من خلال

الجماعات التي ينتمي إليها كالأسرة والأصدقاء والزملاء في أي موقع من مواقع العمل والحياة كالمدرسة والجامعة والنادي والمكتب، من أجل خفض الآثار السلبية للأحداث والمواقف الحياتية التي تتسبب في الاضطرابات النفسية خاصة أعراض القلق والاكتئاب الفردي ... الخ) (ص 235 – 237 6، م18) .

Social Therapy Role

دور المعالج الاجتماعي

دور المعالج (S T R) :

هناك ارتباط كبير ما بين هذا الدور وبين دور الممارس الاجتماعي كخبير فكلاهما يهتم بالدراسة والبحث عند تحديد المشكلات ومعالجتها لذلك فإنه يعتبر من بين أهم الأدوار التي يقوم بها الممارس لماذا؟ لأنه يتعامل مع الشرائح والفئات المهمشة وذات المشاكل المعقدة والمتأصلة، أي الغارقة جذورها في أعماق المجتمع خصوصاً التي أهملها المعنيين لفترة طويلة من الزمن وعلية فان الخلاص من هذه الأوضاع السيئة يتطلب أن يشتمل دور الممارس المهني على وضع خطة للعمل يشترك معه فيها المجتمع، وان تبنى على التشخيص العلمي الدقيق الذي تم التوصل له بالأساليب المهنية المتعددة والمتبعة في الطريقة وبأنسب الاستراتيجيات التي يرى أنها تحقق أهداف الخطة العلاجية وتتلاءم مع أساليب المشاركة المجتمعة كما يراعى فيها التوقيت الزمني للانتقال بين مراحل وعمليات التنفيذ وأساليب

المتابعة والتقويم والأهداف التي يتوقع تحقيقها والحلول المناسبة للمشكلات المتوقع حدوثها أثناء تنفيذ الخطة بكافة مراحلها وخطواتها .

Social Welfare

رعاية اجتماعية

الرعاية الاجتماعية (S W) :

نسق قديم حديث لا يخص حضارة يعنيها ولا حقبة زمنية دون أخرى ففي العهد الفرعوني القديم عنت مصر بالرعاية الاجتماعية حيث تمثلت جهودها في توفير الخدمات

للأرامل والأيتام وكبار السن والمعوقين وهي ذات الفئات والشرائح التي توجه لها جهود وبرامج الرعاية اليوم بمفهومها الضيق النطاق مع مراعاة بعض الإضافات هنا وهناك وعلية، فهناك اتجاهين رئيسيين في تناول مفهوم الرعاية في الزمن الحاضر أولهما مفهوم مطاطي يرى أن الرعاية من المرونة بحيث يشمل كافة الخدمات والجهود التي يبذلها المجتمع ممثلاً بمؤسساته الرسمية وغير الرسمية من أجل إشباع احتياجات أفراده المادية واللامادية سواء أكانت تعليمية أو صحية أو ترفيهية، أو قانونية، أو فنية... الخ أو حتى تتعلق بالبنية التحتية (كالطرق، الكهرباء، الماء، الإسكان ...الخ) وثانيها من الضيق بحيث يقتصر ـ الرعاية على (جملة الخدمات الرعائية المنظمة الوقائية والعلاجية والإنسانية التي تقدمها المنظمات الحكومية ومؤسسات المجتمع المدني المختلفة والوكالات الدولية المتخصصة إلى الأفراد والجماعات الذين عجزت قدراتهم الذاتية سواء بصفة مؤقتة أو دائمة كلياً أو جزئياً عن أن تمكنهم من إشباع احتياجاتهم بأنفسهم الأمر الذي يتطلب التدخل لتعزيز قدراتهم وتطويرها وبما يمكنهم من أداء وظائفهم الاجتماعية تجاه أنفسهم وتجاه الآخرين بشكل اعتيادي.

خدمة اجتماعية Social work

الخدمة الاجتماعية (S W) :

جذورها ضاربة في القدم، فقد كانت في بداية الأمر مجرد نزعات عصبية أو حماسية وتبادل مواقف خصوصاً في الظروف العصيبة ووقت الأزمات والكوارث إلا أن هذه الممارسات قد تغيرت وبالذات بعد ظهور الأديان حيث أخذت مفهوماً جديداً أسمى وأعمق من ذي قبل فاستطاع المفهوم الجديد أن يخرجها من إطار العشوائية والعصبية والقبلية وأن يلبسها ثوب الإحسان وحب الخير وفعله تجاه كل من يحتاج له بغض النظر عن الجنس والجنسية، حتى إنها في الأديان السماوية الثلاثة (اليهودية والمسيحية ثم الإسلام) قد ارتبطت بالتقرب إلى الله سبحانه وتعالى خصوصاً في الإسلام الذي يعتبر إسلام الفرد

ناقصاً إن لم يؤدي فريضة الزكاة، ثم ما لبثت بعد ذلك تقوم على أسس علمية وممارسات عملية أكستها القدرة على التنظيم وأبعدت عنها شبح العشوائية والتلقائية والمزاجية.

هذا وقد اعتبر تخريج الرعيل الأول من الأخصائيين الاجتماعيين من مدرسة الخدمة الاجتماعية في كولومبيا في أوائل القرن العشرين البداية الحقيقية في وجود ممارسين متخصصين أضفوا على نشاطاتها المهنية و العلمية بما أستمدوه من علوم نظرية وتدريبات عملية فاستطاعت القوانين والتشريعات وحركات جمعيات تنظيم الإحسان والمحلات الاجتماعية وجهود الرواد الأوائل أن تجعل من حب الناس لفعل الخير علماً تتوفر له القاعدة العلمية المتينة ومن الإحسان الذي بدأ على شكل حركات وجمعيات تفتقد التنسيق والموضوعية إلى منهجاً علمياً ومن المشاكل الاجتماعية التي تفاقمه وبالذات في العصر الحديث مجالات للتطبيق والممارسة.

ومع ذلك لم يتفق العلماء من القديم إلى الحديث على تعريف واحد للخدمة الاجتماعية، فظهرت عدة تعريفات يعبر كل منها عن وجهة نظر واضعيه والأيديولوجية التي ينطلق منها.... الخ ولعل من هذه التعريفات.

تعريف وليم هدسون عام 1925 حيث قال «الخدمة الاجتماعية نوع من الخدمة تعمل من جانب على مساعدة الفرد أو جماعة الأسرة التي تعاني من مشكلات لتتمكن من الوصول إلى مرحلة سوية ملائمة وتعمل من جانب آخر على إزالة أو تعديل العوائق التي تعو ق الأفراد من أن يستثمروا أقصى قدراتهم»، كما عرفها والتز فريد لاندر walter Friedlander على أنها «خدمة مهنية تقوم على أساس من الحقائق العلمية والمهارة في مجال العلاقات الإنسانية الغرض منها مساعدة الأفراد كأفراد أو في جماعات على تحقيق الرفاهية الشخصية والاجتماعية وتنمية قدراتهم على توجيه شؤونهم بأنفسهم وتكون ممارسة هذه الخدمة داخل مؤسسات اجتماعية متخصصة فيها أو داخل مؤسسات متصلة بها حيث تصبح الخدمة الاجتماعية معين لتلك المؤسسات». أما هيئة الأمم المتحدة فقد

عرفتها عام 1960 (بأنها ذلك النشاط المنظم الذي يهدف إلى العمل على إيجاد التكيف المتبادل بين الأفراد وبيئاتهم الاجتماعية).

وبالنظر إلى تعدد التعريفات مع ما تجليه من صعوبة في أيها نبرز وأيها نترك فقد وجدنا أن الواجب يفرض علينا أن نضع تعريفاً جديداً للمهنه يعبر عن التطور الذي شهدته من جهة وتنامي أهميتها من جانب آخر فهي (نشاط إنساني منظم لا يبغي تحقيق الربح المادي يستند إلى قاعدة علمية راسخة خاصة بالمهنة وبغيرها من العلوم ذات الصله تحضى ـ باحترام المجتمع وحاجته لها يمارسها أخصائيون متمرسون داخل وكالات وتنظيمات أولية وثانوية لها أغراض وقائية وعلاجيه وإنمائية تسعى إلى تحسين قدرات وإمكانيات عملائها سواء كانوا أفراد أو جماعات أو مجتمعات لكي يواجهوا ما يعترض مسيرة تقدمهم من عوائق ومشكلات.

خدمة اجتماعية في مجال رعاية الطفولة   Social Work In Field Of Childhood Care

الخدمة الاجتماعية في مجال رعاية الطفولة (S W F C C) :

برز اتجاهين في المهنة اتجاه يدمج ما بين الأسرة والطفولة ويعتبرهما مجالاً واحداً على اعتبار أن الاهتمام بالطفولة جزء لا يتجزأ من مسئولية الأسرة، فيما يري الاتجاه الآخر أن كلا منهما يشكل مجالاً مستقلاً عن الآخر وحجتهم في ذلك أن برامج الرعاية البديلة لا يمكن لها أن ترقي إلى مستوى الرعاية الأسرية الطبيعية وبالذات من الناحية النفسانية والاجتماعية.

وعليه، فإننا مع الاتجاه الذي يري بوجود بعض الخصوصية لكل اتجاه بحيث تميزه عن الآخر، وما دام الحال كهذا فإن المقصود بالخدمة في هذا المجال، مجموعة الأنشطة والبرامج التي تقدمها المهنة في مجال وقاية وحماية وعلاج المشكلات التي تواجه الطفولة وبالذات

ضحايا التفكك الأسري من كافة النواحي الاقتصادية والصحية والتعليمية والتدريسية والأبوائية... الخ.

خدمة اجتماعية في مجال الكوارث **Social Work In Field Of Disasters**

الخدمة الاجتماعية في مجال الكوارث (S W F D) :

جذور هذا المجال ضاربة في أعماق الزمن، إلا أن الخدمة الاجتماعية دخلته بشكل منظم في الآونة الأخيرة أي خلال الحرب العالمية الثانية عندما فشلت جهود الإنقاذ في التعرف على مصير ضحايا إحدى الغواصات في بحر البلطيق فاستعانت الجهات المعنية بالأخصائيين الاجتماعيين للتعامل مع أسر الضحايا وأقربائهم المنكوبين آنذاك.

ويقصد بهذا المجال، مجموعة المجهودات والخدمات ذات الصبغة الطارئة والفورية سواء كانت تخص الفرد أو الجماعة أو المجتمع أو كل هذه الوحدات مجتمعة مع بعضها البعض من ضحايا النكبات والكوارث سواء كانت هذه الكوارث من صنع الطبيعة كالزلازل والبراكين والفيضانات أو من صنع الإنسان كالحروب والكساد الاقتصادي والانهيارات والحوادث .... الخ.

خدمة اجتماعية في مجال البيئة **Social Work In Field Of Environment**

الخدمة الاجتماعية في مجال البيئة (S W F E) :

يقصد بها الممارسة المهنية الشاملة في مجال البيئة بهدف إحداث تغييرات مرغوب فيها سواء في الأفراد أو الجماعات أو المجتمعات. بهدف إحداث تكيف متبادل بين الأفراد وبيئاتهم، بكلمات أكثر وضوحاً فإنها ترمي إلى استثمار قدرات وإمكانات كلاً من طرفي البيئة (الإنسان والطبيعة) إلى أقصى حد ممكن دون الإخلال بمتطلبات الأجيال القادمة وتلبية احتياجاتهم. ولتحقيق هذا الهدف فإن المهنة تسعى دائماً إلى التعاون مع غيرهما من

المهن والأعمال الأخرى من أجل إحداث واستمرارية التكامل بشكل موزون أو متوازن ما بين الإنسان والبيئة، بالإضافة إلى سعيها من أجل تنسيق الجهود التي يبذلها كل من الأهالي والحكومة من أجل دعم التوازن البيئي ومواجهة المشاكل والآثار الناجمة عن الإخلال بالتوازن البيئي.

خدمة اجتماعية في مجال رعاية الأحداث   **Social Work In Field Of Juveniles Care**

الخدمة الاجتماعية في مجال رعاية الأحداث (S W F J C) :

أحد أوجه الرعاية التي تقدمها المهنة في ميدان الدفاع الاجتماعي، تعددت تعاريفه إلا أن من أبرزها التعريف الذي يراها على أنها جملة «المجهودات المهنية التي يقدمها أخصائيون يعملون في مجال رعاية الأحداث مستخدمين في ذلك مجموعة من البرامج الوقائية والإنشائية والعلاجية داخل المؤسسة وخارجها بهدف أحداث تغير مقصود في اتجاه النمو الاجتماعي السليم» (ص 207، م 19).

علماً بأن مؤسسات رعاية الأحداث تشكل الجزء الأكبر من مؤسسات الدفاع الاجتماعي وتتنوع ما بين دور الملاحظة والضيافة والإيداع ... الخ).

خدمة اجتماعية في مجال رعاية المسنين   **Social Work In Field Of Old Age**

الخدمة الاجتماعية في مجال رعاية المسنين (S W F O A) :

إحدى مجالات الخدمة الهامة تعاظم الاهتمام بها في العصر الحديث خصوصاً في الولايات المتحدة الأمريكية والدول الأوروبية بسبب الزيادة في عدد المسنين في هذه الدول وتعاظم احترام حقوق وكرامة الإنسان وتلاشي الأسر الممتدة والأيمان بضرورة التقليل من آثار الشيخوخة على المسن والمجتمع ... الخ، يقصد به البرامج والخدمات التي تقدمها

المهنة ممثلـة بالأخصـائيون الاجتماعيـون إلى السـادة كبـار السـن سـواء كانـت عـلى شـكل خدمات صحية (علاجات وممرضات زائرات) أو عـلى شـكل تأهيـل جسـماني وطبيعـي مثل (نظارات طبية وسماعات وعكاكيز وجبائر وكراسي متحركة ... الخ) أو اجتماعـي عـلى شـكل (مساعدات نقدية أو عينية أو إيوائية أو ترفيهية ... الخ) أو حتـى إعـادة تشـغيل واسـتثمار الخبرات المتوفرة لديهم لما فيه صالح الجميع بالإضافة إلى توعيـة المجتمـع بأهميـة التقليـل من وحدة ومعاناة المسنين.

الخدمة الاجتماعية في المجال الريفي   **Social Work In Field Of Rural**

الخدمة الاجتماعية في المجال الريفي (S W F R) :

الريف وبالذات في العالم الثالث واحد من أهم الحقول التي تعمل فيها مهنة الخدمـة، خصوصاً طريقة تنظيم المجتمع التي تعمل عـلى أحداث التغير فيه وتلبية احتياجاته، وعليـه، فإن ما يقصد بهذا المجال (مجموعة الجهود والنشاطات المنظمة التي يقوم بها الأخصـائيون الاجتماعيون من أجل مساعدة أهالي الريف على مساعدة أنفسهم في التخلص من المشكلات التي تواجههم في كافة مناحي الحيـاة وبالـذات التنمويـة منهـا، وخلق ظروف اقتصـادية واجتماعية أفضل لإحداث تطور شامل يعتمـد عـلى المقـدرات والقـدرات الذاتيـة لأهـالي الريف، مستخدمة بذلك كافة الوسائل والأدوات الملائمة مثل تأسيس مراكز التنميـة المحليـة والوحدات المجمعة والصناديق واللجان ... الخ التي تعني عادة بالشؤون الصحية والزراعيـة والتعليمية والحرف التقليدية والآسر المنتجـة ... الخ، عـلى أن يشـارك ويتحمـل مسؤوليتها أهالي الريف أنفسهم.

Social Work Philosophy

فلسفة الخدمة الاجتماعية

فلسفة الخدمة الاجتماعية (S W P) :

بالرغم من عدم توصل مهنة الخدمة الاجتماعية إلى فلسفة محددة وكاملة حتى الآن إلا أن الأمر يبدو مبررا لعدة أسباب منها حداثة المهنة فهي وليدة القرن العشرين وكثرة عـدد المجالات والميادين التي تعمل فيها (معوقين، أحداث، أسرة، شباب، كوارث، ريف، حضر ... الخ) ومع ذلك فإنها شأنها في ذلك شأن غيرها من المهن وبالذات الإنسانية (الإدارة، التربيـة ... الخ) لديها موقف أو تصور شامل تجاه الكـون والمجتمع والإنسـان، فهي تـؤمن بكرامـة الفرد وقيمته سواء لنفسه أو لغيره من الناس كما تؤمن بحقه في أن يحيا حياة لائقة وكريمة، بالإضافة إلى ا قرارها بحقه في تحديد مـدى احتياجاتـه والطريقـة أو الطرق الملائمـة لإشباع مثل هذه الاحتياجات.

Social Work Principles

مبادئ الخدمة الاجتماعية

مبادئ الخدمة الاجتماعية (S W P) :

تقوم المهنة شأنها شأن غيرها من المهن على عدد مـن المبـادئ التـي تعمل علـى توجيـه المهنة وأخصائيوها أثناء الممارسة، يقصد بها مجموعة القواعد التي ترتكز عليها المهنة أثنـاء الممارسة حيث تتميز بقدر من العمومية والمنطقية في تحصيلها والوصول إليها، بالإضافة إلى تعدد وسائل اكتسابها سواء كانت عن طريق المعارف التي تتوصل لها بجهود ممارسيها، أو قـد تسـتعيرها مـن العلـوم الاجتماعيـة الأخـرى، أو عـن طريق الخـبرة العمليـة، أو حتـى باستعمال المنهج العلمي أثناء الممارسة سواء كان ذلك بالتجريب أو القياس .... الخ، علمـاً أن أبرز هذه المبادئ هي القبول والتقبل وحق تقرير المصير والموضوعية والسرية والتقـويم الذاتي والمسئولية الاجتماعية.

Social Work Settlement

توطين الخدمة الاجتماعية

توطين الخدمة الاجتماعية (S W S) :

كثر الحديث عنه وبالذات في الآونة الأخيرة خصوصاً بعد شعور الدول المتقدمة بمعاناة ومشاكل الدول النامية أو ما تعرف بالأقل حظاً بالإضافة إلى زيادة انتشار مؤسسات العون والإغاثة الدولية، يقصد به (تلك الجهود العلمية التي تبذل لإحداث تغيرات في بعض مكونات الخدمة الاجتماعية المنتشرة ثقافياً من الخارج بقصد التوصل إلى بعض الابتكارات والتجديدات التي تتلاءم وتتوافق مع الظروف والعوامل الثقافية المميزة للمجتمع والمختلفة بقدر ما عن الظروف السائدة في المجتمعات التي انتشرت فيها الخدمة من أجل أن تكتسب مهنة الخدمة.بطرقها الرئيسة الثلاث (خدمة الفرد خدمة الجماعة ثم تنظيم المجتمع) القدرة على مواجهة مشكلاته واحتياجاته مواجهة فعالة) .(ص290 – 296، م 32).

Social Worker Resistance

مقاومة عند الأخصائي

المقاومة عند الأخصائي (S W R):

أسلوب يلجا إليه الأخصائي الاجتماعي للتعبير عن عدم رغبته في التعامل مع العميل لا بل رفضه للعميل، علماً أن مقاومة الأخصائي للعميل عادة ما تأخذ أشكالاً منها عدم الاهتمام بالعميل أو التعالي عليه أو الاستخفاف بآرائه أو إعطائه مواعيد متباعدة جدا أو متقاربة جدا مع عدم التقيد بهذه المواعيد، هذا وتعود مقاومة الأخصائي للعميل إلى جملة من الأمور منها ضعف شخصيته أو عدم كفاية تدريبه أو سوء استعماله للسلطة أو شعوره أن العميل يضمر له العداوة أو اعتقاده أن العميل مشاكس أو استغلالي ...الخ.

الاتحاد الدولي للأخصائيين الاجتماعيين **Social Workers International Associtition**

الاتحاد الدولي للأخصائيين الاجتماعيين (S W I A) :

يعتبر تأسيس هذا الاتحاد عام 1956 في مدينة بال بسويسرا علامة بارزة على أهمية المهنة وتنامي الحاجة لها خصوصاً بعد زيادة المشكلات وإصرار دول العالم على مواجهاتها وبالذات بعد حصول الكثير من دول العالم النامي على استقلالها، فهو اعتراف دولي بالمهنة وبضرورة تأسيس منظماتها على المستوى الدولي وإنشاء المزيد منها خصوصاً في الدول التي ما زالت المهنة لم تمارس فيها على أسس مهنية صحيحة وذلك بحثها على إنشاء المزيد من الجمعيات والنقابات التي تساعد على تنظيم المهنة من خلال تعليم وتدريب وتأهيل الأخصائيون الاجتماعيين، لكي تصبح هذه الجمعيات والنقابات وحتى الاتحادات الإقليمية جزءاً من كيان الاتحاد الدولي بالإضافة إلى بناء جسور التعاون والثقة وتبادل الخبرات والآراء والزيارات ونتائج البحوث والدراسات ذات الصلة بمجالات وميادين وبرامج الرعاية بين التنظيمات الممثلة بالاتحاد، علماً أن الجمعية العمومية للاتحاد تتكون من جميع ممثلي الجمعيات وبواقع جمعية لكل دولة من الدول الأعضاء أما مجلس الإدارة فهو منتخب من بين أعضاء الجمعية العمومية الذين عليهم أن ينتخبوا من بينهم رئيساً وبقية أعضاء المكتب.

اشتراكية **Socialism**

اشتراكية (S) :

إحدى مراحل التطور الاجتماعي التي تمر بها المجتمعات الإنسانية حسب مراحل التغير الدائري الحلزوني الذي جاء به ماركس لتغير المجتمعات من القديم وحتى بلوغ مرحلة الشيوعية الكاملة تلتقي معها مهنة الخدمة الاجتماعية وبالذات طريقة تنظيم المجتمع

ولكنها تختلف معها في الأسلوب، خصوصاً ما يتعلق منها بتقوية الفئات المهمشة والدفاع عن حقوقها ومصالحها، تعددت تعاريفها إلا أن من أبرزها ما ورد بالإنجليزية.

"An Economic System In Which The Government Owns And Manages، Capital Good، And Natural Resources، But Which Ideally Distributes Income Among Individuals On The Basis Of What They Earn".

ومعنى هذا أنها نظام اقتصادي تملك وتدير الحكومة فيه السلع الرأسمالية أي ما يعرف بوسائل وأدوات الإنتاج والمصادر الطبيعية وأنها ولو من الناحية المثالية تعمل على توزيع الدخل بين الأفراد على أساس أو قاعدة ما يكسبون.

تنشئة اجتماعية **Socialization**

التنشئة الاجتماعية (S) :

تعددت تعاريف التنشئة الاجتماعية بتعدد أهميتها في الحياة الإنسانية، فقد تناولتها العديد من العلوم الاجتماعية والإنسانية، ومن بينها مهنة الخدمة الاجتماعية ولعل من أبرز التعاريف التي تناولتها التعريف الذي يراها على أنها (عملية جوهرية من العمليات الاجتماعية المهمة، وأنها وظيفة رئيسة من وظائف الأسرة قديمها وحديثها، يقصد بها تحويل الكائن البيولوجى إلى كائن اجتماعي قادر على التفاعل مع بيئته تفاعلاً إيجابياً) وبهذا التعريف فإنها تعتبر عملية مستمرة لا تتوقف عند مرحلة عمرية دون سواها وإنما تمتد من المهد إلى اللحد، كما أنها عملية لا تتحيز إلى جنس أو عرق دون الآخر، أي أنها واحدة للجميع وإن اختلفت الأديان.

معوق اجتماعياً   Socially Handcapped

المعوق اجتماعيا (S H):

موضع اهتمام المهنة وبالذات الخدمة فى مجال المعوقين والدفاع الاجتماعي بالإضافة إلى طريقة خدمة الفرد يقصد بهم الأفراد الذين يعجزون عن التفاعل السليم مـع بيئـاتهم مـما يؤدى بهم فى النهاية إلى الإنحراف عـن المعـاير والقيم التـى ارتضـاها المجتمـع أو ارتضتها الجماعة للإفراد المنتمين لها تتعـدد الأمثلـة عليهم إلا أن مـن بينها المتشردين والجانحين والمدمنين والقتلة...الخ .

مجتمع   Society

المجتمع(S):

بؤرة اهتمام العديد من العلوم والمهن وبالذات علم الاجتماع ومهنة الخدمة الاجتماعيـة موضع تركيزنا تعددت تعاريفه ألا أن من أبرزها انه نسق اجتماعي مكتفي بذاته ومستمر في البقاء بفعل قواه الخاصة وهو يضم أعضاء من كلا الجنسين ومن كافة الفئات العمرية .

المجتمع، في تنظيم المجتمع   Society, In Community Organization

المجتمع، في تنظيم المجتمع (S C O):

بالرغم من أن الكثير من المشكلات الاجتماعية لا يمكن إلزامها أو حصرها بحـدود سـواء كانت هذه الحدود طبيعية أو سياسية أو هندسية بمعنى أن نشـأتها.. وتفاعلاتها وتأثيراتها عادة ما تتداخل وتمتد إلى مناطق أخرى (فالإرهاب على سبيل المثال يخطط له في بلد وينفذ في بلد آخر)، إلا أن تحديد وحدة العمل التي تمارس فيها الخطة أو الطريقة عمليـاً يعد أمـراً جوهرياً يساعد على وضوح الطريقة وتنفيذها...الأمر الذي تنبهت له طريقة

تنظيم المجتمع حيث حددت مستويات لهذه الوحدات بدءاً من المستوى المحلي أو ما يعرف بالمجتمع المحلي في العديد من التقسيمات الإدارية.

علم الاجتماع

Sociology

علم الاجتماع (S) :

أحد العلوم الاجتماعية الهامة تربط بينه وبين المهنة علاقة وثيقة ومميزة تكاد تشبه العلاقة التي تربط بين علم فسيولوجيا الأعضاء ومهنة الطب، بمعنى أن علم الاجتماع يعتبر ركيزة أساسية أو قاعدة من القواعد التي تقوم عليها المهنة من الناحية النظرية فهي (أي الخدمة) ليست علماً نظرياً وإنما تطبيقياً تستخدم النظريات والقوانين والقواعد العامة التي توصل ويتوصل إليها علم الاجتماع في دراسته للظواهر والأشياء من أجل مساعدة الناس وتخليصهم من الآلام التي تعوق أدائهم لوظائفهم. هذا ولقد تعددت تعاريف العلم واختلفت حسب الأيدلوجيات والأزمان والعلماء، إلا أن من أبرزها:

تعريف الفرنسي أوجست كونت مصدر شهادة ميلاد العلم الرسمية عام 1830 حيث قال أن علم الاجتماع بالإنجليزية مكون من لفظين أو مقطعين الأول مستمد من اللغة اللاتينية (Socias) بمعنى رابطة أو مجتمع والمقطع الثاني مستمد من اليونانية (Logs) بمعنى علم أو دراسة منظمة، وعليه فإن العلم عنده هو علم المجتمع أو علم دراسة المجتمعات الإنسانية.

فيما وصفه البلجيكي أدولف كتيلية Adolphe Quetele بالفيزياء الاجتماعية أو علم الطبيعة الاجتماعية، أما روبرت ماكيفر فقد قال أنه العلم الذي يدور حول العلاقات الاجتماعية وهو التعريف الذي تلتقي معه العديد من التعاريف الواردة في المؤلفات الإنجليزية ومنها التعريف الذي يراه على أنه فرع من فروع المعرفة التي تدرس بموضوعية وعلمية التفاعل الاجتماعي.

...""Sociology Is The Disciplined And Objective Study Of Human Social Interaction".

وتعريف أخر لا يبتعد عن هذا المعنى حيث يشير بوضوح أشد إلى أنه العلم الذي يدرس العلاقات الاجتماعية بين الأشخاص.

..."Sociology Is The Study Of Inter Personal Relations" (P.1,R 52).

وهو التعريف الذي يراه المؤلف أنه الأقرب للخدمة الاجتماعية على اعتبار أن الخدمة الاجتماعية تؤمن بأن سبب المشكلات الاجتماعية التي يعاني منها الناس ناجم بالدرجة الأولى عن التصدع في العلاقات الاجتماعية.

مقياس اجتماعي في خدمة الجماعة　　　　　Sociometric in Group Work

المقياس الاجتماعي في خدمة الجماعة (S G W) :

الأداة التي تستخدم في قياس العلاقات الاجتماعية داخل جماعة محددة في فترة زمنية معينة للكشف عن مدى التجاذب والتنافر بين الأعضاء ومدى التفاعل والمشاركة في نشاط الجماعة.(ص6، م 12).

وقت الفراغ　　　　　Spare Time

وقت الفراغ (S T) :

شاع استخدامه في المهنة خصوصاً في طريق خدمة الجماعة حيث تعطي المهنة أهمية بالغة لرعاية الشباب فهي تعمل على توجيه طاقاتهم الوجهة السليمة التي من شأنها أن تساهم في تحقيق أهدافهم الذاتية وأهداف المجتمع الذي ينتمون إليه.

هذا ولقد تعددت تعاريف وقت الفراغ بتعدد العلماء والباحثين مما دعا المؤلف إلى وضع تعريف لوقت الفراغ يتفق مع روح العصر الذي تساهم فيه التكنولوجيا المتطورة بزيادة وقت الفراغ لدى الجميع بما فيهم الشباب، وعليه فالمقصود به، صافي الزمن المتبقي لدى الفرد خلال اليوم والليلة بعد اقتطاع زمن العمل أو التدريب، بالإضافة إلى زمن إشباع الحاجات البيولوجية الأساسية كالأكل والشرب والنوم والنظافة .... الخ، علماً بأن مدته تختلف من فرد لآخر تبعاً لطبيعة العمل وفئة العمر والنوع من حيث الذكورة والأنوثة...الخ.

اتحاد نوعي **Specific union**

الاتحاد النوعي (S U) :

أحد أجهزة تنظيم المجتمع الأساسية تمارس فيه المهنة بمختلف طرقها ومهاراتها وبالذات طريقة تنظيم المجتمع يقصد به (المنظمة التي تنشأ بموجب قانون الهيئات التطوعية بهدف تنظيم وتنسيق الجهود والأنشطة التي تؤديها الجمعيات والهيئات الخيرية...الخ التي تعمل في ميدان واحد من ميادين الرعاية الاجتماعية منعاً للتضارب والتصارع من جهة وتحقيقاً للتعاون وتقديم المشورة الفنية من جهة أخرى من أجل تعزيز الخدمة المتخصصة التي تؤديها هذه الجهات، ولتحقيق ذلك نجد أن الجهة المختصة عادة ما لا تسمح بأكثر من اتحاد لكل خدمة متخصصة على المستوى الوطني، وخير مثال على هذا النوع من الاتحادات الاتحاد الأردني لرياضة المعوقين، اتحاد المرأة، الاتحاد الأردني للصم والبكم.

إستراتيجية أستكمال هيئة العاملين   **Staff Supplement Strategy**

إستراتيجية استكمال هيئة العاملين (S S S) :

إحدى أنواع استراتيجيات المشاركة في التنمية المستخدمة في تنظيم المجتمع تؤكد على أهمية المشاركة في الجهود التنموية، فالجهود التطوعية التي يقدمها أعضاء المجتمع المحلي من شأنها أن تسد النقص في إعداد العاملين في أجهزة ومؤسسات تنمية هذا المجتمع، خصوصاً في المجتمعات التي أما أنه لا تتوافر فيها الإمكانات البشرية المؤهلة أو أن المخصصات المالية المتوفرة للكثير من الأجهزة والمؤسسات لا تساعد على تعيين الموظفين ودفع أجور شهرية لهم، أو أن طبيعة بعض النشاطات التي تقوم بها لا تستوجب التفرغ التام، ومن أمثلتها الجمعيات والمؤسسات والاتحادات الخيرية ومراكز رعاية الشباب...الخ والتي من الممكن سد النقص الحاصل في عدد العاملين فيها أو حتى مستوى كفاءتهم وتخصصاتهم من خلال تطوع أفراد المجتمع المحلي للإنضمام إليها، كأن يتطوع المهندسين الزراعيين للعمل بشكل جزئي في مراكز التنمية الريفية أو الأطباء للعمل لدى الجمعيات الخيرية التي يوجد فيها عيادات طبية، أو الأطباء البيطريين للعمل لدى الجمعيات التي لديها مشاريع لتسمين وتنمية الخراف وإنتاج الحليب كما هو الحال في مشاريع الأبقار والأغنام ...الخ.

طابع   **Stamp**

طابع (S) :

إحدى الوسائل الضرورية لتمويل أجهزة منظمات تنظيم المجتمع المتبعة في العديد من الدول وبالذات في العالم الثالث تستخدمها المهنة بشكل عام وطريقة تنظيم المجتمع وطريقة خدمة الجماعة بشكل خاص حيث يتم تمويل البرامج والأنشطة المختلفة وبالذات التابعة للمنظمات والهيئات الأهلية عادة ما تصدر هذه الطوابع إما بشكل عادي أو في المناسبات

الدولية حيث تقسم إلى أجزاء مادية مختلفة قد تكون جزء من الدينار أو أكثر تطرح على العموم في المجتمع من أجل شرائها على سبيل التبرع للبرامج والمشاريع الخيرية في مجالات الأيتام أو المعوقين أو مرضى الإيدز والسرطان والجذام ... الخ.

تقرير إحصائي **Statistical Report**

التقرير الإحصائي (S R) :

أحد الأساليب التي تتبعها مهنة الخدمة الاجتماعية بشكل عام وكل طريقة من طرقها لتسهيل النشاطات المهنية المختلفة التي تحدث على مساهمتها في العمل كما أنه يعتبر في غاية الأهمية لتنظيم هذه النشاطات والعمل على تقويمها وإمدادها بمختلف البيانات والمعلومات التي من شأنها أن تنهض بالمهنة، عادة ما يقصد به ذلك التقرير الذي يركز على إبراز شؤون ونشاطات المهنة بشكل عام وكل طريقة من طرقها الرئيسة بشكل خاص رقمياً أو ما يعرف بالتقرير الكمي لا الكيفي مستخدماً الأشكال والصور والرسوم البيانية وخلافها من العمليات الإحصائية في تحليل وتفسير المواقف المختلفة.

استثارة **Stimulation**

الاستثارة (S) :

شاع استخدامها في الخدمة الاجتماعية وبالذات في طريقة تنظيم المجتمع، حيث يعتبرها المنظم الاجتماعي أساس من أسس الطريقة لا غنى للطريقة عنها، فهي عملية تهدف إلى إحياء أو بعث الشعور بعدم الارتياح والرضا لدى السكان حيال الظروف والأوضاع الاجتماعية والاقتصادية التي يعيشون فيها وحفزهم على إصلاحها أو المطالبة بإصلاحها أو كليهما، بمعنى أن يكون الشعور والاستعداد في بعث شرارة الإصلاح منطلقة من داخل المجتمع سواء انطلقت من القادة الشعبيين أو خلافهم من جماعات المجتمع أو من القادة

المهنيين الذين يعملون في مختلف مناحي الحياة داخل المجتمع مثل الأطباء والمهندسين والمحامين والصحفيين .... الخ وسرت إلى باقي أفراد المجتمع.

تكتيك استثارة أعضاء المجتمع المحلي   Stimulation Tactic Of Community
                                           Members

تكتيك استثارة أعضاء المجتمع المحلي (S T C M):

أساليب فنية فعالة تستخدمها طريقة تنظيم المجتمع من أجل تنفيذ استراتيجياتها في مجال تغير المجتمعات المحلية، وقد اصطلح البعض على تصنيفها تحت (فن التكتيكات الفنية التربوية) إيماناً منهم بأن التنمية عملية تربوية تسهم في التغيير ولا تفرض حلولاً جاهزة ... وقد حددوا هذه التكتيكات بثلاثة هي تكتيك المجتمع الذاتي ويتمثل بإشراك قيادات المجتمع المحلي في إجراء الدراسات والمسوح المحلية التي تهدف إلى الوقوف على أسباب المشكلات الاجتماعية القائمة ... وتكتيكات توسيع الأفق ويقصد بها إكساب أعضاء المجتمع المحلي مجموعة من المعلومات التي تساهم في تعديل وتكوين الاتجاهات المعرفية وتكتيك المشاركة في العمل التنموي ويقصد به حفز المواطنين على تولى زمام المبادرة والسيطرة على شؤون مجتمعهم المحلى والتخطيط لتغيره من خلال اللجان والمجالس المحلية (ص66-72، م 40).

إستراتيجية   Strategy

الإستراتيجية (S) :

ظهرت أول ما ظهرت في العلوم العسكرية والسياسية، يقصد بها (فن استخدام القوات المسلحة لتحقيق الأهداف التي تحددها السياسة) أما في الاقتصاد فهو يعني نمط توزيع الاستثمارات والموارد، إما تنموياً فهو (القواعد العامة التي تحكم رسم خطط التنمية الاقتصادية والاجتماعية ووسائل تنفيذها وهى ترتبط أساساً بالمستوى الاقتصادي

والاجتماعي، متداولة في المهنة وبالذات في طريقة تنظيم المجتمع التي تقوم على العديد من الاستراتيجيات.

عينة طبقية **Stratified Sample**

العينة الطبقية (S S) :

إحدى أنواع العينات المستخدمة في بحوث الخدمة الاجتماعية سمية بالطبقية لأنها تقوم على تقسيم المجتمع البحثي إلى طبقات متعددة عادة ما تعكس تركيبة المجتمع، بمعنى أننا عندما نسحب عينة فإن علينا أن نقسمها إلى طبقات مختلفة ونسحب من كل طبقة نسبة تتوافق مع تقسيمة المجتمع مع الأخذ بعين الاعتبار الأساليب المتبعة في سحب العينة العشوائية، فلو أردنا إجراء بحث على طلبة المرحلة الجامعية الأولى فإننا نقسم المجتمع إلى طبقتين الأولى للذكور والثانية للإناث ثم نقسم المرحلة الجامعية إلى طبقات هي السنة الأولى والثانية والثالثة ثم السنة الرابعة وهكذا دواليك.

اتحاد الطلبة **Students Union**

اتحاد الطلبة (S U) :

أحد التنظيمات المجتمعية المدرسية الداخلية التي تلعب مهنة الخدمة الاجتماعية ممثلة بالأخصائي الاجتماعي المدرسي دوراً بارزاً فيها سواء من حيث التشكيل أو النشاطات حيث بدأت فكرة اتحاد الطلبة أول ما بدأت خلال الحرب العالمية الأولى أي في الفترة (1914- 1918) فلقد ساهمت كلاً من النازية والفاشية في بلورتها آنذاك) للاتحاد عدة مستويات أولاهما اتحاد طلاب الفصل وثانيهما مجلس اتحاد طلاب الصف حيث يتكون من ممثلي طلاب الفصول وثالثهما مجلس اتحاد طلاب المدرسة حيث يتكون من جميع أعضاء مجالس الصفوف... وهكذا إلى أن نصل إلى مجلس اتحاد الطلاب على المستوى الوطني.

يعمل الاتحاد على رعاية الطلاب وحمايتهم من الوقوع في براثن الانحراف والكشف عـن احتياجات الطلبة وإشباعها وإتاحة الفرصة للطلاب للتعبير عن آرائهم في مختلـف المجـالات الاقتصادية والاجتماعية والتربوية، خصوصاً التي تخصهم وتخص مجتمعهم، هـذا ويقـوم الأخصائي الاجتماعي بالعديد من الأدوار في سبيل إنجاح الاتحاد وتحقيق أهدافه ومهامـه منها معاونة أعضاء الاتحاد على كافة المستويات في تحقيق أهداف الاتحاد وحثهم على عقد اجتماعات دورية مع رواد المجلس ومساعدة أعضاء اللجنة التنفيذية للاتحاد بالمدرسة علـى تسيير شؤون الاتحاد وتنفيذ القرارات الصادرة عنه.

مصادر الدراسة
Study Resources

مصادر الدراسة (S R) :

تحتل أهمية خاصة في ممارسة الخدمة الاجتماعية بشكل عام وفي طريقـة خدمـة الفـرد بشكل خاص، يقصد بها (المنابع التي نحصل من خلالها على حقائق وبيانـات عـن المشكلة سواء كانت هـذه المنابع أفراد أو جماعـات أو هيئـات مثل العميل نفسـه أو أسرتـه أو أصدقائه أو حتى المستندات والسجلات والاختبارات والفحوص الطبية) علماً بأنها (أي المصادر) تنقسم إلى قسمين إحداهما بشرية وأخراهما غير بشرية أما وسائل الحصول علـى المعلومات فهي متعـددة بتعـدد المشكلات فهناك المقابلـة والزيارة الميدانية والدراسـات والاتصالات سواء عبر الهاتف أو الإنترنت أو الفـاكس أو الراديـو أو التلفـاز أو خلافهـما مـن وسائل الاتصال الأخرى.

إيحاء
Suggestion

الإيحاء (S):

أحد الأساليب التوجيهية المستخدمة في طريقـة خدمـة الفـرد، تعـددت تعاريفـه بتعـدد العلماء ألا أن من أبرزها التعريف الذي يشير إلى انه عملية يؤثر بموجبها شخص في آخر

تأثيراً غير مباشر بحيث يجعله يتقبل رأياً أو فكرة أو اعتقاد دونما مناقشة وفي ذات الوقت دونما إجبار أو إكراه، علما أن هذا الأسلوب يعتمد على مدي ثقة العميل بالأخصائي ومدي قابلية العميل أو استعداده للإيحاء.

الأنا الأعلى **Super Ego**

الأنا الأعلى (S E) :

مكون أساسي من مكونات الشخصية كما في نظرية التحليل النفسي- للعلامة سيجموند فرويد **Sigmond Freud** في مطلع القرن العشرين تستعين بها مهنة الخدمة الاجتماعية وبالذات طريقة خدمة الفرد في دراسة شخصية الفرد في علاقتها مع البيئة التي يعيش فيها والضغوطات التي تقع على الفرد وتؤدي إلى اضطراب شخصيته ومن ثم سوء التكيف بهدف تخليص العميل من الضغوطات والصراعات التي تضعف من قدرة الأنا لديه فهي (الرقيب النفسي اللاشعوري أو السلطة الداخلية أو القانون الأخلاقي الذي يدفع الفرد إلى العمل المباح ويكفه عن المحظور، فهو سلطة تشريعية قضائية تنفيذية في ذات الوقت علماً أن مستويات وعقوبات الأنا الأعلى توقع على الأنا إذ أنه مشرف ومسئول عن أفعال الإنسان الأخلاقية منها والمنافية للأخلاق وقد يجازي الأنا أو يعاقبها لمجرد التفكير في فعل شيء ما إذ أن الأنا الأعلى يعاقب الأنا على مجرد التفكير في أفكار سيئة حتى وإن لم تترجم هذه الأفكار إلى أفعال) (ص19، م 14) .

إشراف **Supervision**

الإشراف (S):

يستخدم في العديد من العلوم والمهن كالتربية والإدارة والاقتصاد. كما يستخدم في مهنة الخدمة الاجتماعية وبالذات في طريقتي خدمة الفرد والجماعة حيث تعتبره طريقة خدمة

الفرد بمثابة عملية تعليمية يمارسها أخصائي اجتماعي مدرب وذو خبرة ميدانية طويلة لإكساب آخرين أقصى نمو مهني ممكن من خلال ممارسة ميدانية تربط النظرية بالواقع .

مبادرة

Supportive Gift

المبادرة (S G) :

أسلوب من أساليب المعونة النفسانية أو ما يعرف بتدعيم الذات المستخدمة بكثرة في طريقة خدمة الفرد يمارسها أخصائيو خدمة الفرد مع العملاء النافرين أو المتباعدين أو الخائفين من الارتباط بالغير يقوم خلالها الأخصائي بجذب العميل إلى طلب المساعدة أو الاستمرار في طلبها، أي أن الخطوة الأولى في بناء مثل هذه العلاقة عادة ما تكون من جانب الأخصائي الاجتماعي، فالأخصائي في مثل هذه الحالة هو الذي يبادر مدفوعاً من احد أمرين

:

1- عندما يكون العميل في مشكلة ولا يتقدم بطلب المساعدة بسبب خوفه أو عدم ثقته بالآخرين.

2- مسؤولية الأخصائي في الحفاظ على التوازن بين صالح العميل وصالح المجتمع وبالذات في حالة السلوك غير الاجتماعي.

علاج تدعيمي

Supportive Therapy

العلاج التدعيمي (S T) :

أحد أساليب العلاج التي جاءت بها لوسيل أوستن عام 1941 حيث أنظم إلى الأساليب الأخرى التي يستخدمها أخصائيو خدمة الفرد في تعاملهم مع عملائهم وبالذات العملاء الذين يعانون من الضعف في وظائف الذات، تعتبر هامة لأنها تعمل على مساعدتهم على تجاوز المعاناة وذلك بالعمل على دعم الذات لديهم وتقويتها بحيث تصبح قادرة على مواجهة أعباء وضغوط الحياة المتزايدة، بعبارات أخرى، فهو أسلوب يعمل على

التخفيف من حدة القلق والشعور بالذنب وأية مشاعر سلبية أخرى تتكون لدى العميل ويعمل على تحويلها من السلبية إلى الإيجابية.

Sustainable Development تنمية مستدامة

التنمية المستدامة (S D) :

عملية زاد تسليط الضوء عليها في الآونة الأخيرة أي في فترة السبعينات وما تلاها خصوصاً بعدما زاد شعور الإنسان والمنظمات والمهن وبالذات مهنة الخدمة الاجتماعية باختلال التوازن ما بين الموارد الطبيعية والسكان نتيجة للاستغلال الجائر لهذه الموارد من أجل إشباع احتياجات السكان الحالية والآتية والتي عادة ما تنجم عن تزايد أعدادهم بشكل ملفت للنظر وإغفال احتياجات القادمين الجدد، تعددت تعاريفها إلا أن من أبرزها تعريف الوكالة العالمية للبيئة والتنمية المستدامة (S D I O) حيث عرفتها «بأنها التنمية التي تواجه احتياجات الأفراد الراهنة دون الانتقاص من قدرة الأجيال المقبلة على مواجهة احتياجاتها».

Sustainable Relationship علاقة تدعيمية

العلاقة التدعيمية (S R) :

تستخدم من قبل طريقة خدمة الفرد ويقصد بها العلاقة التي تنشأ بين الأخصائي والعميل طالب المساعدة خصوصاً بعد أن يسود جو الثقة والاحترام ما بينهما أثناء الممارسة سواء في مرحلة الدراسة أو التشخيص أو العلاج، بكلمات أخرى أكثر وضوحاً، أنها العلاقة التي يستطيع من خلالها الأخصائي الاجتماعي أن يؤثر في العميل ويكسب ثقته كيما يفضي-له بكل ما يتعلق بمشكلته بما في ذلك الجوانب التي يخفيها ويعتبرها أسراراً لا يرغب في البوح بها، أنها العلاقة التي تستطيع أن تحطم دفاعات العميل وتتغلغل في أعماقه بحيث يصبح أكثر طواعية وميلاً لتقبل وتنفيذ خطة العلاج.

عينة منتظمة **Systematic Sample**

عينة منتظمة (S S) :

إحدى أنواع العينات الاحتمالية تستخدمها مهنة الخدمة الاجتماعية وبالذات بحوث الخدمة تسمى بالمنتظمة لأن .... الباحث يقوم بالسحب من كل فئة بانتظام فهب أنك تجري بحثاً لمعرفة مدى رضا الأطفال الأيتام عن الخدمات التي تقدمها لهم المؤسسات الحكومية وبلغ عدد الأطفال الكلي 2000 طفل وتريد سحب عينة من هذا المجتمع مقدارها 40 طفل فإن عليك في هذه الحالة أن تسحب رقما كل 50 خمسين اسم شريطة أن تبدأ بالرقم الأول عشوائياً فهب أن الرقم الأول الذي بدأت به كان الرقم عشرون فإن الرقم الذي يليه (70) سبعون ثم مائة وعشرين (120) ومائة وسبعين (170) وهكذا دواليك إلى أن تحصل على حجم العينة والبالغة أربعون طفلاً.

Tactic

تكتيك

التكتيك (T) :

مستمد أساساً من العلوم العسكرية يعبر عن الأسلوب الذي يتبع لممارسة الاستراتيجية وقد ورد تعريفه في المورد العصري الإنجليزي على أنه فن تنظيم القوى الحربية أو تحريكها قبل القتال أو أثنائه ولقد ظهرت تعاريف عديدة للتكتيك إلا أن ما يهمنا التعريف المرتبط بتنظيم المجتمع الذي يراه على أنه الهدف الجزئي أو قريب المدى الذي يساعد تحقيقه على تحقيق الاستراتيجية، بمعنى آخر أنه وضع الاستراتيجية موضع التنفيذ.

مجلس الآباء والمعلمين **Teachers And Parents Council**

مجلس الآباء والمعلمين (T P C) :

أحد التنظيمات المدرسية الداخلية التي تعنى بها الخدمة الاجتماعية بشكل عام والخدمة الاجتماعية المدرسية بشكل خاص يتكون من أولياء أمور الطلبة الراغبين في عضويته والمدير وأعضاء هيئة التدريس في المدرسة والأخصائي الاجتماعي المدرسي عادة ما يتم تشكيل مجلس إداراته بالانتخاب كما وتسند أمانة سره الى الأخصائي الاجتماعي، تتفرع عنه العديد من اللجان بحيث تتولى كل لجنة من اللجان ممارسة نشاط معين، يختلف عدد أعضاء مجلس إدارته من دولة لأخرى ففي بعض الدول يكون العدد خمسة عشر- وفي دول أخرى واحد وعشرين ولعل من أبرز مهامه العمل على توثيق الصلة بين الطلاب والمدرسين وأولياء الأمور من أجل المساهمة في حل الصعوبات والمشاكل التي تواجه الطلبة كما يعمل على تكريم الطلبة المتفوقين والأخذ بيد الطلبة المقصرين ... الخ.

لجنة مؤقتة **Temporary Committee**

اللجنة المؤقتة (T C) :

إحدى تصنيفات اللجان حسب معيار المدة الزمنية حيث تقسم حسب هذا المعيار إلى لجان دائمة وأخرى مؤقتة، هذا وتعتبر اللجنة المؤقتة إحدى الوسائل والأدوات التي تستعين بها المهنة لتحقيق أغراضها وبالذات في طريقة تنظيم المجتمع والجماعة وفي الطريقة المساعدة (الخدمة في إدارة المؤسسات الاجتماعية) يقصد بها مجموعة الأشخاص الذين يتم اختيارهم وفقًا لمعايير معينة تتفق وطبيعة المشكلة أو الحاجة أو الموضوع الذي قامت اللجنة من أجل دراسته أو بحثه أو إزالة ما يكتنفه من غموض والذي عادة ما يكون موضع خلاف أو يحتاج إلى التعمق بدراسته قبل اتخاذ أي قرار بشأنه علماً بأنها محددة بزمن معين

ولها مدة محددة مما يجعلها تنقضىـ بانقضـاء المهمـة التـي أسـندت إليهـا بعـد أن تقدم توصياتها إلى الجهة التي شكلتها .

جماعة مؤقتة   Temporary Group

جماعة مؤقتة (T G) :

صنف من أصناف الجماعة عند تقسيم الجماعة في الطريقة حسب معيار المدى الزمني، تتكون من عدد من الشخوص والأفراد، وعـادة مـا تعمـل علـى تحقيق هـدف أو أهداف محددة، علماً أن هذه الأهداف على الأغلب قصيرة المدى وبالتالي فإن عمرها الزمني ينتهي بإنجاز الهدف الذي تأسست من أجلة وخير مثال عليها اللجان.

إرهاب   Terrorism

الإرهاب (T) :

شاع استخدامه بكثرة خصوصاً في الآونة الأخيرة وما تخللها من عمليـات وأحـداث داميـة انتشـرت في بقـاع شتى مـن العـالم، الأمر الـذي زاد مـن اهتمـام مختلف العلـوم والمهـن والمنظمات والهيئات الإنسانية به ولعل من بين المهن التي تهتم به مهنة الخدمة الاجتماعية وبالنظر إلى حساسيته فإنه لم يتم الاتفاق علـى وضع تعريف موحد لـه تأخـذ بـه جميـع المجتمعـات لـذا فقـد ظهـرت لـه عـدة تعريفـات يعبر كلاً منها عـن المنطلق السياسي والأيديولوجي للجهة التي وضعته ولكن وبرغم الاختـلاف علـى تحديـده فقـد عرفتـه دائـرة المعارف الاجتماعية الأمريكية الصادرة عام 1934 على أنه (قيام مجموعـة منظمـة أو حـزب بتحقيق أهدافها المعلنة مستخدمة بذلك العنف المنظم وذلك بتوجيه الأفعال الإرهابية ضد الأشخاص سواء بصفتهم الشخصية أو كوكلاء أو ممثلين للسلطة يتداخلون مع إكمال تحقيق أهداف هذه المجموعة وقد يأخذ هذا الإرهاب شكل القتل أو إلقاء المتفجرات أو التخريـب هذا ولقد جاء اهتمام الخدمة الاجتماعية ودورها في التعامل معه من وجود إجماع

دولي على إدانته والتنديد به ومحاربته بشتى الوسائل والسبل المتوفرة والتي يمكن توفيرها وكذلك من حجم الخوف والدمار والرعب والقتل الذي يتسبب به سواء للأفراد أو للجماعات أو للمجتمعات مع ما ينجم عنها من تشوهات وإعاقات وأمراض وإتلاف للممتلكات وبالتالي تشرد وانحرافات تستوجب حلولاً سريعة.

Test Reliability
ثبات الاختبار

ثبات الاختبار (T R) :

أسلوب من الأساليب المتبعة لمعرفة مدى ثبات نتائج المقياس أو أداة البحث المتبعة في دراسة أي مشكلة أو ظاهرة أو أي شيء ما، هذا ويعتبر الاختبار ثابتاً إذا ما كان يعطي نفس النتائج في كل مرة تكرر فيها تطبيقه على نفس المفحوصين وتحت نفس الشروط) (ص294، م 3)، علماً أن هناك أكثر من طريقة لحساب ثبات المقياس منها إعادة الاختبار بحيث يطبق الاختبار على مجموعة من أفراد العينة أو آخرين بنفس مواصفات أفراد العينة وترصد النتائج ثم يعاد تطبيقه على نفس المجموعة بعد فاصل زمني عادة ما يكون أسبوعين ثم يحسب معامل الارتباط بين درجاتهم في المرتين وعلية فكلما قرب المعامل من الواحد الصحيح كلما كان المقياس ثابتاً.

Theory Of Stretch Ladder
نظرية السلم الامتدادي

نظرية السلم الامتدادي (T S L) :

إحدى النظريات التي تتبناها المهنة، تؤمن هذه النظرية بأن الحكومة يمكنها أن تبدأ الخدمات على المستوى القومي لمجالات الرعاية الاجتماعية وعندما ينتهي دورها يبدأ دور المنظمات الأهلية في العملية فالمؤسسات الأهلية تهتم برفع مستوى الخدمات الحكومية القائمة كما أنها تلفت نظر الدول نحو تحسين الخدمات القائمة وفوق هذا وذاك فإنها تكشف عن احتياجات الأهالي المتجددة لأوجه الرعاية المختلفة (ص-،13، م20).

تدبير علاجي Therapeutic Provision

التدابير العلاجية (T P) :

مجموعة الإجراءات والبرامج التي تتبع مع من ثبت انحرافه من الأحداث، بما في ذلك تنظيم القوانين أو التشريعات الخاصة بشؤون الجانحين وكذلك مراحل القبض على الحدث قبل إيداعه إحدى دور الرعاية أو تسليمه لوليه، كما تتضمن الإيداع في دور الرعاية الخاصة بالأحداث الجانحين، هذا ويعتبر إيداع الحدث بالمؤسسة نوعا من أنواع التدابير العلاجية (ص211، م44).

علاج بالساعد Therapy By Assistant

العلاج بالساعد (T A) :

إحدى الاستراتيجيات المستخدمة في المهنة وبالذات في طريقة خدمة الجماعة تعتمد على استخدام العملاء أنفسهم في مساعدة وعلاج زملائهم الذين يواجهون نفس مشكلاتهم، علماً أن ما يميز هذه الإستراتيجية العلاجية عن غيرها من الاستراتيجيات أنها تحقق هدف مزدوج ألا وهو علاج كلاً من الجماعتين في وقت واحد.

هذا ويعود الفضل في ظهور هذه الإستراتيجية لممارسي طريقة خدمة الجماعة عندما استخدموا ذات مرة السواعد المتطوعين للعمل مع الجماعات.ثم ما لبثت هذه الإستراتيجية أن انتشرت فيما بعد إلى المجالات الأخرى.

علاج بالخبرة Therapy By Experience

العلاج بالخبرة (T E) :

أحد أساليب العلاج المستخدمة في طريقة خدمة الفرد جاءت بها لوسيل أوستن عام 1941، يقصد به (تحرير قيود الخبرات السابقة التي تقع في منطقة شبه الشعور حيث

يستخدم في ذلك التحويل الإيجابي لتوفير خبرة تصحيحية عن الأحكام الخاطئة التي سبق أن أصدرها العميل على أشخاص في حياته وكانت من أسباب مشكلته وتوفير فرص ممارسة خبرات الحياة التي تجلب الرضا والإثابة واستخدام تفسيرات دينامية معينة يعقبها توضيح لواقع العميل من خلال العلاقة المهنية ويستخدم هذا النوع من العلاج مع المراهقين وصغار الشباب الذين يعانون من المشكلة الاوديبية) (ص15 وما بعدها، م31).

علاج بالاستبصار **Therapy By Insight**

العلاج بالاستبصار (T I) :

أحد أساليب العلاج الأربعة التي حددها لوسيل أوستن للعلاج في طريقة خدمة الفرد يقصد به أحداث تغير في خصائص الذات لدى العميل وذلك عن طريق عملية التحويل وعمليات التفسير والإقناع بحقيقة دوافعه بواسطة استدعاء الخبرات الطفولية والذكريات الماضية من أجل أن يؤدي بالعميل إلى الوعي بحقيقة هذه الدوافع التي تكمن وراء سلوكه الذي لا يتناسب مع الموقف الحاضر. علماً بأن هذا الأسلوب من أساليب العلاج غالباً ما يستخدم مع العملاء الذين يعانون من مظاهر عصابية خفيفة واضطرابات شخصية مثل الخجل الزائد، الكراهية، العناد أو حتى العدوان والتي يمكن إرجاعها إلى رواسب الطفولة المبكرة .

مقابلة علاجية **Therapy Interview**

المقابلات العلاجية (T I) :

إحدى أنواع المقابلات من حيث الغرض تستخدم بكثرة في طريقة خدمة الفرد، يقصد بها (المقابلة التي تهدف إلى رسم خطة لعلاج العميل وتخفيف حدة التوتر الذي يشوبه مع الاستفادة من إمكاناته وإمكانات المجتمع في عملية العلاج) (ص297، م3).

تسامح **Tolerance**

التسامح (T) :

جانب مميز من جوانب المهارة العلائقية التي تنشأ بين الأخصائي الاجتماعي والعميل حيث تتحلى قدرة الأخصائي في كسب ثقة الآخرين والارتباط بهم. تستخدم بكثرة في طريقة خدمة الفرد، يقصد به (طاقة من التعاطف تسمح للحب أن يسموا دوماً على مشاعر الكراهية فعملاء خدمة الفرد لا يفرزون رحيقاً حلو المذاق وإنما هم أناس يتألمون الى حد إفراز الصديد والقيح ولفترات قد تطول أو تقصر ولكنها كفيلة بأن تجعل منهم أنماطاً نافرة أو شاذة إذا ما قورنت بالأسوياء (ص 24، م 33).

سمة **Trait**

السمة (T) :

مستخدم بكثرة في العلوم النفسية والاجتماعية ومن بينها مهنة الخدمة الاجتماعية (يعبر عن الصفة المراد قياسها مثل الذكاء أو الانتماء، ذلك أن كل شخص يمتلك عدداً من السمات بعضها فيزيقية مثل درجة حرارة الجسم أو برودته وأخرى اجتماعية مثل الولاء والانتماء وثالثها نفسية مثل الذكاء ... وهكذا) (ص 633 م، 43).

تدخل علاجي **Treatment Interaction**

التدخل العلاجي (T I):

إحدى العمليات الأساسية في الخدمة الاجتماعية بشكل عام وخدمة الفرد بشكل خاص تمت استعارته من مهنة الطب، حيث أصبح يعرف في الخدمة على أنة خلاصة الممارسة والأنشطة والخدمات التي يقدمها الأخصائي أو مجموعة الأخصائيين الاجتماعيين إلى العميل طالب العون أو صاحب المشكلة، والعلاج إما أن يكون مباشراً(أي موجه نحو شخصية العميل) أو غير مباشر بحيث يوجه نحو الظروف البيئية المحيطة بالعميل ولعل

من بين المحيطين بالعميل الذين يوجه لهم العلاج غير المباشر الأسرة وجماعات الأصدقاء والنادي والمدرسة والعميل نفسه فهم مجتمعين أو كلاً منهم على حده يساهمون بدرجة أو بأخرى فيما يعاني منه كما أن لهم دوراً في إنجاح خطة العلاج.

اختبار قضائي **Trial Judicial**

الاختبار القضائي (TJ) :

مستخدم في المهنة وبالذات في ميدان الأحداث الجانحين، فهو عبارة عن (أسلوب علاجي بمقتضاه يبقى الصغير (الطفل المنحرف) في بيئته الطبيعية متمتعاً بحريته تحت رعاية ساهرة وملاحظة شخصية لمندوب المحكمة والمعروف بالمراقب الاجتماعي ... كما يعرف بأنه أداة لمعاملة وعلاج مذنبين منتقين انتقاءاً خاصا أي أنه تعليق للعقاب ولكن بشكل مشروط مع وضع المذنب تحت الرقابة الشخصية التي تتضمن المساعدة والتوجيه والعلاج الفردي) (ص 191، م 44).

درن رئوي **Tuberculosis**

الدرن الرئوي (T) :

أحد الأمراض المعدية التي لا تعد مشكلة صحية وجسمانية للمرضى فقط وإنما مشكلة اجتماعية ونفسانية أيضاً، أي أنه من الأمراض ذات الصبغة الاجتماعية لهذا جاء اهتمام الخدمة الاجتماعية به وبالذات الخدمة الاجتماعية الطبية، فهو مرض يعرف بمرض السل الذي لا تقتصر إصابته على جزء واحد من أجزاء الجسم ألا وهو الرئة وإنما يصيب الغدد الليمفاوية والجهاز الهضمي.... كما أن منة ما يصيب العظام (ص ص 244، 624، م 38)

ونظراً لأن المرض يصيب الأفراد في سن مبكرة) خصوصاً من هم في سن العمل والإنتاج فإن المرضى المصابين به غالباً ما يفقدون القدرة الجسدية والثقة على أداء أدوارهم في الحياة وبالتالي يحتاجون إلى جهود الأخصائيين الاجتماعيين العاملين في الحقل الصحي

ليس فقط من الناحية الاقتصادية والاجتماعية وإنما بالتغلب على دفاعاتهم ومقاومتهم الخضوع للعلاج حيث يحاول الكثيرين الهروب من الخضوع للعلاج.

U_{nemployment}

بطالة

البطالة (U) :

ظاهرة اقتصادية اجتماعية (Socio- Economic) مقلقة ليس فقط اقتصادياً واجتماعياً وإنما أمنياً، فلها تأثير واضح على أمن وسلامة المجتمع خصوصاً إذا ما زادت نسبتها عن المعدل المقبول عالمياً. توليها المهنة جل اهتمامها وبالذات فيما يتعلق بمعالجة الآثار المترتبة على ضحاياها، يقصد بها (توقف عن استعمال موارد العمال Labour ورأس المال Capital، مما يؤدي إلى تدني الخرج الفعلي Actual output للاقتصاد عن الناتج القومي الإجمالي Potential Gross National Product... ويقاس معدل البطالة بالقوة العاملة الإجمالية التي ليس لديها عمل في الوقت الحاضر. (P 422,R 74).

إعانة البطالة

Unemployment Benefit

إعانة البطالة (U B) :

إحدى اهتمامات قوانين الضمان الاجتماعي وبالذات المتعلقة منها بالتأمين الاجتماعي، خصوصاً في الدول المتقدمة موضع اهتمام المهنة وخصوصًا ما يعرف بالخدمة الاجتماعية في ميدان الضمان الاجتماعي والخدمة العمالية وهي عبارة عن مبلغ نقدي يدفع للمؤمن عليه لمدة معينة قد تكون ستة أشهر أو سنة ... الخ أي أنها تدفع للمؤمن عليه لمدة معينة تختلف باختلاف قوانين الدول كتعويض للمؤمن عليه عن جزء من الضرر الذي لحق به بسبب فقدة لمصدر رزقه وكما ذكرنا فإنه في العديد من الدول يتجاوز عدد الذين فقدوا عملهم لأي سبب ثلث الباحثين عن عمل ولم يجدوة بعد.

United Nations Fund For
Population Activities

صندوق الأمم المتحدة للأنشطة السكانية

صندوق الأمم المتحدة للأنشطة السكانية (U N F P A) :

أحد أجهزة تنظيم المجتمع التابعة لهيئة الأمم المتحدة له نظائر على مستوى كل دولة من الدول عادة ما تعرف بمجالس السكان أو لجان السكان، تمارس فيه مبادئ وفلسفة وقيم وطرق المهنة جنباً إلى جنب مع قيم ومبادئ – الخ المهن الأخرى ذات العلاقة، أسسها الأمين العام للأمم المتحدة عام 1967 بهدف مساعدة الدول النامية ذات معدلات النمو السكاني العالية والدول منخفضة الدخول على حل مشاكلها السكانية.

هذا ويدعم الصندوق الجهود الوطنية للدول وذلك من خلال تعزيز وعي الحكومات المتورطة بمشاكل اجتماعية واقتصادية ناجمة عن المشاكل السكانية بهذه المشاكل وإيجاد حلول لها، كما يأخذ الصندوق على عاتقه دور القيادة في تطوير الاستراتيجيات السكانية على المستوى الدولي (P 82, R 84) .

Unlimited Term Service

خدمة غير محددة المدى

خدمة غير محددة المدى (U T S) :

نموذج آخر من النماذج التي تعنى في الزمن اللازم للتغلب على مشكلة العميل وتقديم الخدمة اللازمة له إيذاناً بالتغلب عليها إلا أن الفرق الجوهري الذي يميزه عن غيره من النماذج أنه معروف البداية من الناحية الزمنية ولكنه غير معروف أو محدد النهاية، بمعنى أننا نعرف زمن البدء ولكننا لا نعرف زمن النهاية.

أسرة لا اجتماعية   **Unsocial Family**

الأسرة لا اجتماعية (U F) :

إحدى أصناف الأسرة التي تعاني مـن قصـور أو خلـل في علاقاتهـا مـع محيطهـا أو بيئتهـا سواء كانت هذه البيئة على شكل أفراد أو جماعات أو حتى نظم أي أنها تفتقـر بأسرهـا أو يفتقر بعض أعضائها إلى أساليب الاتصال والتكيـف مـع محيطهـم مـما يجعلهـا بحاجـة إلى خدمات المهنة من أجل مساعدتها ليس على التكيف مـع بيئتها فقط وإنـما التوافق معهـا أيضاً إذا ما أرادت أن تعود إلى وضعها الطبيعي كأسرة فاعلة في محيطها الذي تعيش فيه.

تحضر   **Urbanism**

تحضر (U) :

زاد الاهتمام به خاصة في العصر الحديث أي أثناء الثورة الصناعية وما تلاها من أحـداث واختراعات واكتشافات وهجرة فقد شاع في العديد مـن العلـوم والمهـن مثل علـم الاجتماع الحضري وجغرافية العمران والدراسات السكانية...الخ عملت الخدمـة وبالـذات في الآونـة الأخيرة على توظيفه والاستفادة منه في العديد من مجالاتها، خصوصاً المتعلقة بأحياء الفقراء والمهمشين وأماكن النزوح والجريمة ...، تعددت معانيه وتعاريفه بتعدد العلماء والباحثين مما دعا المؤلف إلى تعريفه على أنه:

عملية مستمرة ومتداخلة ومتبادلة لا تتوقف عند مجرد الانتقال للإقامة في المـدن مهـما بلغت درجة تحضر هذه المدن بما فيها من أدوات وصناعات ووسائل ترفيه... الخ لا بل بكل ما فيها من منجزات وتكنولوجيا حديثة أو حتى جلـب المنجزات التكنولوجيـة المتطورة إلى المناطق غير الحضرية مهما بلغت درجة تطورها، بمعنى أنها عملية تفاعل مـرن مـع الوسـط الجديـد والتكنولوجيا الحديثة يتم بموجبها التخلي التـدريجي عـن الاتجاهـات والأفكار والمعتقدات والقيم والسلوكيات القديمة واستبدالها بأخرى تتوافق مع روح

الحياة الجديدة بأساليبها وقيمها وتطلعاتها من جهة ومع ما هو حادث من تطور في الجوانب المادية من جهة أخرى عن طريق التنشئة الاجتماعية السليمة.

حضرية

Urbanization

الحضرية (U) :

جاء اهتمام مهنة الخدمة به بسبب النمو السريع والهائل في نسبة سكان الحضر وتفاقم المشاكل الناجمة عن الظاهرة خصوصاً في الغرب، فلو أخذنا على سبيل المثال الزيادة في الحجم فإننا نجد وحسب ما جاء به (ألبرت مور. W. Ilberte Moor).

"...Between (1800- 2005) The Population Of The World Living In Cities With 20,000 Or Mor Inhabitants Increased From About 21.7 Million To hundreds of Millions" (P14، R 86).

الأمر الذي يؤكد تضاعف رقم قاطني الحضر خلال الفترة الزمنية الممتدة من -1800) (2005 عشرات المرات، وبالنظر إلى تعدد واختلاف التعاريف التي جاء بها العلماء والباحثين، فإن المؤلف يعرفها بأنها الانتقال من المناطق التي اصطلح على تسميتها والتعامل معها على أنها غير حضرية إلى المناطق التي اصطلح على تسميتها وتحديدها على أنها مناطق حضرية يهدف المعيشة بغض النظر عما إذا كانت المناطق الطاردة بدوية أو ريفية (زراعية أو غير زراعية) والمناطق الجاذبة صناعية أو تجارية أو سياحية أو خدمية أو حتى خليط من كل هذا، المهم في الأمر أنها أكبر منها من ناحية حجم السكان وبما لا يقل عن خمسة آلاف نسمة حسب المعيار الذي وضعته هيئة الأمم المتحدة في هذا المجال.

مراباة   Usury

المراباة (U) :

نظام إقراض للمال، عرف منذ القدم وما يزال سائداً حتى وقتنا هـذا، يعتـبر واحـداً مـن
أسوأ نظم استغلا ل حاجة الناس وبالذات للنقد، كما أنه المسئول بدرجة كبيرة عـن زيـادة
معاناة الفقراء وسقوطهم أكثر فأكثر في مستنقع الفقر، تعمل مهنـة الخدمـة عـلى مواجهتـه
سواء بتوعية الناس من أجل عدم الوقوع به (دور وقائي) أو بمعالجة آثاره على المنغمسين به
من تعاريفه الإنجليزية أنه:

... "The Practice Of Lending Money At Very High Rates Of Interest "
(P 342, R 80).

وترجمة النص الإنجليزي تعني أنه نظام يتم بموجبـة مزاولـة أو ممارسـة الإقـراض المـالي
بمعدل فائدة عالية جداً.

Value

قيمة

قيمة (V) :

تعطي المهنة أهمية كبيرة للقيم أثناء الممارسة فهي نفسها تقوم على مجموعـة مـن القيـم
التي تميزها كمهنة عن غيرها وتجعل منها مهنة إنسانية،، هـذا ولقـد تعـددت التعـاريف التـي
وضعها العلماء والباحثين للقيم بشكل عام، لذا يرى المؤلف أنها شيء قديم قدم الإنسان نفسه،
حيث قال اللـه سبحانه وتعالى {وعلم آدم الأسماء كلها} كـما تناولهـا الفلاسـفة والعلـماء منـذ
القدم، وعليه فهي سلم من الأشياء والمعاني المرغوب فيها والتي عادة ما يقدرها ويجمع عليهـا
أفراد وجماعات المجتمع ويقبلون أن تكون المنهاج القـويم الـذي يسـيرون عليـه، فهـي تـنظم
سلوكهم وتوجه طاقاتهم وتفاعلهم مع بعضهم البعض ومع الآخرين.

وقد ترقي درجة الرغبة فيها إلى حد تمسك والتزام كافة أفراد المجتمع أو الجماعة أو على الأقل الأغلبية الساحقة منهم بها سواء أكان هذا صراحة أو ضمناً بحيث يعد أي خروج عليها خروج على الشرعية وعلى ما ارتضاه المجتمع لأبنائه من خير ورشاد ومن أمثلتها قيم الجمال والحق والديمقراطية والحرية وحب الأرض .... الخ.

متغير **Variable**

المتغير (V) :

تولي المهنة وبالذات الطريقة المساعدة (طريقة الخدمة في البحث الاجتماعي) المتغيرات اهتماماً كبيراً من أجل تحديد علاقة وأثر المتغيرات بعضها على البعض الآخر، لذلك يعتبر تحديدها خطوة من الخطوات الأولى في تصميم البحث، فهي لغة اتصال العلماء والباحثين بعضهم بالبعض الآخر، تعددت معانيها إلا أن من أبرزها أنها (مفهوم أو اسم يرمز للاختلاف بين عناصر فئة أو سمة معينة مثل الجنس أو لون العين أو الإنجاز أو الدافعية أو الحالة التعليمية مع ملاحظة أن الأفراد المكونين للفئة أو السمة يجب أن يكونوا مختلفين أو متباينين حتى يتسنى لنا أن نصنف الفئة أو السمة مدار البحث على أنها متغير، بمعنى آخر إذا كان أعضاء أو أفراد الفئة متماثلين فإن من غير الممكن اعتبارهم متغيراً وإنما ثوابت.

عنف **Violence**

العنف (V) :

استجابة سلوكية تتميز بصفة انفعالية شديدة قد تنطوي على انخفاض في مستوى البصيرة والتفكير ولها أهداف متعددة منها إفشاء حالة من الذعر والرعب تؤثر في اتخاذ القرار كما تعمل على هز الاستقرار السياسي وخلخلة هيبة الدولة وإيجاد مناح من الخوف الذي يدفع إلى الاهتزاز النفسي، بمعنى آخر فإن الأثر النفسي الذي تحدثه الواقعة الإرهابية هو الهدف الأساسي وليس ضحاياه فالسائح على سبيل المثال ليس هدفاً بحد ذاته لأي

عملية إرهابية وإنما ضرب السياحة والموقف السياسي وإظهار حكومة دولة مـا بأنهـا عـاجزة عن حماية الشخصيات والسواح والأجانب الموجـودين عـلى أراضيها هـو الهـدف الرئيسي- للإرهاب، وكما يقال عن السياحة يقال أيضاً عن ضرب السـفارات واحتجـاز الرهـائن وحتى قتلهم أي أن العنف موجه نحو المجتمع ونظمه المختلفة. خلاصة القول أن تناول الأهداف الأجنبية البشرية أو المادية والأضرار بها وتدميرها ...الخ ما هي إلا وسـائل وأدوات لتحقيـق أهداف أكبر وأبعد من ذلك بكثير قد تكون ذات طابع سياسي أو أمني أو حتى ابتزازي.

عضو زائر

Visitor Member

العضو الزائر (V M) :

مستخدم بشكل أساسي في الهيئات الأهلية التطوعية فهو شـكل مـن أشـكال العضـوية المتعارف عليها في الهيئات والمنظمات الطوعية. يقصد به (العضو الذي يتعاطف مع أغراض الهيئة ويؤمن برسالتها ولكـن لا يسـتطيع أن يـزاول أعمالها بشـكل منتظم بسبب عـدم إقامته في منطقة نشاطها) (ص 211، م 20).

إعاقة بصرية

Visual Impairment

إعاقة بصرية (V I) :

إحدى تصنيفات الإعاقة التي توليها المهنة جل اهتمامهـا وبالـذات طريقـة خدمـة الفـرد خصوصاً مجال رعاية وتأهيل المعوقين عرفها الزعمط، على أنها «كل فرد يعاني من قصور أو عجـز في قدرتـه البصريـة يـؤدي إلى إعاقـة أداؤه التعليمـي أو المهنـي أو فـرص تفاعلـه مـع المثيرات البيئية والاجتماعية وتحد من قدرته على الانتقال».

علما أن الإعاقة البصرية عادة ما تصنف إلى صنفين رئيسين هما ضعاف البصر والكفيفين.

عملية إرهابية وإنما ضرب السياحة والموقف السياسي وإظهار حكومة دولة ما بأنها عاجزة عن حماية الشخصيات والسواح والأجانب الموجودين على أراضيها هو الهدف الرئيسي- للإرهاب، وكما يقال عن السياحة يقال أيضاً عن ضرب السفارات واحتجاز الرهائن وحتى قتلهم أي أن العنف موجه نحو المجتمع ونظمه المختلفة. خلاصة القول أن تناول الأهداف الأجنبية البشرية أو المادية والأضرار بها وتدميرها ...الخ ما هي إلا وسائل وأدوات لتحقيق أهداف أكبر وأبعد من ذلك بكثير قد تكون ذات طابع سياسي أو أمني أو حتى ابتزازي.

عضو زائر **Visitor Member**

العضو الزائر (V M) :

مستخدم بشكل أساسي في الهيئات الأهلية التطوعية فهو شكل من أشكال العضوية المتعارف عليها في الهيئات والمنظمات الطوعية. يقصد به (العضو الذي يتعاطف مع أغراض الهيئة ويؤمن برسالتها ولكن لا يستطيع أن يزاول أعمالها بشكل منتظم بسبب عدم إقامته في منطقة نشاطها) (ص 211، م 20).

إعاقة بصرية **Visual Impairment**

إعاقة بصرية (V I) :

إحدى تصنيفات الإعاقة التي توليها المهنة جل اهتمامها وبالذات طريقة خدمة الفرد خصوصاً مجال رعاية وتأهيل المعوقين عرفها الزعمط، على أنها «كل فرد يعاني من قصور أو عجز في قدرته البصرية يؤدي إلى إعاقة أداؤه التعليمي أو المهني أو فرص تفاعله مع المثيرات البيئية والاجتماعية وتحد من قدرته على الانتقال».

علما أن الإعاقة البصرية عادة ما تصنف إلى صنفين رئيسين هما ضعاف البصر والكفيفين.

توجيه مهني **Vocational Orientation**

التوجيه المهني (V O) :

إحدى عمليات التدريب المهني تهتم بها مهنة الخدمة الاجتماعية اهتماماً كبيراً خصوصاً في مجالات المعوقين والأحداث والصناعة عادة ما يأتي الاهتمام بها كخطوة تسبق عملية التدريب، أي أنها عملية لمساعدة الأفراد على اختيار المهنة التي تتناسب بشكل كبير مع مختلف قدراتهم سواء كانت جسمانية أو عقلية بالإضافة إلى ميولهم واهتماماتهم بهدف خلق الانسجام والتناغم بين الفئات التي لم تدخل معترك الحياة العملية وبين أصحاب الأعمال التي يتدربون عليها كما أنها تعمل على توجيه الراغبين في التدريب إلى المهن التي يحتاجها سوق العمل ولأهميتها فإن مهنيين يشتركون في عملية التوجيه كالطبيب والأخصائي النفساني والمدرس والمشرف الفني وغيرهم للمؤامة بين طاقات الفرد ومواصفات ومتطلبات المهنة.

تأهيل مهني **Vocational Rehabilitation**

التأهيل المهني (V R):

أحد فروع التدريب المهني المعروفة، كما أنه حقل من حقول الرعاية الاجتماعية يحضى باهتمام الخدمة الاجتماعية بكافة طرقها لأنه يعمل على مساعدة الأفراد الذين يعجزون عن الاستمرار في أداء أعمالهم لأي سبب من الأسباب وبالذات في حالة الإصابات والكسور الناتجة عن الحوادث أو حتى الناجمة عن بعض الأمراض خصوصاً ذات الطبيعة الخطرة والمستعصية وذلك إما بالعودة إلى نفس المهنة والأعمال التي كانوا يمتهنونها قبل أن يتعرضوا إلى ما تعرضوا له أو بإعادة تأهيلهم من جديد بمهن وأعمال تتوافق مع قدراتهم وأوضاعهم الجديدة.

هذا ولقد تعددت التعريفات التي ظهرت للتأهيل المهني بتعدد المهن والعلوم التي تعنى به فقد عرف بأنه (إعادة تكيف الأفراد العاملين من الشعب في أعمالهم السابقة أو في أعمال مشابهة لها في الصناعة أو خلافها بعد اجتياز فترة كساد أو حرب أو أي خلل شامل في البناء الاقتصادي القومي (ص6، م1).

كما عرفته العديد من مراكز التأهيل العالمية ودوائر المعارف العالمية ومنها البريطانية والفرنسية والألمانية وهيئة الأمم المتحدة بتعاريف متعددة ولكنها وإن اختلفت عن بعضها البعض بعض الشيء إلا أنها أجمعت على أن تقديم التدريب اللازم لضحايا الأمراض والحوادث سواء كانت طبيعية أو صناعية بالإضافة الى تأهيلهم بمهن وأعمال تتناسب مع أوضاعهم يعتبر أمرًا ضروريًا .

تدريب مهني **Vocational Training**

تدريب مهني (V T) :

موضع اهتمام العديد من العلوم والمهن ومن بينها مهنة الخدمة الاجتماعية زاد الاهتمام به في الآونة الأخيرة خصوصاً بعد التشجيع والدعم العالمي لهذا النوع من التدريب من قبل هيئات الأمم المتحدة المتخصصة وعلى رأسها منظمة العمل الدولية ووكالة غوث وتشغيل اللاجئين ونظرا لتعدد الجهات المعنية به ومرونته..... واحتوائه على العديد من الموضوعات مثل التوجيه المهني والتكوين المهني والتلمذة الصناعية والتدريب المهني للعجزة المعوقين...الخ. فقد تعددت تعاريفه.

حيث عرفته منظمة العمل الدولية بأنه الأنشطة التي تهدف بصفة أساسية إلى تقديم المعارف والمهارات اللازمة للعاملين في مهنة معينة أو لمجموعة من المهن التي ترتبط طبيعتها في أي من مجالات النشاط الاقتصادي كالصناعة والتجارة والسياحة والخدمات العامة والخاصة .

مركز تطوع **Voluntary Center**

مركز التطوع (V C) :

إحدى أجهزة تنظيم المجتمع المعاونة، أي أنه ليس بالجهاز الأساسي للطريقة ولكنه يساعد الأجهزة الرئيسة أو الأساسية على تحقيق أهدافها، عادة ما يهتم ويركز على إثارة ونشر الوعي التطوعي بين الأهالي واستقطاب الطاقات الراغبة في التطوع وتسجيلهم وتصنيفهم حسب تخصصاتهم وميولهم ووقتهم ثم العمل على تهيئتهم وتدريبهم وتوزيعهم على الهيئات والمؤسسات والجمعيات ... الخ وفقاً لاحتياجات وأهداف وبرامج كلاً منها مع الاستمرار في متابعتهم وتقويهم.

متطوع **Volunteer**

المتطوع (V) :

التطوع والمتطوعين يشكلون شريان حيوي وهام من شرايين المهنة، فهم الذين غذوا المهنة في مراحل نموها الأولى وأوصلوها إلى ما وصلت إليه من رقي وتقدم. فالمتطوع يتمتع بدرجة عالية من الوعي والانتماء للمجتمع الذي يحيا به إلى الحد الذي يجعله يضحى بجهده ووقته وماله من أجل المساهمة بالنهوض في مجتمعه من كافة النواحي وبالذات الشرائح الأقل حظاً، بكلمات أخرى أكثر وضوحاً فهو شخص وهب نفسه لعضوية المؤسسات والهيئات ذات النفع الخيري العام أو العمل فيها بدون مقابل.

Wage

آجر

الآجر (W) :

عنصر هام من عناصر أي اتفاقية عمل سواء بشكل فردي أو جماعي تهتم به المهنة بشكل عام والخدمة في مجال رعاية العمال بشكل خاص، يعتبر عامل هام من عوامل

استقرار العامل وتوافقه مع بيئة العمل، تعددت تعاريفه بتعدد تشريعات العمل، فقد عرفه قانون العمل المصري رقم (137) لسنة 1980 وتعديلاته على أنه «كل ما يتقاضاه العامل أثناء عملة نقداً مضافاً إليه جميع العلاوات أياً كان نوعها».

مجتمع الرعاية **Welfare Society**

مجتمع الرعاية (W S) :

أحد مفاهيم الرعاية الاجتماعية العديدة التي تنادي بحق كل فرد من أفراد المجتمع في أن يحيا حياة سليمة خالية من المعاناة والبؤس والتميز وهدر الكرامة، فالفرد أين كان فهو إنسان يجب علينا أن نحترم آدميته وأن نكفل له فرص النمو المتوازن في كافة المناحي الاقتصادية والاجتماعية والثقافية بغض النظر عن أية اعتبارات تتعلق بالعرق أو الدين أو اللغة، فالمبدأ أو المبادئ التي ينطلق منها مجتمع الرعاية هي إرساء حق تكافؤ الفرص ونفع الفرد لنفسه وللمجتمعة وسيادة مشاعر التكافل والإنسانية بين أفراد المجتمع، فالعلاقة ما بين الفرد ومجتمع الرعاية هي علاقة متبادلة، بمعنى أن من مصلحة المجتمع أن يوفر للفرد حياة حرة وكريمة كما أن من مصلحة الفرد أن ينعم المجتمع الذي يعيش فيه بالأمن والاستقرار والرفاة .

عائلة **Wider Family**

العائلة (W F) :

إحدى أصناف الأسرة حسب معيار مستوى المعيشة كما أنها نظام يساعد الممارسين المهنيين في طريقة خدمة الفرد بالذات على دراسة وتشخيص وعلاج الحالات التي تحضى- باهتمام المهنة وخصوصًا في المجال الأسري، هذا ويعتبر المدخل البنائي الوظيفي الذي تستند له المهنة من أهم المداخل التي تعتبر الأسرة نظاماً أساسياً لا غنى عنه لإشباع احتياجات أفرادها أي أنها نظام لا يدانية أي نظام آخر، خصوصا إذا ما تعلق الأمر بسرعة

إشباع الاحتياجات ودفء المشاعر المصاحبة للإشباع، فهو يتميز عن غيره من النظم بأنه ذو طابع أخلاقي.

تعددت معانيها إلا أنه وبالرغم من هذا التعدد، فهو لا يخرج عن كونه أوسع أو أشمل من مفهوم الأسرة الحياتية من جهة وشكل مصغر أو مختزل لمصطلح العشيرة، أي أنها تتألف من الآباء والأبناء والأخوة والأخوات والأعمام والعمات والأخوال والخالات وأولاد العمومة والخؤولة والأصهار ومن في حكمهم ممن يتفاعلون مع بعضهم البعض ولو في المناسبات وخلافها من المناشط سواء كانت أفراحًا أو أتراحًا ... الخ.

شرطة نسائية

Women Police

الشرطة النسائية (W P) :

جاء اهتمام المهنة بالشرطة النسائية من اهتمامها بالدفاع الاجتماعى كميدان رئيسى من ميادينها، وبالرغم من ان الشرطة النسائية حديثة العهد إلا أن جذورها تعود إلى عام 1893 وهو العام الذى تم فية تعين أول امراة كى تعمل فى أحد أقسام الشرطة حيث عملت فى مدينة بورتلاندى بأمريكا عام 1905 إلا أن الانطلاقة والتسمية الحقيقية للشرطة النسائية قد كانت عام 1910 عندما تم تعين (اليس ويلز)لتعمل كشرطية فى مدينة لوس انجلوس ثم ما لبثت الفكرة ان انطلقة إلى عددًا من الدول وبالذات بعد الحرب العالمية الأولى، علمًا أن المنظمة الدولية للشرطة الجنائية قد حددت فى مؤتمرها الذى عقدتة فى لشبونة بالبرتغال عام 1957 عددًا من المهام للشرطة النسائية منها الكشف عن الاحداث المعرضين للانحراف ودراسة بيئة الأحداث وتعليم التلاميذ قواعد المرور والقيام بالتحريات الخاصة بالأحداث المنحرفين والاعتداءات الجنسية ومحاربة البغاء...الخ .

Work Absence

غياب عمل

غياب العمل (W A) :

أحد أبرز المشاكل التي تعمل مكاتب وأقسام الخدمة الاجتماعية العمالية على دراستها من الناحيتين الذاتية والبيئية بهدف إيجاد الحلول الملائمة لها، خصوصاً في القطاع الصناعي حيث التنظيم والتخصص على أشده، تعددت تعاريفها إلا أن من أبرزها التعريف الذي وصفها على أنها «الوقت الضائع في المؤسسات الصناعية بسبب تغيب العمال الذي يمكن أو لا يمكن بحثه.

هذا ولا يدخل في حساب التغيب، الوقت الضائع بسبب الاضطرابات أو غلق المصانع أو التأخير في الحضور إلى المصنع لمدة تتراوح ما بين ساعة إلى ساعتين» (ص 61، م 39).

Work Accident

إصابة عمل

إصابة العمل (W A) :

إحدى الإصابات التي تهتم بها المهنة وبالذات في مجال الضمان الاجتماعي، عرفها قانون التأمينات الاجتماعية المصري رقم (108) على أنها «الإصابة بأحد الأمراض المهنية أو الإصابة نتيجة حادث أثناء تأدية العمل أو بسببه وكذلك الإصابة الناتجة عن الإجهاد والإرهاق أو أي حادث يقع للمؤمن عليه خلال فترة ذهابه للعمل أو عودته منه» (ص309، م 39).

Work Law

قانون العمل

قانون العمل (W L) :

جذوره قديمة فقد كان يعرف بقانون المصانع حيث طبق أول ما طبق على عمال المصانع في إنجلترا عام 1900م إلا أنه ما لبث أن أصبح أكثر شمولاً وحداثة في الآونة الأخيرة فقد

امتد تطبيقه ليشمل كل من يعمل تحت سلطة صاحب عمل لقاء أجر وليس بالضرورة في حقل الصناعة فقط ، توليه مهنة الخدمة الاجتماعية اهتماماً كبيرا خصوصاً الخدمة الاجتماعية في مجال رعاية العمال تعددت تعاريفه بتعدد تشريعات الدول فقد عرفه قانون العمل المصري رقم 37 لسنة 1980 وتعديلاته على سبيل المثال لا الحصر بأنه (مجموعة القواعد القانونية التي تحكم العلاقات الفردية أو الجماعية التي تنشأ بين أصحاب الأعمال وهؤلاء الذين يعملون تحت سلطتهم وإشرافهم مقابل أجر وهو ينظم العمل التابع أو الخاضع إلا أنه لا يقتصر على مجرد تنظيم عقد العمل بل يتعدى ذلك إلى تنظيم النقابات وعقد العمل المشترك والتوفيق والتحكيم في منازعات العمل الجماعية بالإضافة إلى أنه يتضمن القواعد التي تنظم توظيف العاملين والتأهيل الاجتماعي (ص 237، م 27).

صاحب عمل **Work Owner**

صاحب العمل (W O) :

طرف هام من أطراف قانون العمل في أي مجتمع من المجتمعات، تتعدد معانيه بتعدد القوانين والأنظمة المعمول بها، الأمر الذي دعا المؤلف إلى تعريفه على أنه أي شخص سواء كان هذا الشخص من الشخوص الطبيعيين أو الاعتباريين، (أي على شكل مؤسسة، مصنع هيئة ... الخ) يقوم بتوظيف عامل أو أكثر سواء بصفة دائمة أو مؤقتة مقابل أجر نقدي بغض النظر عما إذا اشتغل العامل أو العاملين تحت إمرته وإشرافه المباشر أو تحت إمرة وإشراف من ينوب عنه.

إيجابية **Workability**

الإيجابية (W) :

تستخدمه المهنة خصوصاً طريقة خدمة الفرد يقصد به الإيمان الراسخ بامتلاك الفرد قدرات وأنه يمكن تسخير هذه القدرات والتحرك بها تحركاً فعالاً نحو الأوضاع

والظروف والمشكلات التي تواجهه وإن علينا واجب مكافحة ومنع مـا قـد يبديه بعض العملاء من سلبيه تجاه ما يمر به مـن مشكلات مـن أجـل إثارة شـفقة وعطف الآخرين تجاههم أو حتى عدم إظهار مواقف استجابة اتجاه مـا يمرون به بمعنى عـدم إظهار أي مقاومة أو بذل أي جهود في سبيل المواجهة والتغلب على الأزمات والمشكلات التي تكـاد أن تعصف بهم.

وبالتالي فإن على الأخصائي الاجتماعي أن يبادر بالحركة من أجل تحريك الأفراد الـذين يعانون من اضطرابات نفسية أو حتى الـذين يخشـون مـن مواجهـة مشكلاتهم لأسباب اجتماعية تتعلق بالعادات والتقاليد وثقافة العيب أمثال مـرضى الايـدز والتـدرن الرئـوي ... الخ لأننا إذا ما انتظرناهم وقتاً طويلا لكي يتحركوا فـإن أوضـاعهم سـوف تـزداد سـوءاً مـن ناحية بالإضافة إلى ما قد يتسببوا به من أذى لكافة أفراد المجتمع، فأمراضهم ومشكلاتهم من النوع سريع الانتشار حيث ينتقل إلى الآخرين بالعدوى.

عامل
Worker

العامل (W) :

تعددت تعاريفه بتعدد قوانين العمـل التي تصـدرها الـدول ففي الوقـت الـذي يعرفـه قانون العمل المصري رقم 137 لسنة 1980 وتعديلاتها «أنه كل شخص طبيعي يعمل لقـاء أجر لدى صاحب العمل وتحت إدارته أو إشرافه».

فإن العديد من قوانين الدول المتقدمة لا ترى ضرورة لذلك بشرط أن يعمل تحـت إدارة أو إشراف صاحب العمل المباشر خصوصاً في الدول التي تفصل بـين الملكيـة والإدارة ، مثـل الولايات المتحدة الأمريكية وخلافها من الدول هذا ويعتبر العامل جوهر الخدمة الاجتماعية في مجال رعاية العمال حيث تعمل على كل ما من شأنه أن يزيد من توافقه مع بيئة العمـل وبالتالي زيادة إنتاجيته.

عضوية عاملة **Working Membership**

العضوية العاملة (W M) :

شكل من أشكال العضوية وأكثرها فاعلية لأن على عاتقها تقع مسؤولية تحقيق أهداف وتطلعات المنظمة التي أنشئت من أجلها واستمرار مسيرتها في العمل والعطاء، علماً أنها تخضع لشروط العضوية وإجراءاتها الواردة في النظام الأساسي لأي تنظيم.

العمل مع العميل لا من أجل العميل **Working With Client Nor Working For Client**

العمل مع العميل لا من أجل العميل (W W C N W C) :

أحد المبادئ الهامة التي تؤمن بها مهنة الخدمة الاجتماعية وتطبقها أثناء تعاملها مع أي وحدة من وحداتها الثلاثة (فرد- جماعة- مجتمع)، يقصد به أن الأخصائيون الاجتماعيون لا يقومون بحل مشاكل الفقراء بقدر ما يساعدون الأفراد مساعدة تقوم على دراسة علمية ومهارة عملية على تفهم مشاكلهم وعلى رسم الخطط العلاجية لها معتمدين في ذلك على إمكاناتهم الذاتية ما استطاعوا إلى ذلك سبيلاً مع الاستعانة بطبيعة الحال بالموارد والخدمات في البيئة المحيطة بهم.

فالعميل وحدة صاحب الحق في توجيه حياته وبالتالي لابد له أن يسهم بدور فاعل في عملية المساعدة ويتحمل النصيب الأكبر من المسؤولية فلا يتواكل ولا يلقي بالعبء على الأخصائي الاجتماعي وحده، بمعنى أن الأخصائي الاجتماعي لا يملك العصا السحرية لمكافحة مشاكل العميل وحلها في الحال وإنما يتطلب الأمر مزيداً من التعاون الفعال والمسؤولية المشتركة بين الطرفين في كافة المراحل التي تتطلبها عملية حل المشكلة، فالعميل الذي يشارك في تبيان مشاكله ويساهم في وضع الحلول لها هو الأقدر والأحرص على تطبيق خطة العلاج ونجاحها بشكل أفضل وما ينطبق في ذلك على الفرد ينطبق أيضاً على الجماعة وتنظيم المجتمع .

ورشة عمل **Workshop**

ورشة العمل (W) :

إحدى الوسائل أو الأدوات الحيوية التي تستخدمها المهنة أثناء الممارسة من أجل تحقيق أهدافها وبالذات طريقة تنظيم المجتمع، عادة ما يقصد بها اللقاء الذي يجمع بين عددا من الممارسين المهنيين لمناقشة وتبادل الرأي حول مشروع أو خدمة أو نشاط ما بحيث يدلو كل مشارك من المشاركين بدلوه في النقاش بكل جدية، وعمق وعادة ما تكون نتائج وتوصيات اللقاء نابعة أو مستخلصة من التفاعل الذي يجري بين المشاركين خلال اللقاء وليس معد مسبقاً. هذا وتستخدم ورش العمل للتدريب على التخطيط للمشاريع والخدمات المختلفة.

عامل حدث **Young Worker**

عامل حدث (Y W) :

يقصد به العامل الذي يدخل سوق العمل في سن صغير اى أقل من العمر الذي يحدده قانون العمل، بمعنى أن عمره يقل عن (18) سنة مع مراعاة الاختلاف بين الدول في هذا المجال، بالرغم من جهود منظمة العمل الدولية لتوحيده، وعادة ما تحدد التشريعات المختلفة ساعات عمل العمال وعطلهم واستراحاتهم كما تمنع تشغيلهم في الأعمال الخطرة والتي لا تتناسب مع أعمارهم وفي الورديات الليلية ... الخ.

رعاية الشباب **Youths Care**

رعاية الشباب (Y C) :

ميدان من الميادين الهامة التي تعمل فيها المهنة فهي تعمل على مساعدة هذا الميدان في تحقيق أهدافه الرعائية ، بمعنى آخر فإن المهنة ممثلة بأخصائيوها عادة ما تكون مستضافة في مؤسسات رعاية الشباب من أجل مد يد العون لها لتحقيق رسالتها وأهدافها، تعددت

تعاريف رعاية الشباب إلا أن من أبرزها التعريف الذي ينص على أنها (مجموعة الجهود والأنشطة التي تؤثر في كافة مناحي حياة الشباب العقلية والجسدية والسلوكية والنفسية أو حتى الاجتماعية بهدف تمكينهم من أن يحيوا حياة سوية وناجحة تعود عليهم وعلى المجتمع الذي يعيشون فيه بالخير والنفع.

المراجع العربية والانجليزية

Arabic and English References

أولاً: المراجع العربية : Arabic References

1-   إبراهيم حسن خليل، الخدمة الاجتماعية العمالية، ــــ ، ــــ ، 1990.

2-   إبراهيـم عبد الهادي المليجي، الخدمة الاجتماعيـة مـن منظـور المجتمـع، المكتـب الجامعي الحديث، القاهرة.

3-   أبو النجا العمري، أسس البحث الاجتماعي في الخدمـة الاجتماعيـة، الاسكندرية، المكتب العلمي للنشر والتوزيع. 1999.

4-   أحمـد القعـاني علـي، معجم المصـطلحات التربويـة والمعرفيـة في المنـاهج وطـرق التدريس، القاهرة، دار عالم الكتب. 1999.

5-   أحمـد زكي بـدوي، أحمـد كـمال مصطفى، معجـم مصطلحات القـوى العاملـة، الاسكندرية، مؤسسة شباب الجامعة. 1984.

6-   أحمـد شـفيق السـكري، قـاموس الخدمـة الاجتماعيـة والخـدمات الاجتماعيـة، الاسكندرية، دار المعرفة الجامعية. 2000.

7-   أحمـد شـفيق السكري، محمـود محمد عرفـان، مـدخل في التخطيـط للتنميـة البشرية، دار الصفوة للنشر والتوزيع . 2001.

8-   أحمد كمال أحمد، منهاج الخدمة الاجتماعية في خدمة الجماعة، مكتبة الخانجي، القاهرة. 1979.

9- أحمد محمود الهـولي، ممارسـة الخدمـة الاجتماعيـة في رعايـة الشـباب، المكتـب الجامعي الحديث، الاسكندرية، 2002.

10- أحمد محمود خليل، عقد الـزواج العرفي (أركانـه – شروطـه – أحكامـه)، منشـأة المعارف، الاسكندرية. 2002.

11- أحمد مصطفى خاطر، طريقـة الخدمـة الاجتماعيـة في تنظيم المجتمـع، المكتـب الجامعي الحديث، الاسكندرية. 2002.

12- إسماعيل صفوت، عدلي سليمان، خدمة الجماعة مكتبة عـين شـمس القاهرة ـــــ 1992.

13- إقبال محمد بشير، آمال إبراهيم محفوظ، الرعاية الطبية والصحية ودور الخدمـة الاجتماعية، ـــــ. ـــــ. .

14- جـلال الـدين عبـد الخـالق، طريقـة العمـل مـع الحـالات الفرديـة (نظريـات وتطبيقات)، المكتب الجامعي الحديث، الاسكندرية. 2001م.

15- جلال الدين عبد الخالق، سلوى عثمان العريفي، السـيد رمضـان، منهاج الخدمـة الاجتماعيـة في المجـال المـدرسي ورعايـة الشـباب، المكتـب الجامعي الحـديث، الاسكندرية. 2002.

16- جـوم يوهيـود وآخـرون، القيـادة وديناميكيـة الجماعـات، ترجمـة محمـد علـي العريان، شهاب إبراهيم، مكتبة الأنجلو المصرية، القاهرة. 1962.

17- حسن محمود، مقدمة الرعاية الاجتماعية، القاهرة، مكتبة القاهرة الحديثة. — .

18- زين العابدين درويش، علم النفس الاجتماعي، دار الفكر العربي. 1999.

19- سامية محمد فهمي، مدخل في الخدمة الاجتماعية، المكتب الجامعي الحديث، .
2001م.

20- سـامية محمـد فهمـي، الإدارة في المؤسسـات الاجتماعيـة، دار المعرفـة الجامعيـة،
الاسكندرية. 1996.

21- سعيد حسن العزة، الإعاقة العقلية، الدار العلمية الدولية للنشر والتوزيع، عـمان.
.2001

22- سلوى عثمان الصديق، التكتيك النظري والتطبيقي في طريقة العمـل مـع الأفـراد،
المكتب الجامعي الحديث، الاسكندرية 2001.

23- سلوى عثمان الصديق، قضـايا الأسرة والسـكان مـن منظـور الخدمـة الاجتماعيـة،
المكتب الجامعي الحديث، الاسكندرية 2001.

24- سلوى عثمان الصديق، عبد الخالق جلال الدين، انحراف الصغار وجـرائم الكبـار،
المكتب الجامعي الحديث، الاسكندرية 2002.

25- سيد أحمد غريب، والإحصاء والقياس في البحث الاجتماعي، — — . .

26- سيد أحمد غريب، تصميم وتنفيذ البحث الاجتماعي، الاسكندرية، دار المعرفة الجامعية. 1988.

27- سيد فهمي، التشريعات الاجتماعية بين الواقع والمأمول، المكتب الجامعي الحديث، الاسكندرية، 2002.

28- صالح الصقور، الهجرة الداخلية (أشكالها - دوافعها - آثارها) على البلدان النامية، دار زهران للنشر، عمان. 2002.

29- عبد الله عبد الرحمن، سياسات الرعاية الاجتماعية للمعوقين في المجتمعات النامية، دار المعرفة الجامعية، الاسكندرية . 2001.

30- عبد الحميد عطية، هناء حافظ، الخدمة الاجتماعية ومجالاتها التطبيقية، المكتب الجامعي الحديث، الاسكندرية. 1997.

31- عبد الخالق جلال الدين، طريقة العمل مع الحالات الفردية، القاهرة. 2001.

32- عبد الفتاح عثمان وآخرون، مقدمة الخدمة الاجتماعية، مكتبة الأنجلو المصرية، القاهرة. 1985.

33- عبد الفتاح عثمان، خدمة الفرد في المجتمع النامي، مكتبة الأنجلو المصرية، القاهرة. 1998.

34- عبد الهادي الجوهري، إبراهيم أبو الغار، إدارة المؤسسات الاجتماعية، دار المعرفة الجامعية، الاسكندرية. 1998.

35- فاطمة مصطفى الحاروني، خدمة الفرد، الجزء 1، 2، دار الفكر العربي، 1976.

36- ماهر محمود، سيكولوجية العلاقات الاجتماعية، دار المعرفة الجامعية. 2001.

37- محروس محمود خليفة، ممارسة الخدمة الاجتماعية، دار المعرفة الجامعية، الاسكندرية ـــــــ ـــــــ .

38- محمد سلامة غماري، أدوار الأخصائي الاجتماعي في المجال الطبي، المكتب الجامعي الحديث، الاسكندرية، 2003.

39- محمد سلامة غماري، أميرة منصور علي، المدخل إلى علاج المشكلات العمالية من منظور الخدمة الاجتماعية. المكتب الجامعي الحديث، الاسكندرية. 1991.

40- محمد عبد الفتاح محمد، الخدمة الاجتماعية في مجال تنمية المجتمع المحلي، ط2، المكتب العلمي للتوزيع والنشر، الاسكندرية. 1996.

41- ـــــــ ، تنمية المجتمعات المحلية من منظور الخدمة الاجتماعية، المكتب الجامعي الحديث، الاسكندرية. 1991.

42- محمد صلاح الدين، نظرية الخدمة الاجتماعية، القاهرة، ـــــــ . 1992.

43- محمد عويس، البحث الاجتماعي في الخدمة الاجتماعية، دار النهضة العربية، القاهرة. 1999.

44- محمد محمود مصطفى، الدفاع الاجتماعي (النظرية والممارسة)، القاهرة، مكتبة عين شمس. 2000.

45- مصطفى حسان، أحمد عبد الرازق، الخدمة الاجتماعية في مجال البيئة، القاهرة. 2000.

46- منصور طلعت وآخرون، أسس علم النفس، مكتبة الأنجلو المصرية، القاهرة. 1984.

47- هناء حافظ بدوي، محمد عبد الفتاح محمد، الممارسة المهنية لطريقة تنظيم المجتمع، المكتب الجامعي الحديث، الاسكندرية، 1991.

48- يوسف القريوتي وآخرون، المدخل إلى التربية الخاصة، دار العلم، دبي. 1990.

49- يوسف شلبي، الإعاقة والتأهيل المهني للمعوقين، دار الفكر، عمان، 2005.

50- يونس الفاروق زكي، الخدمة الاجتماعية والتغير الاجتماعي، عالم الكتب، القاهرة 1970.

ثانياً : المراجع الأجنبية : Foreign Refereces

51- Alan E Gross, E. Collins, James H. Bryan. An Introduction To Research In Social Psychology. John Wiley And Sons. Inc. New York, London, Sybeny, Toronto, 1972.

52- Alvin L. Bertrond. Bertrond. Basic Sociology, Second Edition, Meredith Corporation, America, . 1973.

53- Amarty A. K. Sen., Collective Choice And Social Welfare, San Francisco, California, Holden Day, Inc., 1970.

54- Barbara N. Rodgers, June Stevenson. A New Portrait Of Social Work. Heinemann Education Books Ltd., London Britain, 1973.

55- Bruce Shertzer And Shelley C. Stone (Editors), Introduction To Guidance, Houghton Mifflin Company, America, 1970.

56- David Lee .Howard .The Problem Of Sociology ,First Published By U. N ,Win Hyman Ltd .Reprinted By Ruitledg,London And New York ,1995, 2000, P. 282.

57- David Ward., Cities And Immigrants., Oxford University Press, America.

58- Darwin Cartwrich, Alvin Zonder (Editors), Group Dynamics, Third Edition, Darwin Cartwric H And Alvin Zonder, U. S. A, 1968.

59- Ellen M. Bussey, The Flight From Rural Poverty - How Nation, Cope, Toronto, London, D. C. Heath And Company,. 1973.

60- Ernest W. Burgess, Harvey J. Locke, Margarey Thomes, The Family, Fourth Edition, Vann Strand Reinhold Company, New York.

61- Peter Kelvin, The Bases Of Social Behaviour, Britain Holt, Rinehart And Wins Ten Ltd,. 1970.

62- Frederic Maatouk, Dictionary Of Sociology, English – French- Arabic, Beirut Academic International, . 1993- 1998.

63- Gerhard Lenski, Jean Lenski, Human Societiesy (An Introduction To Marco Sociology), Second Edition, Mc Graw- Hill Book Company, . 1974.

64- James A. Quinn, Living In Social Group, U. S. A. J. B. Lippincott Company, 1956.

65- James B. Mckee, An Introduction To Sociology, Second Edition U. S. A, Holt, Rinehart And Wins Ton, Inc., . 1974.

66- Jose Cutileiro, Portuguese Rural Society, Oxford University Press, Ely House, London W. F., . 1971.

67- United Nations (Unesco), Economic Development In Latin America, Jose Medina, Ediavarnia And Den Jam. W Hige. Inc, America, Volume (Ii) و . 1963.

68- Katharine R. Curry, Ph D., Rd And Amy Jaffe, Ms. Rd, Ld, Nutrition Counseling And Communication Skills, W. B. Saunders Company, America, . 1998.

69- Libby Goodman, Ed. D., Lester Mann Ph. D., Learning Disabilities In The Secondary School, Issues And Practices, Grune And Start Ton Inc., New York, . 1976.

70- Marshall B. Clinard, Slums And Community Development Experiments In Self- Help, New York: The Free Press. Collier- Macmillan Limited, London, .1966, 1970.

71- Merville C. Shaw, School Guidance System, Houghton Mifflin Company, Boston, U. S. A., . 1973.

72- Moore Neil J. Smelser Edition, Urbanization In Newly Developing Countries, Engel Wood Cliffs Prentice, Hall, Inc., .1960.

73- Murray G. Ross And Lappin B. W., Community Organization Theory Principles And Practice, Second Edition, New York, Harper And Row., Inc., .1955, 1967.

74- Omar Al – Ayoubi, Dictionary Of Economic, Beirut, Academia Int., . 1995.

75- Paul R. Ehrlich, Anne H. Ehrlich, Population Resourees Environment, Second Edition, W. H. Freeman And Company San Frncisco, 1970 And By W. H. W. H. Freeman And Company, U. S. A,. 1972.

76- Peter Kelvin, The Bases Of Social Behaviour, An Approach In Terms Of Order And Value, Britain Holt, Rinehart And Winston Ltd., . 1970.

77- Philip M. Hauser, Population Perspectives, Rutgers, The Store Universigy Library Of Congress, New York, . 1960.

78- Richard G. Diedrich And H. Allandye (Editors), Group Procedures, Purposes, Processes, And Outcomes, Houghton Miffling Company, U. S. A. , . 1972.

79- Roberttod (Editor), Social Work In Foster Care, Longman Group Limited London, . 1971.

80- R. P. Cuzzort, Humanity And Modern Sociological Thought, Holt. Rinehart And Winston, Britain, . 1971.

81- Simone De Bouvoir, (Translated Into English By Patrick O, Brian), Old Age, (First Published By Editions Gallim, Paris, 1970) English Translation, 1972 By Andre Deutseh, Widen Felid, Nicolson And G. P. Putnam,S Sons.

82- Sqour S. K. Poverty Struggle Schemes , First Edition, Amman, Zahran House For Publishing, . 2004.

83- Staff Of The Criminal Law Bulletin (Editorial Staff), Criminal Law Digest, Warren Gorham And Lamont Inc., Boston, America, 1970.

84- Stanly Johnson, (Compileter And Editor), The Population Problem, David And Charles, Nfw T Limited On Abbot, Britain, . 1973.

85- W. Richard Scott, Social Processes And Social Structures, Holt, Rinehart And Winston Inc., America,. 1970.

86- Wilbert E. Moore \ Neil J. Smelser Editors, Urbanization In Newly Developing Countries, General D Breese Bureau Of Urban Cliffs, N. J., . 1966.

Printed in the United States
By Bookmasters